U0541380

华中师范大学法学院基层社会法治丛书

中国财政支持农业投入法律监管研究

RESEARCH ON LEGAL SUPERVISION OF FINANCIAL SUPPORT FOR AGRICULTURAL INVESTMENT IN CHINA

胡伟 ◎ 著

中国社会科学出版社

图书在版编目（CIP）数据

中国财政支持农业投入法律监管研究／胡伟著.—北京：中国社会科学出版社，2022.3
（华中师范大学法学院基层社会法治丛书）
ISBN 978-7-5203-9781-0

Ⅰ.①中… Ⅱ.①胡… Ⅲ.①农业投入—财政政策—政策支持—财政法—研究—中国 Ⅳ.①D922.204

中国版本图书馆 CIP 数据核字（2022）第 031043 号

出 版 人	赵剑英
责任编辑	张冰洁　李　沫
责任校对	李　剑
责任印制	王　超

出　　版	中国社会科学出版社
社　　址	北京鼓楼西大街甲 158 号
邮　　编	100720
网　　址	http://www.csspw.cn
发 行 部	010-84083685
门 市 部	010-84029450
经　　销	新华书店及其他书店

印刷装订	北京君升印刷有限公司
版　　次	2022 年 3 月第 1 版
印　　次	2022 年 3 月第 1 次印刷

开　　本	710×1000　1/16
印　　张	18
插　　页	2
字　　数	268 千字
定　　价	98.00 元

凡购买中国社会科学出版社图书，如有质量问题请与本社营销中心联系调换
电话：010-84083683
版权所有　侵权必究

前　言

　　中国财政支农投入法律监管经历了从无到有的过程。经过 70 余年的发展，逐步形成了具有中国特色的财政支农投入法律监管的体系。其发展历程可分为三个阶段：第一个阶段是从 1949 年中华人民共和国成立至 1978 年党的十一届三中全会召开以前；第二个阶段是从 1978 年党的十一届三中全会至 1994 年财政体制大改革之前；第三个阶段是从 1994 年以来的分税制改革的全面推进至 21 世纪的今天。中国财政支农投入法律监管的特点包括：一是国家财政支农投入法律监管目标明确；二是国家财政支农投入法律监管遵循实施全过程监管原则、资金流向监管原则和有效性监管原则；三是从国情出发确立国家财政支农投入法律监管的具体类型与模式；四是重视对国家财政支持农业投入法律监管人员的约束。

　　但在新时代大力推进乡村振兴战略的背景下，公共财政将以更大的力度向"三农"领域倾斜，形成国家财政优先保障的格局。为了确保国家财政支农投入与乡村振兴目标任务相适应，就必须建立健全中国财政支持农业投入法律监管机制。

　　由于国家财政支农投入法律监管机制是一项系统工程，涉及诸多制度的构建。从总体上来看，它包括国家财政支农投入决策、预算、资金的拨付、使用以及绩效考核等监管制度。从国家财政支农投入前后顺序来看，它可分为投入前法律监管机制、投入中法律监管机制与投入后法律监管机制三部分。而投入前法律监管机制是由国家财政支农投入决策、预算编制和审批等监管制度构成；投入中法律监管机制是由国家财政支农投入预算的执行、预算的调整、资金的拨付、使用等监管制度构成；投入后法律监管机制是由国家财政支农投入决算、绩效考核等监管制度构成。

  从制度经济学的角度来看，拓补中国财政支农投入法律监管机制的制度需求的满足仍离不开制度变迁，主要是通过诱导性制度变迁和强制性制度变迁两种路径来满足。不过，应遵从的基本原则包括：一是根据制度需求不断调整与健全的原则；二是注重培养内生制度需求的原则；三是在制度需求达到极限之前予以新制度安排的原则；四是新制度安排需回应需求主体行动实践的原则；五是基于制度需求的程度决定制度变迁速度的原则。由此来对中国财政支农投入法律监管机制予以补构，以建立健全内在逻辑严密的国家财政支农投入法律监管的制度体系，进一步促进农业的发展、增加农民收入、实现农村持续发展。

作 者
2021 年 1 月

目 录

第一章 导论 ………………………………………………………（1）
  第一节 国家财政支农投入法律监管基本概念分析 …………（1）
    一 财政的内涵 …………………………………………………（1）
    二 对国家财政支农投入的理解 ………………………………（3）
    三 法律监管的意涵界定 ………………………………………（8）
  第二节 加强中国财政支农投入法律监管的必然性 …………（11）
    一 促进国家财政支农投入的发展 ……………………………（11）
    二 从源头上遏制国家财政支农投入中的腐败 ………………（12）
    三 节约国家财政支农投入的支出 ……………………………（13）
    四 促进农业、农村和农民的发展 ……………………………（14）
  第三节 研究现状、研究思路及研究方法 ……………………（15）
    一 研究现状 ……………………………………………………（15）
    二 研究思路 ……………………………………………………（19）
    三 研究方法 ……………………………………………………（20）

第二章 国家财政支农投入法律监管的理论基础 ……………（21）
  第一节 国家财政支农投入法律监管的经济学基础 …………（21）
    一 公共产品理论 ………………………………………………（22）
    二 委托—代理理论 ……………………………………………（25）
  第二节 国家财政支农投入法律监管的管理学基础 …………（29）
    一 现代公共管理理论 …………………………………………（30）
    二 公共支出管理理论 …………………………………………（33）

第三节　国家财政支农投入法律监管的政治学基础 …………（38）
　　一　国家职能理论 …………………………………………（38）
　　二　权力制约理论 …………………………………………（44）
第四节　国家财政支农投入法律监管的财政法学基础 ………（48）
　　一　财政民主原则 …………………………………………（49）
　　二　财政法定原则 …………………………………………（52）

第三章　国内外财政支农投入法律监管类型及实践经验总结 ……………………………………………………（58）

第一节　国外财政支农投入法律监管类型及实践
　　　　经验总结 ……………………………………………（58）
　　一　美国、英国立法型监管及实践经验总结 ……………（58）
　　二　法国、德国、意大利司法型监管及实践经验总结 …（69）
　　三　瑞典、瑞士行政型监管及实践经验总结 ……………（77）
　　四　日本独立型监管及实践经验总结 ……………………（81）
第二节　中国财政支农投入法律监管类型及实践
　　　　经验总结 ……………………………………………（84）
　　一　中国财政支农投入法律监管类型 ……………………（84）
　　二　中国财政支农投入法律监管的实践经验总结 ………（87）

第四章　中国财政支农投入法律监管的现状和制度需求 ………（91）

第一节　中国财政支农投入法律监管的现状 …………………（91）
　　一　中国财政支农投入监管立法之历史沿革 ……………（91）
　　二　中国财政支农投入法律监管的特点 …………………（94）
　　三　中国财政支农投入法律监管的缺陷 …………………（97）
第二节　中国财政支农投入法律监管的制度需求 ……………（111）
　　一　对制度需求的初步认识 ………………………………（111）
　　二　制度建设与中国财政支农投入法律监管 ……………（116）
　　三　满足中国财政支农投入法律监管制度需求的原则 …（119）
　　四　满足中国财政支农投入法律监管制度需求的路径 …（123）

第五章　中国财政支农投入法律监管的目标构建与实践路径 (126)

第一节　中国财政支农投入法律监管的目标构建 (126)
一　中国财政支农投入法律监管的价值目标构建 (126)
二　中国财政支农投入法律监管的政策目标构建 (144)

第二节　中国财政支农投入法律监管的实践路径 (158)
一　中国财政支农投入法律监管实践路径的价值偏差 (158)
二　中国财政支农投入法律监管实践路径的选择 (162)

第六章　中国财政支农投入法律监管的主体构设与机制 (174)

第一节　中国财政支农投入法律监管主体构设 (174)
一　国外财政支农投入法律监管主体构设的考察 (174)
二　中国财政支农投入法律监管主体构设的困境及成因 (179)
三　中国财政支农投入法律监管主体构设的出路 (181)

第二节　中国财政支农投入法律监管机制 (190)
一　国外财政支农投入法律监管机制的考察 (190)
二　中国财政支农投入法律监管机制的形成基础与基本构成 (194)
三　拓补中国财政支农投入法律监管机制的必要性与原则 (208)
四　建立健全中国财政支农投入法律监管机制的对策 (214)

第七章　中国财政支农投入法律监管的制度体系构建 (215)

第一节　构建中国财政支农投入前的监管制度 (215)
一　建立健全中国财政支农投入决策监管制度 (216)
二　建立健全中国财政支农投入预算监管制度 (223)

第二节　构建中国财政支农投入中的监管制度 (236)
一　建立健全中国财政支农投入预算执行监管制度 (236)

二　建立健全中国财政支农投入资金的拨付与使用

　　　　监管制度 ……………………………………………（239）

第三节　构建中国财政支农投入后的监管制度 ……………（257）

　　一　建立健全中国财政支农投入决算监管制度 …………（257）

　　二　建立健全中国财政支农投入绩效监管制度 …………（260）

　　三　建立健全中国财政支农投入法律责任追究制度 ……（265）

主要参考文献 ………………………………………………（274）

第一章 导论

第一节 国家财政支农投入法律监管基本概念分析

一 财政的内涵

关于财政的概念与本质,在财政学界,可谓众说纷纭,有"价值分配说""资金运动说""社会共同需要说""公经济说"和"剩余产品说"等。[①] 近年来,中国有学者从公共财政论的角度来理解财政,认为"财政是以国家(或政府)为主体的经济(或分配)活动、经济行为或经济现象,是政府集中一部分国民收入用于履行政府职能和满足公共需要的收支活动,以实现优化资源配置、公平分配及经济稳定和发展等目标"。[②] 也有学者从国家分配论的角度,将财政界定为:"财政是人类社会各个不同社会形态的国家为实现其职能,并以国家为主体无偿地参与一部分社会产品或国民收入的分配活动。"[③] 不过,无论从何种角度界定财政,其内涵不外乎是指国家利用公权力取得公民私人财产为全体公民提供公共产品的经济活动。从财政产生历史来看,财政实质上是公民与国家签订的一个契约,

---

[①] 参见童光辉《返本开新:中国财政史研究与财政基础理论创新》,《财政研究》2019年第4期。

[②] 段治平、常晋、朱海波:《财政与税收》,清华大学出版社、北京交通出版社2020年版,第1页。

[③] 陈少英:《财税法的法律属性——以财税法调控功能的演进为视角》,《法学》2016年第7期。

国家对私人财产权的承认是财政产生的前提。

（一）财政的本质，即一种关于公共产品的契约

社会契约论认为，国家是拟制的人。"它是众人的真正联合体，是每个人与每个人以如此方式缔约而成：好像每个人都对每个人说，'我授权并将统治我的权利给予这个人，或这一大会，在这样条件下，你也这样做'。这样，众人所联合成的一个人就称为国家。"[1] 国家产生之后，公民与国家缔结了一个规定彼此权利与义务的契约（宪法应该是这种契约的最佳表现形式），关于财政的法律规定便是公民与国家之间的财政契约。具言之，公民向政府支付税收价格或规费来享用公共产品，政府则收取税费为公民提供公共产品。这种利用财政提供的公共产品就是政府与公民之间财政契约的客体。对公民而言，将自己所有的财产一部分让渡给国家，获得对公共产品的享用及相应的权利，如财政知情权、财政决策权、财政监督权等。对国家而言，财政是满足其职能的一种需要，是凭借政治权力参与一部分社会产品的分配，但必须为公民提供相当的公共产品。可见，公民与国家就公共产品的提供与所支付的对价达成一定的合意。因此，财政在本质上是一个关于公共产品的契约，财政法制度似乎就是财政契约的签订，是公民愿意且必须支付的公共产品价格的确定，也是公民对国家财政权的授予与承认。财政收入与财政支出的决定权掌握在公民手中。公民作为公共产品的享用者，既有权决定与选择公共产品的种类和数量，也有权选择支付公共产品的对价及其方式。国家作为公共产品的提供者，必须基于公民利益来决定提供的公共产品，使公共产品的品种与数量正确地反映公民的公共需要。这种契约精神贯穿整个财政活动。[2]

（二）财政产生的前提，即对私有财产权的承认

如前所述，财政是国家凭借政治权力集中分配一部分社会产品用于满足社会公共需要的一种经济收支活动。由此看来，只有当社会上

---

[1] Thomas Hobbes, *Leviathan*, PenguinBooks, https：//www.pehgwin.co.uk/books/263235/leviathan/9780141395098.html, 2000, p.132.

[2] 契约精神来自市场经济派生的契约关系及其内在原则，是基于商品交换关系的一般要求而发生的一种平等、自由和人权的民主精神。

存在私有制，国家将一部分属于私人所有的财产转变为国家所有，以满足社会公共需要的时候，才有财政的产生。这是因为，在私有制社会，国家本身不直接占有和消耗生产资料，也不直接从事生产劳动。为了解决国家本身这种既不生产社会产品又要消耗社会产品的矛盾，国家必须凭借它的公共权力，强制地、无偿地征收一部分社会产品，以满足公共需要。① 可见，财政意味着对于不属于国家所有的，且不能直接支配使用的部分私人财产，以税收等法定形式转变为国家所有。它表明私人的财产先于国家而存在，财政产生的前提是国家对公民私有财产权的承认。

需要指出的是，国家通过税收等法定的形式抽取公民的私有财产是必须的，是私有财产为获得公共安全而支付的一种成本。诚如孟德斯鸠所言："国家的收入是每个公民所付出的自己财产的一部分，以确保他所余财产的安全或快乐地享用这些财产。"② 从一定意义上说，财政是一种权利和利益的交换。公民将属于自己的部分财产让渡给国家，从而获得国家提供的公共产品。正是公民与国家的这种契约关系，使公民的私有财产权得到承认。

二 对国家财政支农投入的理解

国家财政支农投入作为法学上的概念，最早产生于美国。1929—1933 年的全球经济危机给美国农业带来重创，许多农民因破产而无法生活。罗斯福总统上台后推出新政，在农业方面，制定了《农业调整法》，提高农产品价格，增加农场主收入，以解决生产过剩危机，并在该法中形成"国家财政支农投入"的概念。尽管国家财政支农投入的概念产生于经济危机之中，是为了尽快振兴与发展农业，使农民增收而走出困境。但美国在摆脱经济危机之后，仍使用国家财政支农投入的概念，并在《农业法》中扩大其内涵。在国家的实际财政

---

① 参见张素勤《财政学》，立信会计出版社 2016 年版，第 8 页。
② [法] 孟德斯鸠：《论法的精神》（上册），张雁深译，商务印书馆 2004 年版，第 253 页。

支出中，对农业的扶持力度非但没有减弱，反而在不断加大。如2001年5月10日，国会通过2002年的年度财政预算，它在以前的基础上，将2002—2011年的农业支出增加735亿美元。[1] 从美国公布的2005财政年度（2004年7月至2005年6月）农业预算案来看，比2004财政年度农业预算方案增长5%。其根源在于美国认为农业有它的特殊性：一是农业具有自然风险和市场风险，如自然风险有洪水、干旱、害虫等，市场风险有农业产品的销售任由市场摆布，因此，其生产会发生周期性波动。为了发展农业，它需要比其他部门更多地投入。二是农业具有较强的社会效益，直接的经济效益较小，在这种情况下，愿意投资农业的主体不多，如果政府不加大投入，农业的基础地位就会受到动摇。三是农民相对是弱者，其贫困必须通过公众的帮助解决。[2] 可见，美国虽在国家财政支农投入概念的形成方面存在着特殊性，但国家财政支农投入逐渐成为农业法中的基本范畴，被世界其他国家所借鉴。

在中国，国家财政支农投入概念产生于1993年颁布的《农业法》。虽然该法中并没有使用国家财政支农投入的字眼，但已融入了此内涵。如新修订的《农业法》第三十七条第一款规定："国家建立和完善农业支持保护体系，采取财政投入、税收优惠、金融支持等措施，从资金投入、科研与技术推广、教育培训、农业生产资料供应、市场信息、质量标准、检验检疫、社会化服务以及灾害救助等方面扶持农民和农业生产经营组织发展农业生产，提高农民的收入水平。"第三十八条规定："国家逐步提高农业投入的总体水平。中央和县级以上地方财政每年对农业总投入的增长幅度应当高于其财政经常性收入的增长幅度。""各级人民政府在财政预算内安排的各项用于农业的资金应当主要用于：加强农业基础设施建设；支农结构调整，促进农业产业化经营；保护粮食综合生产能力，保障国家粮食安全；健全

---

[1] 参见《美国2002年农业法专题研究》，张汉麟等编译，经济管理出版社2005年版，第1—7页。

[2] 参见刘明慧《外国财政制度》，东北财经大学出版社2016年版，第29—37页。

动植物检疫、防疫体系，加强动物疫病和植物病、虫、杂草、鼠害防治；建立健全农产品质量标准和检验检测监督体系、农产品市场及信息服务体系；支农科研教育、农业技术推广和农民培训；加强农业生态环境保护建设；扶持贫困地区发展；保障农民收入水平等。"不过，中国对国家财政支农投入概念的使用还带有计划经济时期的印记。这是因为，国家财政支农投入概念最初出现在计划经济时期的政府文件中，尤其是中央一号文件。在1978年以前的计划经济时期，国家的经济成分主要是全民所有制经济与农村集体所有制经济。这两种经济因所有制的不同而存在着重大区别。通常国家是全民所有制经济的代表，农村集体经济组织是农村集体所有制经济的代表，当国家财政为了支农发展而向农业投入时，似乎是全民所有制经济向农村集体所有制经济的一种支持与帮助，因此，形成国家财政支农投入概念。

尽管中国改革开放已有40多年，经济成分由原来的二元结构转变为多种经济成分并存，城乡经济也在走向融合，但国家财政支农投入概念已约定俗成，仍在沿用，充分显示国家对"三农"问题的重视。然而，有些学者认为国家财政支农投入概念存在两大不足：一是国家财政好像不是农民的财政，对农业发展的支持与帮助似乎是一种恩赐，隐含对农业与农村歧视的陈腐思想；二是不能仅局限于对农业发展的支持，而应扩大到对农村基础设施和生活环境的改善、大江大河的治理、农村生态环境保护、农民教育培训等。[①] 笔者认为，上述观点有一定的合理性，但也存在一定的偏颇。中国是一个农业大国，在社会主义初级阶段，农业问题始终是中国的一个突出问题，解决好农业问题才能实现中国经济的腾飞，向工业国转变，实现全面建成小康社会的目标。因此，国家加大对农业农村发展的支持力度，符合当前发展的需要，并不存在对农业农村的歧视。当然，国家财政支农投入概念产生于计划经济时期，带有该时期的一些印记，这是不可避免的。但绝没有歧视农业农村之义，也不是国家对农业发展的恩赐，而

---

① 参见叶翠青《我国财政支农支出存在的问题及政策建议》，《财政研究》2008年第4期。

是国家对农业发展所尽的义务,与农民的生存权与发展权息息相关。如《农业法》第三条第一款规定:"国家把农业放在发展国民经济的首位。"第四条规定:"国家采取措施,保障农业更好地发挥在提供食物、工业原料和其他农产品,维护和改善生态环境,促进农村经济社会发展等多方面的作用。"同时,《农业法》中对国家财政支农投入已有明确的内涵。

综上所述,国家财政支农投入是指政府利用财政预算内资金,通过补贴或直接投入的方式,以扶助、支持和发展农业、农村以及保障农民收入的行为。这一定义可以分解如下。

第一,国家财政支农投入的主体是政府。农业是国民经济的命脉,它的基础性地位无可动摇。无论是工业先进的国家,还是工业飞速发展的国家,均对农业予以高度重视,并投入大量资金支持其发展,政府是无法替代的主体。如美国2002年的《农业法》规定,联邦政府通过直接支付、反周期补贴等方式,向种植小麦、玉米、高粱、大麦、燕麦、陆地棉、大豆、油籽和花生等农作物的农场主进行财政资金的投入。[①] 中国《农业法》第三十九条第一款规定:"县级以上人民政府每年财政预算内安排的各项用于农业的资金应当及时足额拨付。各级人民政府应当加强对国家各项农业资金分配、使用过程的监督管理,保证资金安全,提高资金的使用效率。"

第二,国家财政支农投入的资金是财政预算内资金。在市场经济条件下,尽管农业发展所需要的资金可以通过市场来筹措,但大多数会投入利润回报较高的农业项目上,利润回报率低或没有利润回报的农业项目就无人问津。不过,这些项目对农业发展非常重要,并具有广泛的正外部性,如农业基础设施建设、大江大河的治理、农业科研、科学技术推广、农民教育等,也具有涉及面广、规模较大等特点。[②] 因此,仍需要国家财政的投入。

[①] 参见《美国2002年农业法专题研究》,张汉麟等编译,经济管理出版社2005年版,第12—17页。

[②] 参见寇铁军、段晓红《财政学教程》,东北财经大学出版社2018年版,第112—116页。

第三,国家财政支农投入的方式主要是财政补贴和政府采购。国家财政支农投入是一种在农业领域再分配的行为,既要体现出基础性、公共性、社会效益性、战略性与宏观调控性,又要体现出资源的优化配置,因此,必须采取科学的分配方式。[①] 目前,世界上大多数国家采取财政补贴和政府采购方式。财政补贴能够使政府根据一定时期所制定的方针政策,对指定的事项做出专项资金补助的安排,实现特定的目的。政府采购能够使采购人通过市场购买日常政务活动或为公众提供公共服务所需要的货物、工程或服务等,达到提高财政支出效益的目的。如美国财政支农投入的典型方式是财政补贴,不仅体现在农产品生产、农产品出口、农业科技教育和研发方面,而且体现在农业保险方面;韩国财政支农投入的典型方式是政府采购,通过"新村运动"改善农村环境,大力发展多种经营、农村工业,增加农民收入。[②]

第四,国家财政支农投入的范围限于农业领域。由于各国农业发展状况有所不同,在国家财政支农投入范围上存在一定的差异性。如美国在20世纪30年代为了解决农副产品过剩且价格过低的问题,政府对休耕的土地和实行限额销售的农产品提供补贴,使工农产品比价合理。换言之,国家财政支农投入重在农副产品的价格和对农民的收入支付上。20世纪30年代之后,随着农业的勃兴,尤其是1948年《农业法》出台,加之1996年和2002年对《农业法》的修改,国家财政支农投入扩大到农业贸易、食品安全、食品援助、乡村发展、能源、土地及环境保护计划等内容上。[③] 由于美国是联邦制国家,联邦政府与各州在财政支农投入的项目有所不同。联邦政府负责农业贸易、食品安全、食品援助、农业科研和教育、水土保持、林业和农村社区建设等,州政府负责农业技术推广、水利建设、病虫害防治、乡

---

① 参见寇铁军、段晓红《财政学教程》,东北财经大学出版社2018年版,第105—110页。
② 参见刘明慧《外国财政制度》,东北财经大学出版社2016年版,第37—45页。
③ 参见《美国2002年农业法专题研究》,张汉麟等编译,经济管理出版社2005年版,第1—3页。

村发展等。① 中国财政支农投入的范围在《农业法》中已有明确划定，即支持农业和农村基础设施建设，调整、优化农业和农村经济结构，促进农业产业化经营；保护粮食综合生产能力，保障国家粮食安全；健全动植物检疫、防疫体系，加强动物疫病和植物病、虫、杂草、鼠害防治；建立健全农产品质量标准和检验检测监督体系、农产品市场及信息服务体系；支持发展农业科技、教育事业、农业技术推广和农民培训；加强农业生态环境保护建设；扶持贫困地区发展；保障农民收入水平；等等。

第五，国家财政支农投入的目的是扶持和发展农业，改善农村面貌，增加农民收入。由于农业既是一种脆弱的产业又是国民经济的基础，因此，需要国家财政的大力扶持。在这种国家行为的作用下，农业获得前所未有的发展动力，克服了农业发展中可能出现的风险与危机，走上可持续发展的道路。同时，农业的兴旺发展，也给农村的发展与改善带来机会，注入了活力。它不仅为农村面貌的改善提供了雄厚的物质基础，也为农民带来了可观的收入，彼此之间相互关联，互相促进。尤其在中国，国家财政支农投入的目的性更为明显。②

三 法律监管的意涵界定

对法律监管内涵的科学认识，首先必须从把握监管的内涵开始。在汉语中，监管一词的含义，一是指"对犯人监视管理"③，二是指"监察督促"。"监察"是指"监视和察看"，"是用审视的眼光积极地看"。上述两种含义都有深究和察看的意思。在英文中，监管为 supervision，但欧洲与美国有着不同的理解。欧洲往往将监管等同于治理（governance），美国时常理解为一种特殊的政府决策行为，即政府制定法律或通过法律干预市场的行为。不过总的来看，无论欧洲的理

---

① 参见刘明慧《外国财政制度》，东北财经大学出版社 2016 年版，第 29—37 页。
② 参见王亚芬、周诗星、高铁梅《中国财政支持"三农"政策的影响效应研究》，《财经问题研究》2015 年第 9 期。
③ 中国社会科学院语言研究所词典编辑室：《现代汉语词典》，商务印书馆 1986 年版，第 548 页。

解还是美国的理解，均包含"为市场运行制定标准和准则"①。

从经济学上看，卡恩基于公用事业部门和公共效用的视角，认为监管②"是以政府命令作为一种基本的制度手段来代替市场的竞争机制，以确保获得一个更好的经济结果"。③ 在他看来，政府监管部门具有替代市场竞争机制发挥作用的权力。斯蒂格勒认为，监管是"通过运用某种强制性的政府力量改变市场运行效果的政策"。④ 由此看来，监管是国家享有的强制权力的运用。《新帕尔格雷夫辞典》对监管定义为："政府以公开的努力控制公司价格、销售及生产决策的措施，其目的在于防止那些能充分考虑'公众利益'的私人决策的发生。"⑤ 此定义告诉我们，通过有效的政府控制，能够使公司在市场进入条件、产品限制、价格控制、安全性标准和市场壁垒等方面有着更为合理的决策。丹尼尔·史普博从矫正市场失灵的角度认为："监管是行政机构制定并执行的直接干预市场配置机制或间接改变企业和消费者的供需决策的一般规则或特殊行为。"⑥ 由此可见，监管有三种类型：一是"直接干预市场配置机制的监管"；二是"通过影响消费者决策从而影响市场均衡的监管"；三是"通过干预企业决策而影响市场均衡的监管"。同时，也可对监管做更为广泛的理解：第一，

---

① 参见张晓红《财政监管理论分析与制度优化》，大连理工大学出版社2009年版，第27—30页。

② 关于"监管"与"管制"的含义，大致总结为三种观点：第一种观点认为，监管与管制无须区分，二者都是指政府针对市场或者企业所采取的微观经济措施，并没有本质的区别；第二种观点认为，监管是基于市场的必要措施，管制是反市场的行政性控制；第三种观点认为，监管是相关规则的实现手段及执行途径，管制是针对有关市场活动的立法规则体系。从管制经济学角度看，笔者赞同第一种观点。参见王冰《政府"管制"与"监管"之辨》，《商业时代》2006年第32期。

③ 转引自张晓红《财政监管理论分析与制度优化》，大连理工大学出版社2009年版，第28页。

④ 转引自张晓红《财政监管理论分析与制度优化》，大连理工大学出版社2009年版，第28页。

⑤ 转引自张晓红《财政监管理论分析与制度优化》，大连理工大学出版社2009年版，第28页。

⑥ ［美］丹尼尔·史普博：《管制与市场》，余晖等译，上海三联书店1999年版，第28页。

监管是一种以政府为主体的有目的的活动；第二，监管有特定的监管对象和范围，只有市场失灵或为了公共利益需要的部分才成为监管的对象和范围，而不是所有的经济活动或经济行为；第三，监管以法律为准绳，建立在规则基础之上；第四，监管以保护公众利益和进行公共管理为出发点。①

从法学上看，哈耶克认为，监管是"政府强制力的使用，即非一般法的正规执行，并且迎合某些特殊目的"。② 在他看来，监管就是政府为了特殊的目的依法行使强制性的权力。丹尼尔·史普博从提高市场效率的角度认为，监管是"政府对资源配置的直接参与"，与普通法相比，它"为市场交易提供了一个成本更低的基础"。在处理市场参与者遇到的问题时，监管"不必拘泥于命令和控制的传统形式"，也"可建立允许市场式配置机制运行的规则"。③ 吉尔洪和皮尔斯对监管的定义最具影响，他们认为监管是监管者的"判断对商业或市场判断的决然取代"，与法律限制的不同在于，监管是规定的，法律限制是禁止的。④ 由此看来，学者们对监管的定义争议非常大，很难达成共识。但其核心点讲的是政府依法对市场干预，采取的主要手段是价格管理、准入控制、公平介入问题的管理以及服务质量等。

综上所述，法律监管可以从广义和狭义上理解。狭义上的法律监管是指监管机关依照法定的权限和程序对某一市场或组织进行的管理和监督。广义上的法律监管是指由所有国家机关、社会组织和公民对某一市场或组织依法进行的管理与监督。本书主要采纳广义上的法律监管。该定义包括如下内容：第一，法律监管的主体是一个复合体，

---

① 参见张晓红《财政监管理论分析与制度优化》，大连理工大学出版社2009年版，第29—30页。
② [美] 丹尼尔·史普博：《管制与市场》，余晖等译，上海三联书店2008年版，第31页。
③ [美] 丹尼尔·史普博：《管制与市场》，余晖等译，上海三联书店2008年版，第31—32页。
④ [美] 丹尼尔·史普博：《管制与市场》，余晖等译，上海三联书店2008年版，第34页。

既包括政府监管机关及其专职机构，又包括立法机关和司法机关、社会团体、社会中间层和公民等。第二，法律监管的范围是法律监管主体管理与监督的对象。因此，法律监管既要面向国家机关，又要面向社会组织和公民。第三，就法律监管的内容而言，这种监管是一种强制性监管，是对某一市场或组织进行的管理与监督。第四，法律监管的基本方法是针对某一市场或组织的具体活动制定相应法规条例，并以此为依据对某一市场或组织实行管理与监督。第五，法律监管的目的是维护正常的经济秩序和社会秩序。

第二节　加强中国财政支农投入法律监管的必然性

目前，从中国财政支农投入实践来看，在乡村振兴战略的推动下，国家财政支农投入的力度、广度与深度不断提升，农业获得了快速发展，农村面貌得到根本改善，农民收入也不断增加。但在国家财政支农投入有待进一步规范化。加强国家财政支农投入的法律监管，可为国家财政支农投入提供重要保障。

一　促进国家财政支农投入的发展

国家财政支农投入的活动和行为在新中国成立初期就已存在，但真正获得长足发展是改革开放以后的事。目前，中国在大力实施乡村振兴战略，国家财政支农投入处于快速增长和发展阶段。如2018年，中央财政用于"三农"的资金达220906亿元，比2017年增加8.7%。[1] 因此，加强国家财政支农投入法律监管就显得尤为重要。众所周知，规律的探索导致规范的不完备性，这是任何事物处于发展阶段都具有的突出特点之一。[2] 对于正处快速增长和发展阶段的中国

---

[1] 参见财政部国库司2019年1月23日发布的《2018年财政收支情况》。
[2] 参见贾建梅、李延华、贾万森《马克思主义信仰养成机制和规律探索》，《中共天津市委党校学报》2016年第5期。

财政支农投入而言，也有相同特点。目前，中国财政支农投入尚未建立一个高效的运行规则。其主要原因是国家财政支农投入法律调控体系的基本框架仍有待完善。如国家财政支农投入的决策、资金使用等法律规仍有待完善。在这种情况下，任凭国家财政支农投入资金使用主体的"指挥操作"，只能导致国家财政支农投入活动的混乱。加强国家财政支农投入法律监管刻不容缓。①

　　事物处于发展阶段具有的突出特点之二是，当事物跃上新的台阶后，会带来旧的价值观念的动摇和转变。② 在实施乡村振兴战略背景下，国家财政支农投入是一项巨大的公共支出，它必须通过预算，以规范化的，与财政监管相结合的方式来实现。因此，遵循公正、公平、安全、诚实信用是必然的。市场经济的负面效应动摇了国家财政支农投入旧的、良好的价值观的固守，使价值坐标模糊不清，国家财政支农投入资金的使用主体难以遵守公正、公平、安全、诚实信用准则。在这种混乱的局面中，加强国家财政支农投入法律监管对恢复重建良好的价值观大有裨益，对促进农业、农村发展和农民的全面发展所发挥的作用是显而易见的。

　　再者，在市场经济条件下，国家财政支农投入必将否定原有计划经济体制下的供给制而讲求效率。效率又源于财政民主、财政法治和财政健全三大准则的建立，加强国家财政支农投入法律监管能够有效促进三大准则的建立。

二　从源头上遏制国家财政支农投入中的腐败

　　加强国家财政支农投入法律监管是国家财政支农投入迈上健康发展的必由之路。只有加强国家财政支农投入法律监管，才能从根源上遏制腐败问题。众所周知，加强国家财政支农投入法律监管，其实质上是建立、健全和大力推行国家财政支农投入监管制度，以制度约束

---

① 参见贺邦靖《强化财政监管　严肃财经纪律》，《中国财政》2008 年第 14 期。
② 参见王颖斌、毛建儒《"矛盾辩证法"的发展历程及其解读》，《系统科学学报》2019 年第 3 期。

"人"。国家财政支农投入监管制度是财政监管机制的有机组成部分,是对财政在农业方面的支出进行监管。国家财政支农投入监管制度的核心目标是,通过公开、公正和公平的方式,分配、使用国家财政支农投入的资金,实现国家财政支农投入资金的安全运行和高效使用。这种公开、公正、公平地分配与使用国家财政支农投入资金的方式,将使国家财政支农投入活动在公开、公正、公平、透明的环境中运作。这就形成人大、司法、财政、审计、社会公众和团体的全方位监管机制,从而在源头乃至全过程均有效地抑制国家财政支农投入活动中的各种腐败现象,既保护了政府的信誉,也维护了国家利益、社会公共利益及农民的合法权益。①

三 节约国家财政支农投入的支出

尽管中国财政支农投入在不断增加,甚至有快速增长之势,但这种资金的使用效率并没有达到理想的效果。其症结在于,这种财政支出缺乏足够的"硬"约束机制,在没有经过法定程序的情况下就可动用财政预算资金,更没有考虑财政支出所要达到的效率目标。这种"软"约束机制已导致中国财政支农投入资金支出依然存在"跑、冒、渗、漏"的现象,造成财政支农投入预算资金的巨大浪费。② 为了纠正和杜绝这种不良现象,一种行之有效的方法就是加强国家财政支农投入法律监管。在此方面,西方发达国家为我们提供了成功的范例。其做法是将国家财政支农投入的支出划分为购买性支出和转移性支出两大部分,并相应制定了购买性支出和转移性支出管理办法,建立购买性支出和转移性支出的运行管理机制。③ 中国应借鉴西方在这方面的成功经验,建立与中国乡村振兴战略相适应的国家财政支农投

---

① 参见陈立诚、刘剑文《财税制度反腐:一种源头治理的新进路》,《政治学研究》2015年第1期。

② 参见李振标、郑传芳《财政农业投入监管模式优化设计研究》,《福建论坛》(人文社会科学版)2013年第9期。

③ 参见肖卫东《美国日本财政支持乡村振兴的基本经验与有益启示》,《理论学刊》2019年第5期。

入支出的管理制度，通过加强国家财政支农投入法律监管，强化国家财政支农投入支出管理。具体来说，就是加强国家财政支农投入行为的有效法律监管，控制国家财政支农投入预算资金的流量和流向，细化国家财政支农投入预算，增强对国家财政支农投入预算的约束，强化国家财政支农投入资金使用管理等，这样才能大幅节约国家财政支农投入的支出。

四　促进农业、农村和农民的发展

在国家财政支农投入中，尽管投入的领域是农业，但它与农村的发展和农民的利益息息相关。如农业基础设施建设投入，有利于改善农村交通、供水和供电的状况；农业综合开发投入和农业产业化投入，可以起到促进农村经济发展、改变农村生活方式和增加农民收入的作用；农业科研教育和技术推广投入，有利于在农村传播科普知识和提高农民科技水平；农业生态保护投入，可以改善农村环境和保护生态，提高农民生活质量等。[1] 但每一个项目的投入要依法遵循严格的操作规程，即先选定国家财政支农投入的项目，然后向财政部门申请立项，接着签订与国家财政支农投入相关的合同，合同形成后还要报财政部门备案，就国家财政支农投入资金的使用做出说明。在国家财政支农投入项目实施完成后，还要接受政府部门的验收，并提供书面报告。这些规定和要求使财政部门能够较全面掌握国家财政支农投入资金的使用情况，从而实现对国家财政支农投入的法律监管。因此，加强中国财政支农投入法律监管，可以确保国家财政支农投入资金在项目之间合理分配和有效利用，促进农业全面发展，使农村和农民的发展得到可靠的物质保障。[2]

---

[1] 参见毛世平、吉星星《财政对农业农村的有效投入：一个路径找寻》，《改革》2017年第11期。

[2] 参见李梦涵《促进我国农业现代化发展的财政支农政策研究》，《农业经济》2019年第9期。

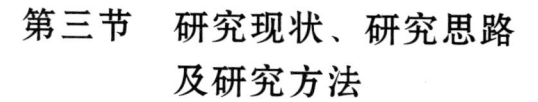

第三节　研究现状、研究思路及研究方法

一　研究现状

（一）国外研究现状

西方学者很早就开始了国家财政支农投入法律监管问题的研究，并取得了斐然的成绩。美国财政支农投入监管始于19世纪下半叶，当时国会通过建立授权和拨款相结合、详细分项、注重检查的财政监督程序对国家财政支农投入进行监督。由于没有构建国家财政支农投入监管制度，其监管零散，缺乏有效性，因此，腐败现象屡禁不止。1921年，美国国会通过了《预算与会计法》，引入了现代预算制度，加强对国家财政支农投入的监管，有效地遏制了腐败的势头。此后，学者们就围绕国家财政支农投入监管的法制问题进行探讨。早期的研究因深受德国经济学家瓦格纳（Wagner）财政监管理论的影响，他认为财政监管应该按照财政活动的程序划分，它主要包括四个相互制约的环节，构成一个基本的框架：[①] 一是金库监管，它是由国家相关机构负责人承担责任，专门对国家财政中现金的出纳与财务的保管进行监管；二是计算监管，它是由会计负责人承担责任，专门对财务出纳是否符合制度、计算是否正确、会计报告是否准确无误进行监管；三是行政监管，它是由财政负责人承担责任，专门对收支命令的签发是否合乎规定进行监管；四是国家监管，它是由审计负责人承担责任，专门对财政收支和整个财务活动进行监管。因此，学者们研究的重心在国家财政支农投入监管程序上，并就财政机关实施监管时是否必须遵循工作顺序和操作规程，以及如何遵循工作顺序和操作规程来实现程序正义、克服腐败，展开了讨论。

随着法国经济学家阿利克斯（Alex）财政监管理论的兴起，学者

[①] 参见贺邦靖《国外财政监督借鉴》（财政监督丛书之三），经济科学出版社2008年版，第19页。

们对财政支农投入监管的研究以此理论为基础。阿利克斯认为，财政监管应该按照监管机关的性质来划分，主要包括三种类型。[①] 一是立法监管，它是通过制定财政、会计法规，对国家预算和决算予以议决的监管方式。审计机构是具有立法性质的监督机构，对国会负责。二是行政监管，它是通过对财务行政予以调整和对财政收支进行核实以及对违法乱纪予以防范的监管方式，由财政部统一负责。审计机关隶属财政部，是具有行政监管性质的审计机关。三是司法监管，它是根据现行法规及预算，对国家财政收支的实际状况及执行结果进行审核。这种权力由具有司法性质的审计机关行使，不属于财务行政的范畴。[②] 因此，学者的研究重心转移到国家财政支农投入监管主体上，注重研究立法机关、司法机关和行政机关等监管主体在国家财政支农投入监管中的作用、相互关系以及监管权力和义务。

20世纪后期，西方学者把研究的重心放在国家财政支农投入法律监管类型和监管制度体系建构上。根据国家政权的形式与性质，将国家财政支农投入法律监管分为立法监管、司法监管和行政监管三种类型，并对这三种类型进行了细致的研究，认为立法监管具有独立性和权威性的特点。由于监管权掌握在国会手中，它避免行政机关的干扰，是其他监管方式的力量源泉，其不足在于国会不能及时掌握有关信息，造成监管效率低下。同时，立法监管侧重宏观监管，不利于对微观主体及其行为的监管，需要其他监管方式的协调配合才能发挥作用。司法监管具有独立性、直接性、法定性与强制性等特点，是一种事后监管。与其他监管方式相比，它的效果最直接、最具有约束力和威胁力，其不足是难以做到事前的防范和事中的跟踪控制，必须与其他监管方式紧密配合。行政监管具有专业性和技术性，能够对财政资金及其使用情况进行监管，克服其他监管方式不能及时掌握有关信息而导致的监管力度不够或遗漏监管等。再者，它能够及时对各种异常

[①] 参见贺邦靖《国外财政监督借鉴》（财政监督丛书之三），经济科学出版社2008年版，第19页。

[②] 参见贺邦靖《国外财政监督借鉴》（财政监督丛书之三），经济科学出版社2008年版，第19页。

情况进行监督检查，实施事中监管控制，非常侧重具体主体及其行为的监管。其不足在于权威性有限，也会出现重复监管的可能，以及可能受制于上级干预，或产生监管"合谋"的弊端。[①] 学者们主张通过部门预算监管制度、国库集中支付监管制度和政府采购监管制度，构建国家财政支农投入监管制度体系，以确保国家财政支农投入公平与效率的实现。

（二）国内研究现状

国内学者从20世纪90年代中期才开始关注国家财政支农投入法律监管问题，但受到当时及后来的一些财政监管理论的影响。中华人民共和国成立初期对财政监管的理论研究较为薄弱，主要是翻译苏联和罗马尼亚等国家的财政监管理论。直到1992年，国内学者段景泉、欧阳卫红、王毅编著了《财政监督学概论》，产生了广泛的影响。1996年，顾超滨主编了《财政监督概论》，较为系统、全面地介绍了财政监督理论，至今仍具有权威性。2002年，李武好、韩精诚、刘红艺等学者合著了《公共财政框架中的财政监督》。该书基于公共财政的视角，对财政监督问题进行深入的探究。如对财政监督性质的探讨，认为财政监督是实现财政职能的手段，而不是财政的基本职能，它可以起到防止财政收支不公和低效率等问题的发生。又如在公共财政框架下，认为财政监督是财政管理体系的重要组成部分。因此，财政监督应该服从和服务于社会。该书在中国财政监督理论研究与财政监督实践中具有很大的影响力。此外，2002年，龙江著的《财政监督的理论分析》从理论的高度对财政监督予以阐述，将财政监督的研究引向深入。

中国对国家财政支农投入法律监管问题的研究，不乏出现经济学、管理学、政治学和法学等学科学者，他们的研究成果丰硕，归纳如下。

---

① 参见贺邦靖《国外财政监督借鉴》（财政监督丛书之三），经济科学出版社2008年版，第20—23页。

第一，基于公共财政支出监督视角的探讨。[①] 这方面的研究主要是通过对部门预算的监督、国库集中支付的监督、转移支付监督和专项支出监督的理论分析，认为部门预算监督是财政部门在国家财政支农投入预算管理过程中根据有关法律法规对政府各部门财政支农投入预算活动进行的审查、稽核和检查，体现了财政管理的本质属性。同时，及时发现和纠正国家财政支农投入预算编制、执行中的偏差，防止国家财政支农投入违法违纪行为的发生，保障国家财政支农投入资金分配的公平与效率；国库集中支付监督是对国家财政支农投入资金的拨付、使用以及国库支付执行机构进行的监督，它能够避免擅自开立、使用国家财政支农投入账户，私存私放国家财政支农投入资金的情况，确保国家财政支农投入资金支付的范围、数额、进度符合规定要求，对国家财政支农投入资金拨付审核程序和拨付方式予以规范；转移支付监督是对影响确定国家财政支农投入转移支付标准及规模的基础数据予以核实，国家财政支农投入转移支付资金管理、使用和执行等情况进行的监督，它可以提高国家财政支农投入资金的使用效益，保证国家宏观调控目标得以实现；专项支出监督是指对以国家财政支农投入资金的及时到位、安全完整、专款专用和充分发挥效益为重点的监督，它能够确保国家财政支农投入专项资金安全、规范和高效运行。因此，应构建部门预算监督、国库集中支付监督、转移支付监督和专项支出监督的体系。但目前中国财政支农投入缺乏以部门预算监督、国库集中支付监督、转移支付监督和专项支出监督所构成的规范有序的监控体系。这是造成国家财政支农投入监管无力和效率低

---

① 参见李振标、郑传芳《财政农业投入监管模式优化设计研究》，《福建论坛》（人文社会科学版）2013年第9期；王胜《区域财政支农资金配置：问题、根源与机制设计》，《探索》2011年第1期；张立宝《加强农业财政资金监督管理的建议》，《财政监督》2010年第5期；王惠《财政支农投资存在的问题及法律对策》，《江西社会科学》2009年第6期；闫福华《财政支农资金监督刍议》，《财会通讯》（综合版）2008年第8期；李崇科、胡文杰《财政支农资金全过程监督探析》，《财政监督》2008年第11期；孙少茹、石峰《如何强化财政支农资金监督》，《财会月刊》（综合版）2006年第6期；蔺春林、张建民《建立中央财政支出监督机制的构想》，《财政监督》2004年第5期；张志鹏、张悦玲、张丽明《财政支农资金监管中存在的问题及对策研究》，《经济与管理》2003年第7期。

下的根源,解决的途径在于尽快出台统一的《国库集中支付法》《转移支付法》《财政监督法》,对国家财政支农投入实施全过程监管,并构建规范、高效的国家财政支农投入监管机制。

第二,基于国家职能视角的探究。① 这方面的研究认为,农业是一种比较利益低、承受风险较大的弱质产业,又具有一定公共产品和准公共产品的特性以及广泛的正外部性,均为国家财政支农发展提供了依据。因此,注重国家在农业中的干预作用,即国家对农业进行倾斜性保护和支持,一方面可以矫正市场失灵,另一方面可以促进农业可持续发展。大多数研究者认为,为了解决中国的农业乃至农村和农民问题,国家必须持续加大财政投入,并对财政投入资金采取"统制型"监管模式,以强化政府的责任,从立法和制度创新上完善国家财政支农投入监管,促进农业、农村和农民发展。

二 研究思路

第一,贯彻促进社会公平正义理念,这是国家财政支农投入法律监管的逻辑起点。

第二,紧紧抓住实施乡村振兴战略这条主线,实现农业、农村的现代化和农民的富裕是国家财政支农投入法律监管对策研究的指导原则。

第三,保障国家财政支农投入资金安全运行、高效使用以及促进农民全面发展是国家财政支农投入法律监管的两大目标。

第四,围绕国家财政支农投入"为何需要法律监管""谁来进行

---

① 参见刘天琦、宋俊杰《财政支农政策助推乡村振兴的路径、问题与对策》,《经济纵横》2020年第6期;杨思莹、丁琳琳《财政支农与城乡二元收入格局》,《学习与探索》2020年第5期;李梦涵《促进我国农业现代化发展的财政支农政策研究》,《农业经济》2019年第9期;闫坤、鲍曙光《财政支持乡村振兴战略的思考及实施路径》,《财经问题研究》2019年第3期;王亚芬、周诗星、高铁梅《中国财政支持三农政策的影响效应研究》,《财经问题研究》2015年第9期;屈霞《中央财政在支持三农中的责任探析》,《中国财政》2013年第14期;匡导球、施威《财政支农的路径选择、制度困境及其突破》,《财政研究》2008年第4期;江国华、韩姗姗《从村民社会到公民社会——宪法与实施乡村振兴战略的财政视角》,《岭南学刊》2007年第2期。

法律监管"以及"如何进行法律监管"三个问题，深入研究国家财政支农投入法律监管的重难点。首先，对国内外相关理论与实践经验进行梳理与总结，以此作为研究的基础和理论创新的起点。其次，通过对现有国家财政支农投入监管模式、制度以及立法进行分析，调查中国财政支农投入法律监管现状和制度需求，在国家—市场—社会关系框架下，构建中国财政支农投入法律监管的目标，厘定中国财政支农投入法律监管的内容。

第五，在此基础上，探讨中国财政支农投入法律监管实践路径与监管制度体系的构建。研究将在强调多方参与国家财政支农投入法律监管的同时，注重政府在国家财政支农投入法律监管中的主体性作用，探讨构建与乡村振兴战略相适应的国家财政支农投入监管制度。

三 研究方法

其一，文献研究法。充分收集、整理、分析相关文献，了解法学、经济学、管理学和政治学等相关学科对该问题的关注视角及其研究程度，全面把握前沿的研究文献。同时，收集、整理和分析相关的法规、案例等文献资料，掌握现有的国家财政支农投入法律监管机制。

其二，逻辑分析法。运用逻辑学原理、方法和规律，揭示国家财政支农投入法律监管发生、演变的必然因素和偶然因素，探索在新时代背景下完善中国财政支农投入法律监管的路径。

其三，比较分析法。了解国外不同类型国家的财政支农投入法律监管方式，无疑会对中国财政支农投入法律监管的模式构建与制度创新具有极为重要的参考价值。本书将选择有代表性的美国、英国、法国、德国、瑞士、瑞典等国家的不同类型财政支农投入法律监管方式为考察对象，以了解这些国家相关制度的构建情况。

第二章 国家财政支农投入法律监管的理论基础

国家财政支农投入法律监管是规范国家财政支农投入的利器,能够确保国家财政支农投入资金安全运行和高效使用,实现国家财政支农投入的多元目标,促进农业农村的现代化。这些有赖于国家财政支农投入法律监管坚实的理论基础,如经济学基础、管理学基础、政治学基础以及财政法学基础。它们不仅提供了强有力的支持和强大的动力,而且为国家财政支农投入法律监管提供了正当性的依据。对国家财政支农投入法律监管进行研究,必须首先研究国家财政支农投入法律监管的理论基础。

第一节 国家财政支农投入法律监管的经济学基础

国家财政支农投入是一种经济活动,它涉及国民收入的再分配,对其进行法律监管不可能没有经济学基础。从国家财政支农投入的性质来看,它的经济学基础主要是公共产品理论与委托—代理理论。从经济学的角度来看,国家财政支农投入本身就是一种公共支出,具有服务农业发展的作用,对其消费具有非排他性和非竞争性。为了提高公共产品的利用效率,必须加强法律监管,防止公共产品的流失与浪费。同时,国家财政支农投入是通过不同的主体参与完成的,这就含有委托—代理的关系。由于委托—代理的多层次性,可能会产生委托—代理实效的问题,以及因委托人和代理人不是同一个人,也会产生"代理人问题",这些均需要加强法律监管。

一 公共产品理论

19世纪80年代,以潘塔莱奥尼为代表的奥地利和意大利学者将边际效用价值论运用到财政学科研究上,论证了政府和财政在市场经济运行中的合理性与互补性,形成系统的公共产品理论。① 20世纪30年代,该理论开始在英、美等国家传播。1954年,萨缪尔森在《公共支出的纯粹理论》一文中,将公共产品定义为:每个人对这种产品的消费并不减少任何他人也对这种产品的消费。这一描述成为经济学关于纯粹的公共产品的经典定义。1955年,他在《公共支出理论的图式探讨》一文中提出并部分地解决了公共产品理论的一些核心问题。例如,如何用分析的方法定义集体消费产品,怎样描述生产公共产品所需资源的最佳配置的特征等。内容涉及公共产品的基本问题、政府对市场的管制、外部性与政府行为、政府政策与经济自由度及寻租等问题。②

公共产品理论的主要内容是对公共产品特征的描述,认为公共产品具有如下特点。③ 一是效用的不可分割性。私人产品通常被分割成许多份,遵循谁付款、谁受益的原则。公共产品则是不可分割的,国防、外交、治安等最为典型。二是消费的非竞争性。任何人对公共产品的消费不会影响其他人同时享用该公共产品的数量和质量,个人无法调节其消费数量和质量。换言之,任何人对公共产品的消费不可能排除那些不付费的人享受某种物品或服务的好处。三是受益的非排他性。任何人消费公共产品不排除他人消费,即使不付费的人享受了某种物品或服务,对于提供产品或服务的当事人来说,也不会增加成

---

① 参见张馨《当代财政与财政学主流》,东北财经大学出版社2000年版,第81—82页。

② 参见陶勇《农村公共产品供给与农民负担》,上海财经大学出版社2005年版,第32页。

③ 参见平新乔《财政原理与比较财政制度》,格致出版社、生活·读书·新知三联书店、上海人民出版社2018年版,第30—31页。

本，更不会减少付费者所得到的享受份额。萨缪尔森和诺德豪斯通过例举国防这一典型公共产品的例子对其特征进行揭示，他们认为："国防作为一种经济品，与面包等私人产品完全不一样。10块面包可以按人头分成许多份，而且我吃过的面包别人就不可能再吃一遍。而国防，一旦有人提供，就会对所有人产生平等的影响。无论你是鹰派还是鸽派，无论是和平主义者还是好战主义者，无论你是老人还是青年，无论是文盲还是饱学之士，你都会像该国所有其他居民一样获得军队所提供的安全保护。"[1] 由于公共产品无论是否付费，或付费多少，其消费主体都能获得等量的和相同的消费，且一人消费既不影响他人又不排除他人的消费。因此，私人对于公共产品的消费均存在"搭便车"的心理。在这种情况下，市场主体普遍不愿意投资于公共产品领域，从而使市场不能有效提供公共产品。不过，公共产品是公众普遍所需求的，只能由政府提供。

一般来说，由国家提供的公共产品包括：一是不能由私人生产的，如国防、外交、公共安全产品；二是私人不愿意生产的，如成本过高的产品；三是消费者不同意由私人生产的，如私人生产的产品价格过高等。[2] 随着公共欲望的不断增长，公民要求获得满足的呼声也日益高涨。在这种情况下，世界许多国家采取除上述三种情况的产品必须由国家提供外，其余产品均逐渐由私人和市场提供的模式。[3] 这是因为，现实中存在着"政府失误"的事实，如出现"寻租"或"政策失败"的现象。所以，政府作为公共产品的唯一提供者就失去了合法性的依据。正如世界银行所指出的："在许多国家中，基础设施、社会服务和其他商品及服务由公共机构作为垄断性的提供者来提供不可能产生好的结果。"[4] 同时，在公共产品的提供上加强竞争，

---

[1] [美] 萨缪尔森、诺德豪斯：《经济学》，萧琛译，人民邮电出版社2008年版，第321页。

[2] 参见单飞跃、王霞《纳税人税权研究》，《中国法学》2004年第4期。

[3] 参见赵宇、李冰、王晓红《西方财政学》，经济科学出版社2006年版，第49页。

[4] 世界银行：《变革中的政府——1997年世界发展报告》，中国财政出版社1997年版，第4页。

将会提高政府的效率和对资源的充分利用,① 克服公共部门提供公共产品信息不充分的情况。

目前,基本形成私人物品或服务由私人部门通过市场提供,公共物品由政府以非市场方式提供,混合物品则更多采取公私合作方式提供,即由政府提供补贴、授权经营、参股投资、市场管制等方式实现混合物品供给的市场均衡。虽然人们乐于接受通过私人收费的方式提供部分公共产品,但这样的公共产品非常有限,增加了自己生活的成本,实施的范围局限于规模不大的社区。随着政府提供的公共产品越来越多,规范越来越大,公民"搭便车"的心理更为普遍,在政府财政投入外部效应存在时,通过市场的自由竞争并不必然导致资源的有效分配。在产权清晰的情况下,依赖私人一起协商解决外部性问题,成本是很高的,这需要政府加强监管来消除外部效应问题。② 只有通过公共预算的方式,才能使政府提供的公共产品具有可行性和持久性。为了提高公共预算的准确性和效率,更好地服务公众,避免公共产品在分配过程中浪费或流失,必须加强财政监管。③

从公共产品理论来看,国家财政支农投入作为公共支出而服务于农业发展只能由政府提供。这种公共产品的效用具有不可分割性、消费具有非竞争性以及受益具有非排他性。因此,在提供过程中无疑存在"免费搭车"的现象,使得市场主体并没有意愿提供该服务。在这种情况下,政府就成为国家财政支农投入作为公共支出而服务农业发展的提供方,并处于垄断市场的地位。但在这种公共产品的供给上,政府难以直接面对农民等需方主体,而是依赖自身的具体职能部门或机构负责提供相应的公共产品。④ 不过,国家财政支农投入的资

---

① 吕恒立:《试论公共产品的私人供给》,《天津师范大学》(社会科学版) 2002 年第 3 期。

② 参见江龙《财政监督理论依据:信息不对称与代理失效》,《财政研究》2002 年第 12 期。

③ 参见张晓红《财政监管理论分析与制度优化》,大连理工大学出版社 2009 年版,第 72 页。

④ 参见张丽阳、张征《新时期财政支农的总体思路与构想》,《中国财政》2017 年第 7 期。

金来自广大社会公众缴纳的税费，这些税费直接转移给政府，而不是政府的职能部门，这就导致国家财政支农投入作为公共支出服务于农业发展的公共产品的供求主体出现分离的状况，必然引起政府职能部门不断追求国家财政支农投入预算最大化的动机，从而使国家财政支农投入以不恰当的规模呈扩大趋势。这就需要对国家财政支农投入进行法律监管。同时，在国家财政支农投入的资源配置上要讲求绩效，必须以广大农民的满意度为导向。国家财政支农投入作为公共支出而服务于农业发展的公共产品提供，既不能显得过多又不能显得过少，在满足农业农村现代化发展以及广大农民需求的基础上保证国家财政支农投入是合理适度的。再者，在考虑国家财政支农投入作为公共支出而服务于农业发展的公共产品的产出效果，以及确保和体现广大农民消费者效用最大化的过程中，要加强对国家财政支农投入进行法律监管。这有利于约束和管理国家财政支农投入作为公共支出服务于农业发展的公共产品提供的成本，增加国家财政支农投入资金的使用效益，提高国家财政支农投入作为公共支出服务于农业发展的公共产品的供给效率。[①]

二 委托—代理理论

自1804年《法国民法典》和1900年《德国民法典》确立了"委托—代理"概念及制度以来，它开始被经济学界所重视。但一直到1973年，罗斯（Ross）在《美国经济评论》（第63卷第2期）上发表了《代理的经济理论：委托人问题》一文才使"委托—代理"理论在经济学界兴起。他认为："如果当事人双方，其中代理人一方代表委托人一方的利益行使某些决策权，则代理关系就随之产生。"1976年，詹森（Jensen）和麦克林（Meckling）对"委托—代理"关系进行定义。他们认为："一个或一些人（委托人）委托其他人（代理人）根据委托人利益从事某些活动，并相应地授予代

[①] 参见王福波、夏进文《公共财政支出视角下城乡公共产品供给均等化的对策研究》，《中国行政管理》2014年第12期。

理人某些决策权的契约关系。"由此可见，经济学意义上的"委托—代理"与法学意义上的"委托—代理"，从产生和责任承担来看，两者性质相同。①

委托—代理理论建立在假设基础之上，即"委托人与代理人之间能够签订一个包含未来所有或然情况下的行动对策在内的完全契约"。在这个契约关系中，能够主动设计契约形式的当事人是委托人，被动接受或拒绝契约形式的当事人是代理人。由于委托人和代理人（或称受托人）均具有理性行为的能力，有着各自的利益诉求。如对于委托人而言，是希望通过代理人的专业知识或独特信息以代理行为实现利益的最大化；对于代理人而言，是希望通过给委托人代理，获得自己更多的利益。在这种情况下，很难保证代理人总是追求委托人的最优利益，而不是从事与委托人根本利益不一致的活动。在签订该契约时或签订契约后执行过程中，还存在有些消息一方知道而另一方却不知道的情况，这就是"信息不对称"。通常情况下，代理人对"私人信息"最为清楚，委托人知之甚少，这就会导致不利后果。如签订该契约时，会出现"逆向选择"，即代理人熟知自己的能力和素质，而委托人不知，这样委托人在不知情情况下会让能力和素质低下的管理者竞聘上岗，使管理者整体水平下降，损害委托人的利益。签订契约后，在执行过程中，会出现"道德风险"，即代理人可能在委托人不易觉察的情况下追求自身利益的最大化，将委托人的利益置于次要位置，甚至以牺牲委托人的利益为代价而获取自己的最大利益。因此，对于委托人来讲，为了避免代理人的"逆向选择"和"道德风险"，必须在契约中确立"通过对代理人进行适当激励，以及通过承担用以约束代理人越轨活动的监督费用"，来"使其利益偏差有限"。② 也就是说，通过承担"代理成本"，使代理人在追求个人利益最大化的同时，也能实现委托人的利益最大化。

---

① 参见张晓红《财政监管理论分析与制度优化》，大连理工大学出版社 2009 年版，第 80—83 页。

② 参见江龙《财政监督理论依据：信息不对称与代理失效》，《财政研究》2002 年第 12 期。

随着学者对委托—代理理论研究的不断深入，其研究重心放在了公共产权中的"委托—代理"关系上。由于公共产权具有不可分割性、非排他性、外在性以及剩余索取权的不可转让性等，这些特征决定了公众对公共财产的过度使用，以及"公地悲剧"现象。但要解决好这一问题，必须由政府承担为公众提供包括制度、秩序、物品和劳务在内的公共产品的职能。政府履行这种公共职能，即为公民提供所需的公共产品，赋税便是公民所支付的对价。正如霍布斯指出的："主权者向人民征收的税不过是公家给予保卫平民各安生业的带甲者薪饷。"① 由此可见，政府实际上是纳税人的代理人，纳税人是委托人，纳税人与政府形成"委托—代理"的关系。具体而言，从初始的委托人到国家权力中心的自上而下的授权链，从而产生多层级的委托—代理关系。就公共支出而言，在其过程中形成的委托—代理关系包括部门外部和部门内部。部门外部有公众与权力中心（一般为立法机构）之间的委托—代理关系、立法机构与政府（主要指财政部门）之间的委托—代理关系、财政部门与财政资金使用部门之间的委托—代理关系、部门内部管理者与被管理者之间的委托—代理关系，以及上级财政部门与下级财政部门之间的委托—代理关系。

在这种多层级的委托—代理关系中，经济人行为假设即"效用最大化""有限理性""机会主义"仍发挥着作用，加之代理人（政府）与委托人（公众）不是同一个人，有着不同的目标，并且时常发生着冲突，也存在信息不对称，因而，也产生代理人问题，即"逆向选择"和"道德风险"。对于前者而言，在信息不对称的情况下，无论是其决策的形成与贯彻还是实施，都存在失真、被扭曲与延误的情形，甚至产生机会主义行为和官僚主义行为，导致委托—代理的失效。一方面，会出现公共资金管理和使用成本高、效率低下，分配也不公平；另一方面，会出现大量贪污、挪用、挥霍和滥用职权的现象。对于后者而言，代理人有可能出于私心而违背委托人的意图，损

---

① ［英］霍布斯：《利维坦》，黎思复、黎廷弼译，商务印书馆1985年版，第269页。

害委托人的利益。① 解决代理人问题的有效途径就是建立激励机制和监管机制。但由于政府存在"激励不足"的问题：一是从政府性质来看，作为行政机关，通过货币激励政府作用有限；二是从公共产权特征来看，政府难以解决代理人"激励相容"的问题；三是从政府组织系统来看，对公共权力的激励有限；四是从管理者的"机会主义"倾向来看，享有公共产品经营、管理权的官员，易造成对委托人利益的损害，所以，依靠激励机制是不足以解决代理人问题的，主要依靠监管机制。② 也就是说，通过建立健全政府公共权力控制、约束与监管体系，完善内外部监管机制，将信息不对称造成的危害降到最低，确保公共资源使用的最大化。

从委托—代理理论来看，国家财政支农投入中，存在政府与财政部门、财政部门与国家财政支农投入资金使用部门或单位构成的一连串委托—代理关系。在国家财政支农投入的委托—代理关系中，产生委托—代理问题是委托人与代理人博弈的结果。尽管在理论上国家财政支农投入资金全部为民所用，但在现实的操作中，由于存在信息不对称的状况，作为委托人的中央政府及其财政部门很难以最小的成本促使作为代理人的地方财政部门和国家财政支农投入资金使用部门或单位最大限度地增加中央政府及其财政部门的效用。在这个复杂的博弈过程中，地方财政部门和国家财政支农投入资金使用部门或单位很容易偏离社会公众的目标，造成中央政府及其财政部门的利益受损和国家财政支农投入资金支出的低效率，从而使委托—代理关系失效，影响国家财政支农投入管理的有效性。③

为了有效监督地方财政部门和国家财政支农投入资金使用部门或单位的行为，中央政府及其财政部门可以利用激励制度、惩罚问责制

---

① 江龙：《国有产权监督论：基于政府经济效率的分析》，广东教育出版社2016年版，第63—68页。
② 参见张晓红《财政监管理论分析与制度优化》，大连理工大学出版社2009年版，第91—93页。
③ 参见董晓林、吕沙、金幂《财政引导金融支农的路径及其效应分析》，《经济问题》2016年第12期。

第二章 国家财政支农投入法律监管的理论基础

度加强对国家财政支农投入的监管，但每一单向度执行均具有过高的成本问题，而国家财政支农投入预算绩效管理既能够兼容单向度选择，又能够解决执行成本过高的问题。换言之，以维护广大农民的利益为导向，在中央政府及其财政部门所确定时间内实现其绩效目标，地方财政部门和国家财政支农投入资金使用部门或单位可以获得必要的奖励，反之，则要受到惩罚。这种"激励相容"的方式，使地方财政部门和国家财政支农投入资金使用部门或单位不仅要考虑自身利益，而且要考虑中央政府及其财政部门的利益。[①] 这种国家财政支农投入预算绩效管理制度的建立，构成国家财政支农投入法律监管机制的重要部分，是中央政府及其财政部门对国家财政支农投入实现全过程监督的有效方式。同时，在国家财政支农投入预算绩效管理中，通过实施国家财政支农投入绩效评价和地方财政部门与国家财政支农投入资金使用部门或单位发布相关的预算绩效报告，使中央政府及其财政部门有效获取地方财政部门和国家财政支农投入资金使用部门或单位实现绩效目标程度的信息，也就解决了信息不对称问题，从而实现对地方财政部门和国家财政支农投入资金使用部门或单位行为的监督。

第二节 国家财政支农投入法律监管的管理学基础

国家财政支农投入是一种在农业领域的公共支出，它不仅需要充满活力和严格的管理，而且需要符合市场规律的高效管理。这样一方面可以使国家财政支农投入的发展遵循固有的规律，并充分利用市场机制，以满足农业在市场经济条件下的发展，提高国家财政支农投入效率；另一方面，确保国家财政支农投入资金分配的公正性，推动实施乡村振兴战略，实现广大农民的根本利益，对国家财政支农投入的

---

① 参见赵思旭、丁冬《支农资金管理人员的声誉机制激励效果分析》，《现代管理科学》2014年第9期。

总量进行有效控制，使国家财政支农投入的资源得到优化配置，保障国家财政支农投入资金的良好运行。因此，国家财政支农投入法律监管以管理学为基础是必然的，但主要是以现代公共管理理论和公共支出管理理论为基础。

一 现代公共管理理论

1887年，威尔逊在美国《政治科学季刊》上发表了《行政学研究》的论文，从而创立了公共行政学。20世纪30年代，随着凯恩斯主义的兴起，加速了政府全面干预社会经济生活，形成"行政国家中心"的时代。但是，由于传统公共行政过分强调马克斯·韦伯的"官僚体制"，结果出现机构臃肿、体制僵化、成本加大、效率低下等问题。在这一背景下，进入20世纪80年代，西方各国相继开始以"新公共管理"再造政府行政的改革历程。① 这一改革的显著特征包括：其一，在管理模式上，兼顾市场与政府的职能，减少行政干预。如果说20世纪前半叶公共行政改革的趋势和结果主要表现为政府的膨胀和行政权的扩张，那么，新公共管理的突出特点则是行政权的退缩与市场价值的回归。其二，在管理方式上，借鉴企业的管理方式，引入以绩效为本的管理方法，运用新的激励机制提高政府行政效率。所倡导的基本行政理念包括：② 一是绩效管理，即将传统公共行政的"3E"（效率 efficiency、效能 effectiveness 和公平 equity）转变为新"5E"（经济 economy、效率 efficiency、效能 effectiveness、公平 equity 和环境 environment），强调对绩效的关注。二是专业化管理，即"让管理者来管理"，对结果切实负责。三是市场取向，即一方面主张缩减官僚制组织的作用范围；另一方面，倡导通过公开招标、签订合同等方式在公共服务领域引入竞争。四是引进私营部门管理方法，即引入合同制度对人事制度进行改革，通过改制以建设弹性的组织和预

---

① 参见郭彤《西方公共管理改革及其对我国财政体制改革的启示》，《审计研究》2004年第2期。

② 参见张再生、杨勇《新公共管理视角下的中国服务型政府建设》，《东北大学学报》（社会科学版）2009年第2期。

算，引入绩效测评、战略管理和质量管理等私营部门成功的管理举措。五是以结果、顾客与外部为导向，即首先关注的是结果，至于结果如何实现，没有固定的模式；其次，"行政就是服务，公众就是顾客"；最后，强调外部要素的作用。六是"掌舵"而非"划桨"，即一方面主张公共管理政治化，使政府拥有"掌舵"的职能；另一方面，主张将原有的管理职能通过签订合同的方式外包给下级公共组织、社会组织甚至私营部门，使政府不再"划桨"。七是责任政府，即高层公共管理者对政治家负责，公务员对公民的需求保持灵敏的反应。也就是在代理关系下，政府必须对公众的需求做出反应，采取积极的措施，公正、有效地实现公众的需求和利益，即构建责任机制。休斯指出："责任机制将政府的行政部分与政治部分结合在一起，并最终关系到公众本身。责任机制说到底是民主制度"。因为"公民与政府的关系可以看成是一种委托—代理关系，公民同意推举某人以其名义进行治理，但是必须满足公民的利益并为公民服务"。[①] 所以，"政府与公民之间形成了责任机制"。[②]

因此，新公共管理的实质是通过引入商业管理主义的理论、方法和技术对公共部门进行全方位的改革和再造，从而达到整体优化行政系统、有效改善政府管理的目的。[③] 但效率与公正是其根本价值追求。在新公共管理的推行下，许多国家相继进行了一系列的财政管理改革。例如：一是将财政管理的重点由对管理程序的重视转向对绩效和结果的重视，以促进财政资源的经济性和效果性。二是在政府财政活动中大力引进竞争机制，使公共服务尽可能地遵从市场规则，以改进政府财政活动的绩效。三是为了使财政分权与注重结果相配合，政府财政管理活动大力推行可核算化（accountingization），在以往合计归集未明确定义的成本领域引进更具体的成本分类，使得政府部门提供公

[①] ［澳］欧文·休斯：《公共管理导论》，张成福译，中国人民大学出版社2001年版，第264—268页。

[②] 俞可平：《治理和善治：一种新的政治分析框架》，《南京社会科学》2001年第9期。

[③] 参见郝晓薇、叶子荣《基于新公共管理视角的瓦格纳定律之现实评析》，《中南财经政法大学学报》2010年第1期。

共服务的成本计量和考核有了可能，进而对公共服务绩效的评价有了相对客观的依据。四是强调报告责任（accountability），改革预算会计制度。① 应该说，新公共管理运动对财政管理的影响是巨大的，使财政管理在大幅提高效率的同时，也实现了一定的公正。

从现代公共管理理论来看，国家财政支农投入监管不仅要建立利益共享、责任共担的机制，强调国家财政支农投入监管的绩效以提升其质量为基础，而且要将公民责任与政府责任并重，充分反映利益相关者的愿望、要求和利益，以利益相关者的诉求作为反馈的回路，把农民权利至上的理念放在首位，实现国家财政支农投入监管者与被监管者的合作和相互信任等一系列价值，以提升国家财政支农投入监管的满意度。同时，特别强调国家财政支农投入监管是一种"服务"，而不是"掌舵"，面向的是广大的农民；国家财政支农投入监管体现的是公共利益而不是副产品。再者，国家财政支农投入监管权的作用在于帮助广大农民表达和实现他们的共同利益，绝非控制整个农业。在责任上也并非单一的，不仅应关注国家财政支农投入监管自身，而且也应关注广大农民合法权益。此外，国家财政支农投入监管以人为本，重视人而非生产率。在监管和组织的方法上，强调依靠人来监管的重要性。因此，国家财政支农投入监管体现了现代公共行政越来越以追求公平、正义为价值核心的"服务行政""责任行政"，建立一个以提供更优质公共服务、承担更充分公共责任的政府。

在这种情况下，国家财政支农投入法律监管的构建，首先，要明确政府在国家财政支农投入中的监管职责，通过合理划分政府在国家财政支农投入的监管职能范围和有效作用的领域，将其角色定位为既是国家财政支农投入的参与者，也是国家财政支农投入的监管者，从而把国家财政支农投入监管落到实处。其次，要在国家财政支农投入监管中建立公众参与机制，将国家财政支农投入的监管过程与公民参与维度相结合，基于对宪法和法律所赋予公民政治权利的尊重，必须

---

① Hood, C., "The New Public Management in the 1980's: Variations on a Theme", Accounting Organizations and Society, Vol. 20, No. 2/3, 1995, pp. 93 – 109.

明确规定公众参与国家财政支农投入监管的方式、途径和范围等，从而确保公民有效参与国家财政支农投入监管活动。这样可以确保以公众需求为导向，在国家财政支农投入项目中符合公民偏好的同时，避免国家财政支农投入资源的浪费。再次，在国家财政支农投入监管中引入竞争机制。为了打破政府在国家财政支农投入监管中的垄断地位，可以允许部分私人企业或组织参与国家财政支农投入监管服务的供给，促使政府与私人企业或组织展开竞争，从而提高政府对国家财政支农投入监管的质量和水平。与此同时，政府还会在国家财政支农投入监管内部开展竞争，从而有效解决国家财政支农投入监管机构臃肿和公共资源浪费的问题，提高政府对国家财政支农投入监管的效率。复次，在国家财政支农投入中建立全过程预算监管机制，以农民需求为导向，细化国家财政支农投入预算编制并强化其预算约束；以农民诉求为根本，在国家财政支农投入中实施全口径预算管理与监督；以契约精神为准则，在国家财政支农投入中实施预算公开与预算问责制度；以绩效结果为目标，在国家财政支农投入中建立预算绩效评价体系与综合性评审机制。最后，在国家财政支农投入监管中实行纠错问责制。对于国家财政支农投入监管而言，国家财政支农投入绩效监管是指根据政府的国家财政支农投入监管目标和监管考核标准，以此为标尺对国家财政支农投入监管行为是否违规进行评估。国家财政支农投入监管的纠错问责与国家财政支农投入监管绩效评估之间密不可分。科学的国家财政支农投入监管绩效评估结果是判断国家财政支农投入监管行为是否违规的依据，也是纠错问责的基础。因此，实施国家财政支农投入监管过程中，纠错问责是一项不可或缺的制度安排。[①]

二　公共支出管理理论

1961年，英国议会发表了普洛登（Plowden）报告，建立了公共支出调查委员会（PESC）系统，由此开创现代公共支出管理理论之

[①] 参见匡导球、施威《财政支持农业的路径选择、制度困境及其突破》，《财政研究》2008年第4期。

先河。普洛登报告中确定了一个原则,即涉及未来支出的重大决策应在调查过去多年公共支出和考虑未来资源的基础上做出,所采用的是凯恩斯主义模型。[①] 在公共支出管理理论的发展过程中,形成了"理念—目标—机制—程序—基础—技术"这一主线。[②]

第一,公共支出管理的理念。首先,在国家预算中强调法治观念,严格依法确定政府公共支出预算的编制程序和内容,并将已经批准的预算置于严格法律约束和监督下执行。其次,以责任制为目标,非常注重公共支出管理中的"绩效"考评,即根据"投入、产出、结果、过程"等多项指标对绩效进行考评。再次,强调竞争意识、质量意识、合规意识和服务意识,将责任制落到实处。最后,注重政策和规则的合理性、公正性与绩效性的有机结合。[③]

第二,公共支出管理的目标。布朗和杰克逊认为,政府的政策目标主要是经济增长、公平与充分的稳定。公共支出管理是为实现上述政策目标服务的。萨尔瓦托雷·斯基亚沃-坎波和丹尼尔·托马西认为,为了满足公众在公共利益方面的需要,公共支出管理应以建立透明度、责任制和重视顾客为目标。普雷姆詹德认为,为了强化公共支出管理,其目标是法治、透明度以及管理责任。由于公共支出管理体现了政府的政策目标,它是决策与管理的统一。因此,公共支出管理的目标应是总量控制、资源配置和良好的运作管理。[④]

第三,公共支出管理机制。它包括如下机制:一是公共支出管理政策制定中的制度机制,如通过政策制定中的权力制衡机制来依法确定各级政府及其职能部门之间的权责关系。二是公共支出管理实施中的协调机制,如通过建立政府内部政策制定的协调机制来密切政策与

---

① 参见[英]艾伦·格里菲思、斯图尔特·沃尔《应用经济学》,许光建译,中国经济出版社1998年版,第380页。
② 参见安秀梅《西方发达国家公共支出管理制度对我国的启示与借鉴》,《中国行政管理》2006年第2期。
③ 参见安秀梅《西方发达国家公共支出管理制度对我国的启示与借鉴》,《中国行政管理》2006年第2期。
④ 参见[美]萨尔瓦托雷·斯基亚沃-坎波、丹尼尔·托马西《公共支出管理》,张通译,中国财政经济出版社2001年版,第5页。

预算之间的联系。三是公共支出管理中的激励机制,如通过建立适当的激励机制来增加部门和地方管理的灵活度。四是公共支出管理中事前、事中和事后的监督机制,如通过建立健全财政内部审计与外部审计的制度,使两者有机结合起来,对预算的编制、执行进行监督等。

第四,公共支出管理程序。它其实是一套高度标准化、规范化和程式化的管理控制程序,也是在追求稳定目标的同时,使确定目标、配置资源及经济而有效率地利用资源等工作得以实现的方法和程序。[①]它主要由以下三个阶段构成:一是确定政策目标及所需的资源;二是对所需资源进行配置;三是确保配置的资源经济而有效地利用。这三个阶段与制订财政计划、编制预算及执行预算是一致的。从控制系统的结构来看,公共支出管理程序包括计划、决策、执行、评价、信息反馈、调节、继续执行七个环节。其中,计划应在预测的基础上做出;决策是基于计划的,是控制公共支出最关键的因素;决策本身也是一个过程,它包括确定目标、制订方案、评估方案、反馈修正;计划和决策之后就是执行,再对执行的结果进行评价,根据评价对执行予以调整,然后继续执行。[②]

第五,公共支出管理的基础。一是构建良好的、科学的管理方法,包括责任制、透明度、预测能力和参与性。其一,责任制要求政府预算官员在具体规定的质量、成本和时间内向公众提供公共产品,定期回答相关机构就资金使用去向和效果的质询,还对自己在财政事项方面的行为承担后果。其二,透明度要求财政职能和责任清晰,预算编制、执行、决算情况对外公开,公众可以获得各种财政信息。其三,预测能力要求预算官员能够对政府支出总量以及在各职能部门的配置做出预测,通过制定并实施统一的法律法规增强支出部门对财政资源配置的预测能力。其四,参与性要求公众参与公共支出管理活动,提高科学性和效率。二是建立公共支出的绩效管理。这种绩效管

---

① 参见阎坤、王进杰《公共支出理论前沿》,中国人民大学出版社2004年版,第176页。

② 参见朱新武《新疆财政农业投入与保障机制研究》,新疆人民出版社2009年版,第44页。

理是"基于绩效信息，运用科学的方法、标准和程序，对财政资源按照绩效目标的要求进行优化配置和优先顺序排列，以不断提高公共产品与顾客需求、偏好和价值观的适应程度为目的的管理活动"。它是一种新公共管理模式，在权力分布上采取组织授权、雇员授权和社区授权等方式，在上下级之间形成契约关系；在责任机制上，建立激励约束机制；在管理导向上，以顾客为导向。公共支出绩效管理形式有绩效预算管理和绩效项目管理两种。①

第六，公共支出管理的技术。随着信息技术和网络技术的发展，它们在公共支出管理中被大量运用，形成各种公共支出管理的技术平台，如政府电子服务交付系统（DES）、国库分类账系统（TLS）以及各国政府采用的信息与通信技术计划等。②

从公共支出管理理论来看，国家财政支农投入监管要实现以下三个目标：其一，国家财政支农投入的支出控制，它是指从国家财政支农投入支出的总量上进行控制，体现在国家财政支农投入监管核心层面就是在国家财政支农投入资源稀缺的前提下对国家财政支农投入支出的总量予以控制。尤其是在实现宏观经济平稳、健康发展、抑制经济周期性波动时，国家财政支农投入支出作为一种需求变量，对宏观经济的发展产生重大影响。因此，政府应通过国家财政支农投入预算的财政政策调节经济总量。它具有三个基本特征：一是事先确定性，也就是政府在考虑国家财政支农投入支出时，应事先确定一个具体的国家财政支农投入支出总量，避免在国家财政支农投入预算执行过程中超出此规模。二是强制性，也就是政府在控制国家财政支农投入支出总量上具有最高权力，凡是超出国家财政支农投入支出总量的方案都会被否决。三是中长期性，也就是国家财政支农投入总量控制不是一个预算年度，而是制订一个长久方案，逐年实施。为了实现总量控制，通常采取如下措施：一是指标控制，主要通过财政支出占 GDP 的比例、

---

① 参见朱新武《新疆财政农业投入与保障机制研究》，新疆人民出版社 2009 年版，第 45 页。

② 参见安秀梅《西方发达国家公共支出管理制度对我国的启示与借鉴》，《中国行政管理》2006 年第 2 期。

财政支出增长率、限定公共支出的绝对规范、相对规模等。二是编制中长期预算，对未来几年内财政支出总量的控制。三是赋予财政部门协商权和监管权，一方面与立法部门协商，确定各部门支出的适当规模；另一方面，对各部门预算执行进行监管，防止超出预算规模。[1]

其二，国家财政支农投入资源配置。它是指根据农业发展战略和发展规划以及政府的农业政策安排，对国家财政支农投入资源进行科学的支出规划，以实现国家财政支农投入资源被最大限度地使用。配置资源不仅要保障公共财政资源得到充分和合法使用，而且要保障其是作用于市场失灵的领域。同时，它是以财政政策目标为核心进行配置的，在公共支出管理的核心层进行统一规划，还对支出机关与核心层之间以及支出机关之间进行明确的分工，形成责任清晰的良好关系，构建有效的协调机制。国家财政支农投入资源配置要重点考虑两项内容：一是国家财政支农投入项目优先执行顺序，也就是先执行效率高的国家财政支农投入项目，然后执行效率低的国家财政支农投入项目，促进国家财政支农投入资源配置的效率。二是国家财政支农投入的最终成效，也就是强调国家财政支农投入预算执行效果，要看国家财政支农投入资源配置是否达到预期的农业政策目标。为了实现国家财政支农投入资源配置，通常采取如下措施：一是在控制国家财政支农投入支出总量的前提下，允许各部门在国家财政支农投入支出限额内重新配置资源。二是重新划定中央与各部门职责范围，确定中央政府优先执行全国性国家财政支农投入项目，允许各部门在分管领域重新配置国家财政支农投入资源，使跨部门的资源配置适应长期国家财政支农投入支出。

其三，国家财政支农投入良好的运作管理。它是指通过设计规范的国家财政支农投入支付程序，提高透明度，强化政府部门责任，建立完善的国家财政支农投入支出运行机制，实现国家财政支农投入支出管理的经济性、效率性和有效性。国家财政支农投入良好的运作管

---

[1] 参见安秀梅、张瑞丹《公共支出管理制度改革与财政监督》（上），《财政监督》2008年第11期。

理最终的衡量指标为低成本，也就是国家财政支农投入支出单位由此所提供的公共产品成本应尽量要低。为了实现国家财政支农投入良好的运作管理，通常采取如下措施：一是在严格控制国家财政支农投入支出总量的前提下，扩大国家财政支农投入支出单位对使用预算核定拨款的自主权；二是建立国家财政支农投入绩效考评机制，确保国家财政支农投入支出单位提供的公共产品的数量和质量达到要求，提高国家财政支农投入预算执行效率。①

因此，要实现上述目标，国家财政支农投入支出管理应该由法治、透明度和公开性以及管理责任三个部分组成。②

第三节　国家财政支农投入法律监管的政治学基础

国家财政支农投入不仅仅是一种经济活动，更是国家经济职能的体现。这主要表现在国家通过有计划、有组织地不断加大财政支农投入，以促进农业的快速发展，并对农业、农村和农民三者的关系进行调整，使之形成良性互动的关系。而且，对国家财政支农投入予以监管，维护国家财政支农投入的秩序和农民的利益，为全体人民谋福利。国家财政支农投入及其监管也伴随着权力的行使，为了防止权力被滥用，必须进行有效规范，这就涉及权力制衡与制约的问题。由此看来，国家财政支农投入法律监管应有政治学的基础，主要是以国家职能理论、权力制约理论为基础。

一　国家职能理论

现代政治学认为，国家的职能在不断扩大，其目的在于为社会成员提供基本的社会公正与公平。也就是说，国家要积极地实现社会的

---

① 参见郭庆旺、郭玉清《现代公共支出管理与依法理财》，《财政研究》2006年第12期。
② 参见［美］萨尔瓦托雷·斯基亚沃－坎波、丹尼尔·托马西《公共支出管理》，中国财政经济出版社2001年版，第5页。

第二章 国家财政支农投入法律监管的理论基础

政治利益、经济利益和社会公共利益在全体社会成员之间合理而平等地分配。国家对经济干预功能的扩张对于弥补市场之不足存在必要性：从经济增长的角度来看，目的在于影响总需求、就业、生产水平和价格；从对收入分配的干预来看，有助于帮助弱势群体，使收入分配公平化，实现社会正义，满足每个人对社会公共利益的需求。这些都为国家财政支农投入法律监管的生成提供了理论基础。

英国学者鲍桑葵认为："国家的目的就是社会的目的和个人的目的——由意志的基本逻辑所决定的最美好的生活。""国家应当使用暴力以制止妨碍最美好的生活或共同利益的行为。为了制止这一类行为，它实际上会采取积极的行动。"[①] 由此看来，国家是相对于社会而存在的，它的目的就是采取积极的行为给每个人谋求福利及以维护社会利益为根本目的。马克思认为："国家决不是从外部强加于社会的一种力量。国家也不像黑格尔所断言的是'伦理观念的现实''理性的形象和现实'。确切说，国家是社会在一定发展阶段上的产物；国家是承认：这个社会陷入了不可解决的自我矛盾，分裂为不可调和的对立面而又无力摆脱这些对立面。而为了使这些对立面，这些经济利益互相冲突的阶级，不致在无谓的斗争中把自己和社会消灭，就需要有一种表面上凌驾于社会之上的力量，这种力量应当缓和冲突，把冲突保持在'秩序'的范围以内；这种从社会中产生但又自居于社会之上并且日益同社会相异化的力量，就是国家"。[②]

由此可见，国家与社会是不同的，它并非一种社会形态，而是一种公共的共同体，是一种政治集合体。无论是在范围方面，还是在界限方面，抑或其生活内容方面，它们都不是互相重叠的。但国家与社会是一种共存关系。[③] 德国学者威廉·冯·洪堡认为："国家本身不是目的，国家的基本任务是保障人的自由。"在他看来，人在国家里

---

① ［英］鲍桑葵：《关于国家的哲学理论》，汪淑钧译，商务印书馆1996年版，第191页。

② 《马克思恩格斯选集》（第4卷），人民出版社1972年版，第166页。

③ ［德］亨利希·库诺：《马克思的历史、社会和国家学说——马克思的社会学的基本要点》，袁志英译，上海世纪出版社集团2006年版，第245—246页。

处于中心位置。同时,他进一步指出:"国家的目的可能是双重的:它可能促进幸福,或者仅仅防止弊端,而在后一种情况下,就是防止自然灾害和人为的祸患。倘若它限制在后一种情况下,那么,它只寻求安全,这种安全允许我与统一在正面福利名义下的一切其余的、可能的目的作对抗。"但"国家主要的——如果不是说唯一的——任务是关心公民的'负面的福利',即保障公民的权利不受外敌的侵犯和不受公民之间的相互侵犯"。① 由此看来,洪堡的理想国家是自由主义的"守夜人的国家"。但现代国家的职能不仅如此,"国家应当使用暴力以制止妨碍最美好的生活或共同利益的行为。为了制止这一类行为,它实际上会采取积极的行动。它可以试行强迫教育和由官方经营酒类以防止文盲和酗酒"。② 可见,在他看来,国家的积极作用在于最大限度地满足理性人追求"善"和"真理"的生活。马克思和恩格斯认为,国家是从人类社会发展中分离出来的公共机构,它既具有政治统治职能又具有经济管理职能。政治统治职能使国家成为"阶级统治的工具"。③ 但这种职能是以社会经济管理职能为基础的:"政治统治到处都是以执行某种社会职能为基础,而且政治统治只有在它执行了它的这种社会职能时才能持续下去。"④ 国家社会经济管理职能的实现方式则是公共服务和管理。

进入20世纪,随着国家垄断资本主义的发展,一味依赖市场机制进行自发调节的模式,已经越来越不适应资本主义经济的均衡发展要求,在经济均衡发展遭到破坏时不能有效地恢复均衡。西方资本主义国家1929—1933年的经济大危机以及随后而来的持续大萧条就是最好的例证。因此,在凯恩斯主义理论的支持下,美国总统罗斯福推行了"新政"。国家这只"看得见的手"开始对经济和社会进行全面

---

① [德]威廉·冯·洪堡:《论国家的作用》,林荣远等译,中国社会科学出版社2005年版,第7—8、37页。
② [英]鲍桑葵:《关于国家的哲学理论》,汪淑钧译,商务印书馆1996年版,第191—195页。
③ 《马克思恩格斯选集》(第2卷),人民出版社1972年版,第412页。
④ 《马克思恩格斯选集》(第3卷),人民出版社1972年版,第219页。

第二章　国家财政支农投入法律监管的理论基础

干预和调节，使国家不再是中立的裁判者和守夜人。尤其是 20 世纪中期，福利国家在西方的兴起，国家为了社会中各种人和不同阶层的福利分配与保障，其职能不断扩大，作用不断增强。人们普遍认为，那种"企图回到纯粹的自由放任政策，使国家缩减到仅执行收税员、警察和佩戴甲胄的护卫之类的老的最小限度的职能"的认识，是"拒绝整个现代文明的趋势"。[①] 因此，国家的职能不断扩大，一方面要积极地确认和保护公民的基本权利，并积极创造物质条件为其开辟路径和提供现实可能性；另一方面，要"帮助失业者、老人、残疾人以及一般经济困难者，以便使收入分配符合社会现行的道德标准和一种'公平'的社会分配"，[②] 让公民能满足其对社会公共利益的需求。

施瓦茨指出："在 20 世纪的社会中，政府必须保护的'所有'概念已经要比个人拥有所有权的物质财产广泛得多。美国人民开始用积极的含义来考虑政府的作用，即主要保证每个人都有合适的人类生存条件。社会的目标正变为保障每个人在社会中都能过一种合适的人类生活——如果不能满足人们的所有需要，就应尽可能至少满足一个正常人的最低限度的需要。"[③] 国家提供公共产品越来越多。美国学者萨缪尔森和诺德豪斯认为，政府的职能应该是提高经济效率，减少经济的不公平，通过宏观经济政策稳定经济和执行国际经济政策来实现社会的效率、平等和稳定。[④] 但一般来说，政府的职能表现为纠正市场缺陷、提供公共物品、维护公共秩序三个方面。[⑤] 由此看来，公众对公共产品的需求就决定了国家的存在，而国家的存在又是通过履

[①] C. K. Allen, "Law and Orders", *Public Administration*, Vol. 23, No. 3, 1945, pp. 117–165.

[②] ［美］尼古拉斯·施普尔伯：《国家职能的变迁》，杨俊峰等译，辽宁教育出版社 2004 年版，第 2 页。

[③] ［美］施瓦茨：《美国法律史》，王军等译，中国政法大学出版社 1997 年版，第 273 页。

[④] ［美］萨缪尔森、诺德豪斯：《经济学》，萧琛译，人民邮电出版社 2008 年版，第 279—280 页。

[⑤] 吴生高、罗利华、季春：《科技查新服务于科技管理工作的探讨》，《科技与经济》2007 年第 2 期。

行公共管理职能得到体现,国家在实质上就是社会成员的代理机构,承担着一种公共受托责任。①

从国家职能理论来看,国家财政支农投入是伴随国家职能的扩大而出现的经济活动。不论国家财政支农投入是何种经济形态,都在国家农业职能的实现过程中扮演着重要角色。随着国家财力的增强,国家财政支农投入的比重也在不断增大,以民生为导向的国家财政支农投入体系还在不断完善中。国家财政支农投入的基本导向是提供农业农村发展的资金,满足广大农民的消费需求,缩小区域之间、城乡之间和群体之间的差异,维护社会公平与正义,调节各方面的利益关系,把改善民生和满足广大农民日益增长的美好生活的需求摆在首位,从而促进农业农村的现代化。但这些国家所要实现的职能有赖于政府去具体落实,换言之,主要涉及政府在国家财政支农投入中管什么、怎么管、发挥什么作用。②

首先,正确合理地发挥政府对国家财政支农投入宏观调控职能,促进国家财政支农投入的发展。国家财政支农投入不仅增强农业领域的发展后劲,更致力于从制度和体制层面改善现存"三农"的困境,破除制约农业农村发展的障碍,实现农业领域总需求与总供给的大体平衡。因此,要以促进农业农村现代化的理念来进行国家财政支农投入的总体发展规划,打破国家财政支农投入传统思想的局限,科学制定国家财政支农投入的总体发展目标和计划,全方位地整合国家财政支农投入资源促进农业、农村和农民的发展;发挥国家财政支农投入的比较优势,充分利用国家财政支农投入的优势资源,因地制宜地厘清国家财政支农投入总体发展的基本思路,在国家财政支农投入资源优势中培育地方特色,增强农业农村的发展实力。

其次,强化政府对国家财政支农投入的管理职能。正是由于农业领域内在的机制无法解决需要的无限性和资源的有限性之间的矛盾,

---

① 参见张晓红《财政监管理论分析与制度优化》,大连理工大学出版社2009年版,第74页。

② 参见刘东华、杨少海《我国财政支农问题聚焦及对策探讨》,《广东农业科学》2010年第9期。

无法克服农业领域利益分配中存在的不公平现象，只能通过国家层面的财政资源进行合理分配。所以，国家财政支农投入是改善农业领域状况的核心途径和根本手段。新时期面临政府职能的转变，更要强化国家财政支农投入的管理职能，提高政府对国家财政支农投入的服务。一方面，对国家财政支农投入失灵进行有效管理，促进国家财政支农投入健康发展；另一方面，科学有效地管理国家财政支农投入中的各类问题，加强维护国家财政支农投入秩序的基本稳定，为国家财政支农投入的发展提供必要的保证。此外，地方政府面临的国家财政支农投入管理压力较大，其主要原因是，直接面向的广大农村人口对地方政府的国家财政支农投入管理能力提出较高要求。"三农"问题更是迫切地推动着地方政府进一步加强国家财政支农投入管理职能。[1]

最后，突出政府在国家财政支农投入中的监督职能，创造一个有序的国家财政支农投入环境。国家财政支农投入是通过实现农民的基本生存条件和基本能力与权利的公平，并最终实现国家财政支农投入资金使用的动态均衡。国家财政支农投入以公平正义为价值内核，以财政手段为切入点，通过调整国家财政支农投入支出结构，加大对农业基础设施建设、农业综合开发和农业产业化、农业科研教育和技术推广、农业生态保护等领域的财政支出，调整农业、农村与农民之间的利益分配关系，力求做到让"三农"得到快速发展。在市场经济体制下，政府要减少对国家财政支农投入的干预，但并不等于完全与国家财政支农投入脱离干系，而是要适度减少对国家财政支农投入的干预。但是，对国家财政支农投入活动的监督还是不能少。否则，国家财政支农投入的发展就会呈现无序状态，国家财政支农投入环境的规范性也很难保持。因此，政府必须强化对国家财政支农投入的监督职能，依法有效监督国家财政支农投入行为，为国家财政支农投入创造一个公平、健康、有序的发展环境。[2]

---

[1] 参见刘龙泉《财政支农资金管理模式研究》，《财会研究》2011年第4期。
[2] 参见贾文哲《可持续发展理念下财政支农转型路径探析》，《经济纵横》2015年第12期。

二 权力制约理论

罗素认为:"权力是某些人对他人产生预期效果的能力。"因此,权力具有有意性、有效性、潜在性和关系的单向性等特征。① 其实,"权力是为了维护和获取某种利益,特定主体将他的意志强加于人或机构,影响他们的态度和行为,使之服从的能力"。根据主权在民的思想,权力来源于人民,是人民的共同权力,为全体公民共同所有。但在现实生活中,权力的行使不可能由全体公民共同行使,只能由立法机关、司法机关和政府来行使,从而导致权力的公共性与现实表现形式个体性的矛盾。一般来说,权力的行使者有个人的利益诉求,这就存在权力被用于个人利益而损害公共利益的可能性。如果缺乏有效的制约与监督,权力的垄断性、强制性以及利益交换性就会进一步强化。当权力成为权力行使者追求个人利益的工具时,就产生了权力的"异化"。②

西方国家最经典的模式就是以权力制约权力,并在此基础上形成人们熟知的分权制衡理论。就分权理论而言,可以追溯到古希腊的亚里士多德。他在《政治学》中认为:"一切政体都有三个要素,作为构成的基础……三者之一为有关城邦一般公务的议事机能(部分);其二为行政机能部分——行政机能有哪些职司,所主管的是哪些事,以及他们怎样选任,这些问题都须一一论及;其三为审判(司法)机能。"③ 由此可见,亚里士多德从建立良好政体的角度来探讨政体的构成要素,并且从职能的角度对国家应具有议事、行政和审判三种机能的划分,创立了初始的分权理论,但他的三分法并不是现代意义上的三权分立。经过波里比亚斯和西塞罗对亚里士多德分权理论的进一步探讨而初具规模。启蒙时期的洛克在《政府论》的下篇中也提

---

① 参见[美]丹尼斯·朗《权力论》,陆震纶等译,中国社会科学出版社2001年版,第3—4页。
② 参见章文光、李永瑞、王昌海等《公共组织行为学》,北京师范大学出版社2009年版,第305—306页。
③ [古希腊]亚里士多德:《政治学》,吴寿彭译,商务印书馆1983年版,第215页。

第二章 国家财政支农投入法律监管的理论基础

出了分权的观点。他从自然法理论出发，认为人在自然状态下拥有两种权力，即"在自然法的许可范围内，为了保护自己和别人，可以做他认为合适的任何事情"和"处罚违反自然法的罪行的权力"，[1] 并且人人都能够行使。但在行使的过程中，由于人的自私和偏见，可能会发生纷争，需要一个共同的裁判机关去解决。在自然状态下缺乏这样的裁判机关，因此，出现了混乱、敌对和互相残杀的状态。在这种情况下，人们通过放弃执行自然法的权力组成一个政治社会，政治社会有立法权、执法权和对外权。他坚决主张立法权和执法权的分立，即"一切有节制的君主国家和组织良好的政府中立法权和执行权分属不同的人"，[2] "如果同一批人同时拥有立法权和执法权，他们就会滥用权力，使自己免于服从他们所制定的法律，并在立法和执法时，使法律适合于私利，从而违背了政府的宗旨。因此应该将立法权与执法权分立，由一个专门机构负责执行立法机关制定的、继续有效的法律"。[3] 同时，洛克认为：立法权应当由民选的议会控制，因为"立法权属于若干个人，他们定期集会，掌握由他们或联同其他人制定法律的权力，当法律制定以后，他们重新分散，自己也受他们所制定的法律的支配；这是对他们的一种新的和切身的约束，使他们制定法律时注意为公众谋福利"。执法权和对外权则由国王为首的政府机关掌控。这是因为，"如果执行权和对外权掌握在可以各自行动的人的手里，这就会使公共的力量处在不同的支配之下，迟早总会导致纷乱和灾祸"，[4] 体现出洛克的分权思想。

虽然洛克强调了分权的重要性，却未能在权力之间实现制约。权力之间既要相互分立，又需要制约的理论是由孟德斯鸠完成的。孟德斯鸠从保障公民的政治自由的角度阐述了分权制衡理论。他认为：

---

[1] ［英］洛克：《政府论》（下），叶启芳、瞿菊农译，商务印书馆1964年版，第79页。

[2] ［英］洛克：《政府论》（下），叶启芳、瞿菊农译，商务印书馆1964年版，第102页。

[3] 张乃根：《西方法哲学史纲》，中国政法大学出版社2002年版，第148页。

[4] ［英］洛克：《政府论》（下），叶启芳、瞿菊农译，商务印书馆1964年版，第91—93页。

"每一个国家有三种权力：立法权力；有关国际法事项的行政权力；有关民事法规事项的行政权力。依据第一种权力，国王或执政官制定临时的或永久的法律，并修正或废止已制定的法律。依据第二种权力，他们媾和或宣战，派遣或接受使节，维护公共安全，防御侵略。依据敏感的第三种权力，他们惩罚犯罪或裁决私人讼争。"① 他在具体解释上述三种权力时，明确指出第三种权力是国王或执政官"惩罚犯罪或裁决私人讼争"的权力，即司法权，第二种权力则为国家的行政权。但他继续指出："如果立法权和行政权集中在同一个人或同一个机关之手，自由便不复存在，因为人们将要害怕同一国王或议会制定暴虐的法律，并以暴虐的方式执行这些法律。如果司法权不从立法权和行政权中分离出来，自由也不存在。如果司法权与立法权合二为一，公民的生命与自由将被置于专断的控制之下，因为法官就是立法者。如司法权与行政权合二为一，法官将对公民施以暴力和压迫。如果同一个人，或同一机构（无论是贵族或人民的机构）行使这三种权力，即立法权，执行公共决议权和审理个人案件的权力，则一切都完了。"②

19世纪40年代，马克思和恩格斯批判继承了古典自然法学派的遗产。一方面，肯定该学派权力制约理论的合理成分；另一方面，也指出该学派的历史局限性，科学地提出自己的权力制约观。他们认为权力问题至关重要，尤其是"在政治权力对社会独立起来并且从公仆变为主人以后，它可以朝两个方面起作用"。这就要求有良好的权力运行机制。恩格斯认为权力来自人民，应该受人民的监督。马克思高度赞扬了巴黎公社革命经验，指出："为了防止国家和国家机关由公仆变为主人……第一，它把行政、司法和国民教育的一切职位交给由普选选出的人担任，而且规定选举者可以随时撤换被选举者。第二，它对所有公职人员，不论职位高低，都只付给跟其他工人一样的工资。……这样，即使公社没有另外给各代议机构的代表规定限权委托

---

① Montesquien, *The Spirit of Law*, Vol. 1, p. 151.
② 张乃根：《西方法哲学史纲》，中国政法大学出版社2002年版，第148页。

书，也能可靠地防止人们去追求升官发财了。"① "一切公务人员在自己的一切职务活动方面都应当在普遍法庭上按照一般法律向每一个公民负责。"② 由此可见，马克思通过人民的权利制约权力，消除特权的存在。列宁在领导苏维埃俄国革命和建设中，为避免国家权力腐败，为克服以权谋私和官僚主义进行了不懈的努力。他认为："应当使工人进入一切国家机关，使他们监督整个国家机构。"③ 新政权"使所有的人都来执行监督和监察的职能，使所有的人都暂时变成"官僚"，因而使任何人都不能成为'官僚'"④。

从权力制约理论来看，国家财政支农投入监管权是为了解决国家财政支农投入中的问题应运而生的，也就是说：要把解决国家财政支农投入中的问题作为国家财政支农投入监管权的出发点和落脚点，为了达到改善农民生存和发展之目的，将保障国家财政支农投入作为国家财政支农投入监管权的根本目的和最高标准。因此，保障国家财政支农投入为国家财政支农投入监管权发挥作用提供动力源泉，并作为评判标准而存在。国家财政支农投入监管权作用是否有效，要看国家财政支农投入状况和水平是否得到改善，农民是否过上体面的生活，有尊严地享受发展成果，才算实现真正的国家财政支农投入监管权作用。⑤

国家财政支农投入监管权是由国家财政支农投入监管立法权、国家财政支农投入监管行政权和国家财政支农投入监管司法权三部分构成的。根据现代国家权力分立与制衡的理论，它必须由不同的机关拥有与行使。⑥ 国家财政支农投入监管立法权是国家财政支农投入监管权的创制权。在国家财政支农投入监管中，任何一个国家财政支农投入监管行为的实施都必须由国家法律做出明确的规定。如果没有法律规定，那么，不得为之。因此，国家财政支农投入监管立法权就是国

---

① 《马克思恩格斯选集》（第3卷），人民出版社2012年版，第55页。
② 《马克思恩格斯全集》（第34卷），人民出版社1972年版，第23页。
③ 《列宁全集》（第38卷），人民出版社2014年版，第147页。
④ 《列宁选集》（第3卷），人民出版社2012年版，第210页。
⑤ 参见叶敬忠《发展干预中的权力滴流误区与农民组织》，《广西民族大学学报》（哲学社会科学版）2008年第2期。
⑥ 参见周刚志《论公共财政与宪政国家》，北京大学出版社2005年版，第166页。

家进行国家财政支农投入监管活动的元权力。按照"国民的同意"的原则和国家机关之间的权力分配，国家财政支农投入监管立法权应由国民所选出的代表国民利益的国家立法机关来独占和行使，其他任何机关和个人都无权占有和行使此项权力，都不得进行国家财政支农投入监管立法活动。国家财政支农投入监管行政权是由国家专门的行政机关根据法律的授权和国家机构的设置及政府职能的划分所享有的专门从事国家财政支农投入事务的管理权，它是具体实施国家财政支农投入监管法的权力。从本质上讲，它是一种专项国家财政支农投入行政管理权。国家财政支农投入监管行政权的根本要求是法律优位。按照依法行政的原则，它的行使必须在国家财政支农投入监管法律规定的范围内严格依法进行，绝不允许任何行政机关和个人制定与国家财政支农投入监管法不一致的法规或规章，随意更改或解释国家财政支农投入监管法律，增删国家财政支农投入监管范围、方式、结构，改变国家财政支农投入管理的程序等，从而加重或减少农民的义务负担。国家财政支农投入监管司法权是指国家财政支农投入监管纠纷裁判权。无救济则无权利，国家财政支农投入监管法中的权利面临行政强制权的滥用，因而，无论是社会公共利益，还是农民的个人利益，都会遭到侵犯。如果没有独立机关居中评判和裁决，法律所设定的各项权利就会形同虚设。因此，国家财政支农投入监管司法权是防止国家财政支农投入监管行政权滥用、维系社会公共利益与私人利益相互尊重和相互促进的重要保障。①

第四节　国家财政支农投入法律监管的财政法学基础

国家财政支农投入并非政府主导的行为，它在任何时候都与公意密切相关，这是由人民主权原则所决定的。人民主权原则在财政领域的具体化，就是通常所说的财政民主原则。国家财政支农投入应是经

---

① 参见王惠《财政支农投资存在的问题及法律对策》，《江西社会科学》2009年第6期。

过一定的公正程序和方式，由国民通过选举代表组成代议机关所决定的，是反映财政民主的一种行为。同时，国家财政支农投入是依法进行的财政行为，不仅对各参与主体有明确的权利义务规定，尤其是对支农、涉农部门和财政部门有明确的财政权力与义务的规定，而且有严格的程序保障。对于国家财政支农投入监管而言，它也是在法律框架下进行的，一切国家财政支农投入及其监管行为必须有法律上的依据，否则，就构成违法。因此，国家财政支农投入法律监管应以财政民主原则与财政法定原则为基础。此外，国家财政支农投入法律监管是财政监督的有机组成部分，属于财政法学的范畴，也应以财政民主原则与财政法定原则为基础。

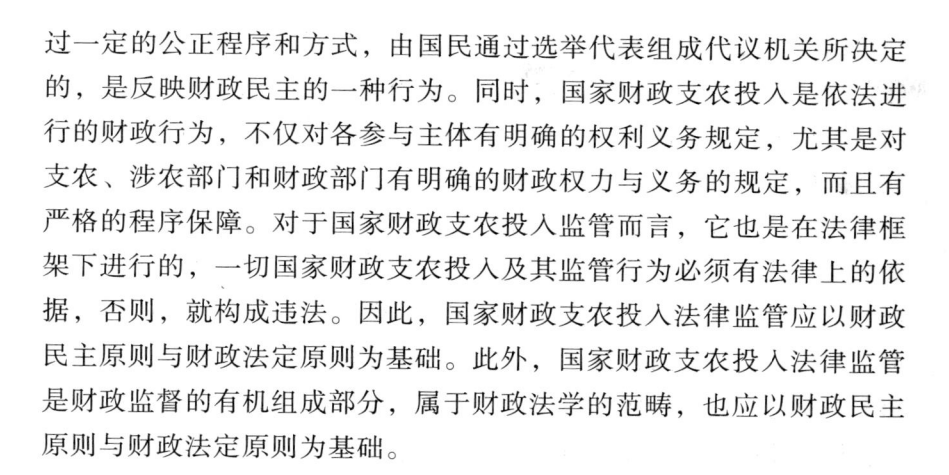

一　财政民主原则

自议会制度13世纪建立以来，国王所掌握的财政权一步步地移交给议会，由议会行使财政处理的权限，其中最直接涉及人民的财政负担就是课税，但它必须经由国民所代表的议会决定，这就是著名的"无代议士不征税"原则。在西方的宪政史上，财政是宪政起源与发展过程中担当了对抗和妥协的关键媒介物，其不可或缺的地位给处于罗尔斯"无知之幕"的人们带来众多与财政关系密切的宪法性文件。诸如英国1215年的《大宪章》、1628年的《权利请愿书》、1689年的《权利法案》，美国1776年弗吉尼亚殖民地议会通过的《弗吉尼亚权利法案》、1787年的《美利坚合众国宪法》，以及法国1789年的《人权与公民权利宣言》等，这些宪法性文件均确认了"无代议士不征税"的原则。这是财政民主确立的开端。

进入20世纪，随着立宪运动在欧美国家的展开，西方各国无不将财政立宪内容写进宪法，因此，财政立宪是欧美各国宪法的显著特征。财政民主原则也逐步成为西方各国宪法中的一项原则。如美国宪法第一条第八款中规定："国会有权规定并征收税金、捐税、关税和其他赋税，用以偿付国债并为合众国的共同防御和全民福利提供经费。"由此可见，美国的财政收入与财政支出均由国会来决定，确立了财政民主原则。日本宪法第八十三条规定："处理国家财政的权限，应依国会的决议行使之。"也确立了财政民主原则。① 虽然中国《宪法》中并无财政专章,但基本上确立了财政民主原则。一是《宪法》第二条规定:"中华人民共和国的一切权利属于人民。人民行使国家权力的机关是全国人民代表大会和地方各级人民代表大会。人民依照法律规定,通过各种途径和形式,管理国家事务,管理经济和文化事业,管理社会事务。"可见,一方面,任何国家的财政收入和财政支出活动,均必须经过人大批准或授权,否则,就是非法的;另一方面,人民依法可以通过各种途径和形式参加包括财政事务在内的国家事务的管理。二是《宪法》第五十六条规定:"中华人民共和国公民有依照法律纳税的义务。"这一规定既明确了公民对国家的财政义务只限于纳税,也明确了纳税必须有法律依据,是财政民主原则应有之义。②

　　一般认为,财政民主原则主要是指财政议会主义,它包括以下含义:其一,国民的税收负担应经过议会决议的法律所确认(税收法定主义);其二,对于财政收支应该经过议会的审议而承认(预算制度);其三,议会通过对决算的审议,从而达到对政府预算执行的监督(决算制度);其四,如果采取两院制,下议院具有优先性。③ 在宪政国家,财政议会主义要求一国的财政事务必须经议会议决,否则就构成违法。从政府的角度来看,无论从事何种活动,如向公众提供公共产品,均需要事先预算,然后筹措资金,以便如期开展。但基于财政议会主义的立场,在财政收入、支出、管理及营运等作用中,都应当服从议会的统制,受民选代议士的监督。财政民主原则在宪法和财政法中被确认的理由包括:其一,国家机器正常运行的资金均来自国民,以税收为主,但税收是国民将自己财产的一部分通过信托的方式赋予国家,因此,国家在使用、管理这些信托财产时,自然要由受

---

① 参见陈水亮、林金茎《日本国宪法论》,嘉盈有限公司1993年版,第226页。
② 参见王源扩《论财政法的民主原则》,《安徽师范大学学报》(人文社会科学版)2007年第3期。
③ 参见廖钦福《财政民主原则的虚幻与崩落——以促进经济发展目的之立法为例》,《月旦财经法杂志》2010年第6期。

托者的人民代表即议会来决定。其二，财政是国家经济政策的一览表，在经济上有着举足轻重的作用，不仅对国民经济发展有着重大的影响，而且对国民生活有相当的影响。其三，财政为国家机器的正常运行提供了足够的资金，国家整体活动的组织及相关内容通常是财政安排的结果，财政主导了国家的政策，可见，财政具有非常重要的位置。[1] 也有学者认为，财政民主原则在宪法和财政法中被确认的理由是：其一，财政作用无论在经济还是在政治上为统制国政所不可或缺，因此，有必要由主权者的国民积极参与。其二，虽然财政作用所具有的权力性与公共性隐而不彰，但寓于侵害行政之中，需要受到民主的统制。其三，由于财政收入来自国民的信托财产，其使用、管理应向人民所选出的代表组成的议会负责。其四，对财政作用的民主统制是十分重要的，它以预算审议方式替人民看紧"荷包"，有时寓于立法统制所发挥的作用之中。[2]

从财政民主原则来看，国家财政支农投入支出作为财政的重要内容，与财政监督是密切相关的。监督是一种普遍的权力现象，存在权力的地方就会有权力的监督。对国家财政支农投入支出的监督，一方面能够体现财政民主的精神；另一方面也将保障国家财政支农投入支出的民主性。对国家财政支农投入支出的监督，能够体现财政的民主精神。

首先，体现了广大农民的意愿。国家财政支农投入支出的范围极为广泛，包括农业基础设施建设、农业综合开发和农业产业化、农业科研教育和技术推广、农业生态保护等公共产品提供的领域，特别是与广大农民的生产与生活相关的各个领域。广大农民对国家财政支农投入支出的关注就等于对自身的关注，因此，对国家财政支农投入支出的监督是广大农民的意愿。广大农民对国家财政支农投入支出进行直接监督直接体现了他们的意愿，而代议机构对国家财政支农投入支

---

[1] 参见廖钦福《日本财政法的研究课题、法源及其基本原则之简介》，《明德学报》2002年第19期。
[2] 参见蔡茂寅《预算法之原理》，元照出版公司2008年版，第175页。

出的监督间接体现了广大农民的意愿，政府机构内部对国家财政支农投入支出的监督也间接体现了广大农民的意愿。

其次，体现了财政民主程序。如果是对国家财政支农投入采取集权的态度，国家财政支农投入就不需要监督，甚至国家财政支农投入也不需要程序。但财政民主程序既具有公众知晓与参与的特性，也具有公众评价的特性。在这种情况下，国家财政支农投入是接受监督的程序的。同时，财政民主程序最大的益处在于给人以稳定感和可预期性，这使国家财政支农投入的监督具有很强的现实性。从国家财政支农投入支出监督自身来看，它本身就是整个国家财政支农投入支出程序的一个环节，国家财政支农投入支出程序本身也是整个监督内容的一个面向。由此看来，国家财政支农投入支出监督与财政民主程序有着密切的关系。可以说，对国家财政支农投入支出的监督体现了财政民主程序。

最后，其本身就是一种财政民主的方式。财政民主应该是一种能够使大多数人的财政意志表达出来，并最大限度地保障大多数人财政意志的方式。财政民主实现的方式是多种多样的，可以通过预算审查、举行公民大会或听证会、问卷调查的方式，这其中包括直接方式和间接方式。监督也是一种民主的方式。当对国家财政支农投入支出监督的主体是广大人民群众时，国家财政支农投入支出的监督本身就是表达民众意愿的方式；当国家财政支农投入支出的监督内容是人民意志的结晶时，国家财政支农投入支出的监督就是实现财政民主的一种方式。因此，对国家财政支农投入支出的监督，不论来自人民群众对国家财政支农投入支出的监督，还是政府机构或者财政部门内部对国家财政支农投入支出的监督，都是一种财政民主的方式。[①]

二 财政法定原则

一般认为，捐税是财政的最初表现形式，也是最早出现的财政范

---

① 参见刘剑文《财政监督法治化的理论伸张与制度转型——基于财政民主原则的思考》，《中国政法大学学报》2019 年第 6 期。

畴，因此，财政法定主义最初是以税收法定主义的形式而存在的。它萌芽于1215年的英国《大宪章》（*The Magna Carta*）。① 众所周知，财政是国家为了实现其职能而取得资财支持的重要手段。但是，在西方封建社会中，由于国家主权牢牢地被国王或君主所控制，国家成了国王或君主剥削和压迫国民的工具。因此，财政自然成为国王或君主攫取社会财富和国民利益的有力手段。例如，英国自公元7世纪之后，国王随意向领主、臣民征税和增税，从而不断加重领主、臣民的负担。到了金雀花王朝时期，因约翰国王横征暴敛和干涉教会选举，社会矛盾日益激化，最后封建贵族和教士们在大主教兰顿的领导下，联合骑士、城市自由民等一起反对国王，迫使其在1215年签署了著名的《大宪章》，以实现对王权的限制，保障教会、领主的特权，以及骑士、自由民的利益。虽然《大宪章》具有明显的封建性，但其中的许多内容仍存在积极意义，如第12、14条关于限制国王随意征税和第39、40条关于人身、自由权保护以及陪审制度的规定。尤其是第12条规定："朕除下列三项税金外，不得征收代役税或贡金，惟全国公意所许可者，不在此限。"这体现了"无论何种负担均需得到被课征者的同意"这一财政法定主义思潮的实质内容，② 因此，被视为财政法定主义思想的萌芽。并且，上述内容揭示了代议制民主和现代法治的基本准则，从而使《大宪章》不仅演变成为英国的第一个宪法性文件，而且成为现代法治发展的基础。所以，财政法定主义可以被认为是现代法治的奠基性理论。

应该说，古典自然法学派的理论直接促进财政法定主义理论的发展和财政法定原则的形成。1625年6月18日，查理一世召开第一届议会，在征收吨税和磅税等问题上同议会发生冲突。③ 1628年，被迫接受国会提出的《权利请愿书》，重申未经议会批准不得任意征税，国王的财政权再一次受到限制。财政法定主义理论在《权利请愿书》

---

① F. Barlow, *The Feudal Kingdom of England 1042—1216*, Longman, 1983, p. 423.
② 参见王鸿貌《税收法定原则之再研究》，《法学评论》2004年第3期。
③ 吨税是指进口酒按吨征税；磅税指羊毛货物按磅征税。这两种税都是进口货物税。

中又进一步得到深化,表述为:"自今而后,非经国会法案共意同意,不宜强迫任何人征收或缴付任何贡金、贷款、强迫献金、租税或此类负担……"但由于该请愿书只是一种思想表述,它不具有法律效力。因此,英国国王从不执行。1640年,英国国王为了对付英格兰军队而筹集军费,但遭到议会的强烈反对,最终导致1642年的"光荣革命"。"光荣革命"后,确立了君主立宪体制,国王成为象征意义上的国家元首,议会掌握了国家权力。1689年,议会颁布《权利法案》,否决了国王的财政权,财政权最终由议会掌控。① 在标志这一胜利成果的《权利法案》中,财政法定主义思想被表述为:"凡未经国会准许,借口国王特权,为国王而征收,或供国王使用而征收金钱,超出国会准许之时限或方式者,皆为非法。"② 由于《权利法案》是资本主义的第一个宪法性法律文件,上述内容就使得财政法定由一种理论思潮正式上升为一项法律原则,从而正式确立了近代意义上的财政法定原则。

  这一原则在1787年的美国宪法、1789年法国大革命中订立的《人权与公民权利宣言》及1791年法国宪法的"人权宣言"中都得到更进一步的巩固与发展。如《美利坚合众国宪法》虽然只有短短七条,但规定财政事项的内容就有五款之多,其中第一条第七款和第八款分别规定:"有关征税的所有法案应在众议院中提出;但参议院得以处理其他法案的方式,以修正案提出建议或表示同意""国会有权规定并征收税金、捐税、关税和其他赋税,用以偿付国债并为合众国的共同防御和全民福利提供经费;但是各种捐税、关税和其他赋税,在合众国内应划一征收;以合众国的信用举债……"法国《人权宣言》第14条规定:"所有公民都有权亲身或由其代表来确定赋税的必要性,自由地加以认可,注意其用途,决定税额、税率、客体、征收方式和时期。"到了20世纪,随着资本主义的发展,财政法定原

---

① 参见李邦富、王国清《英国财政权的演变及其对宪政传统的影响》,《安庆师范学院学报》(社会科学学报)2007年第2期。
② 王传纶:《资本主义财政》,中国人民大学出版社1981年版,第244页。

则逐步发展成为现代世界各国宪法中的一项原则。到目前为止，除极少数国家外，绝大多数国家在宪法中对财政法定原则做了相应的规定。例如，日本宪法第八十三条规定："处理国家财政的权限，须根据国会决议行使之。"第八十四条规定："新课租税，或变更现行租税，需有法律或法律规定之条件为依据。"第八十五条规定："国家费用的支出，或国家负担债务，需以国会决议为依据。"西班牙宪法第一百三十三条第一款规定："规定税赋之原始权利为国家所专有，通过法律行使之。"第三款规定："所有涉及国家税赋之财政收入，均应根据法律予以规定。"第四款规定："公共行政部门只能按照法律承担财政义务和进行开支。"澳大利亚宪法第八十一条规定："联邦政府的收入，应为一总收入款项，用之于联邦，其支用方法，应依本宪法的规定。"第八十三条第一款规定："联邦国库的款项，不得在法律所定预算之外支出"等。①

从财政法定原则来看，它是财政民主原则的体现，是实现财政民主原则的保障。因此，事关财政收入、财政支出及财政管理事项应由法律明确规定，这种"法律"必须由人民代表所组成的最高权力机关制定，一切财政行为需满足合法性的要件，得到法律的明确许可或立法机关的专门授权。② 在这种情况下，必须对国家财政支农投入监管进行明确的规定。

第一，国家财政支农投入监管的权力和义务的法定。国家财政支农投入监管的权力和义务是连接国家财政支农投入监管法律关系主体双方的纽带，它们共同构成国家财政支农投入监管法律关系的基本内容。国家财政支农投入监管的权力和义务因主体参加的具体的国家财政支农投入监管法律关系的不同而各异，并且它们均是由法律直接加以规定的。国家财政支农投入监管的权力和义务一般包括三个核心范畴：其一，从人的角度来看，主要是指国家财政支农投入监管的权力确定者、行使者

---

① 书中所引用的各国宪法条款均来自姜士林等主编《世界宪法全书》，青岛出版社1997年版。
② 参见陈治《财政法定实质化及其实现进路》，《西南政法大学学报》2017年第1期。

和义务的履行者三个方面。其二,从国家财政支农投入监管物或行为的角度来看,主要是指国家财政支农投入监管的权力和义务所指的对象或载体。其三,从国家财政支农投入监管关系的角度来看,主要是指国家财政支农投入监管的权力和义务的归属关系。换言之,国家财政支农投入监管的权力归属于哪些国家机关以及国家财政支农投入监管的义务主体向哪些国家机关履行义务。由于国家财政支农投入监管的权力和义务的核心范畴不仅直接关系到国家财政支农投入监管的权力和义务是否成立,而且也直接关系到国家财政支农投入监管的义务的大小和范围,还与农民个人、企业及国家的利益密切相关。因此,它应该由法律直接做出规定,从而形成国家财政支农投入监管的权力和义务的法定原则。国家财政支农投入监管的权力和义务归属关系的核心内容是做到法律优位。对于法律优位而言,是指违反国家财政支农投入监管法的行政法规、地方性法规和部门规章均无效。由此看来,国家财政支农投入监管的权力和义务法定的实质就是国家财政支农投入监管法与行政法规、地方性法规和部门规章的关系问题。换言之,国家财政支农投入监管法律关系的主体、客体和内容均应由法律直接规定,行政法规、地方性法规和部门规章都不得对国家财政支农投入监管的权力和义务核心范畴的内容进行规定;所有与国家财政支农投入监管法相抵触的行政法规、地方性法规和部门规章均是无效的。即便是授权立法,国家立法机关也只能就个别的和具体的国家财政支农投入监管事项授权,允许中央政府制定有关国家财政支农投入监管行政法规或允许地方政府制定地方性国家财政支农投入监管的法规等。[①]

第二,国家财政支农投入监管的权力和义务必须明确。它是指在国家财政支农投入监管法中关于国家财政支农投入监管的权力和义务的内容、宗旨和范围等方面的规定必须是确定或明晰的,不应该存在模糊空间。很明显的是,如果在国家财政支农投入监管中对国家财政支农投入监管的权力和义务的规定不甚确定或明晰,实际上就给主管

---

① 参见刘剑文《论财政法定原则———一种权力法治化的现代探索》,《法学家》2014年第4期。

机关进行一般性和空白性的授权。在这种情况下，主管行政机关在国家财政支农投入监管的权力和义务的确定方面就享有较大的自由裁量权，从而在无正当约束下导致大量与国家财政支农投入监管立法目的不一致的执法活动的出现，造成对国家财政支农投入监管义务主体权益的损害。因此，确立国家财政支农投入监管的权力和义务的明确原则，是对国家财政支农投入监管的权力和义务的法定原则的有益补充。相对于国家财政支农投入监管的权力和义务的法定原则，国家财政支农投入监管的权力和义务的明确原则的功能在于：一是防止主管机关滥用国家财政支农投入监管的权力，损害国家财政支农投入监管的相对人权益；二是维护国家财政支农投入监管法的权威性和严肃性；三是为国家财政支农投入监管的义务主体提供预测其负担的法律依据，使他们能够进行合理的经济活动安排，以保障其预期利益。[1]

---

[1] 参见刘剑文、苗连营、熊文钊、熊伟《财税法学与宪法学的对话：国家宪法任务、公民基本权利与财税法治建设》，《中国法律评论》2019年第1期。

第三章　国内外财政支农投入法律监管类型及实践经验总结

国外开展国家财政支农投入法律监管较早，在长期的实践中，已形成立法型监管、司法型监管、行政型监管和独立型监管等类型，积累了丰富的经验。对国家财政支农投入法律监管进行研究，必须剖析国外开展国家财政支农投入法律监管类型，从中汲取精华，对其成功的经验予以总结，形成宝贵的财富，充分为中国所用。同时，也应对中国财政支农投入法律监管类型及实践经验进行分析与总结，找出存在的问题，在充分吸收国外成功经验的条件下，大胆对国家财政支农投入法律监管予以创新，构建符合中国国情的财政支农投入法律监管类型与制度。

第一节　国外财政支农投入法律监管类型及实践经验总结

一　美国、英国立法型监管及实践经验总结

立法型监管是指立法机关依法对国家财政支农投入施行的监督，这种监管类型源于民主政治的"委托—代理关系"理论。其突出的特点是由议会或国会、财政部和审计部门依法共同对国家财政支农投入予以监管，议会或国会享有对国家财政支农投入的最高监督权，审计部门隶属议会或国会来行使对国家财政支农投入的监管权。

立法型监管的优点包括：一是实现对国家财政支农投入监管的合理分工和专业化，如议会或国会对国家财政支农投入的预算、决算进

行监督；财政部对国家财政支农投入预算的执行予以监管，对国家财政支农投入资金的分配、使用、结算等进行监管；审计部门对国家财政支农投入资金的最终使用情况予以审计监督。二是从源头和最高层次实施监管。一方面，对国家财政支农投入进行科学规划，把握农业、农村、农民发展大局，避免出现极大的浪费；另一方面，使民意充分表达，进行最有效的监督。三是对在国家财政支农投入中发挥作用的政府进行监督，强化政府对国家财政支农投入的监管行为，提高监管效率。

立法型监管的缺点包括：一是受议会或国会中议员、代表的素质影响，如果议员、代表对国家财政支农投入了解不多，专业知识欠缺而表现出素质不高，就会对国家财政支农投入监督的效力产生影响。二是议会或国会对国家财政支农投入的监督，由于缺乏足够的专业人员，只能侧重宏观层次的监督，不能对国家财政支农投入进行微观监督，使监督力度明显不足。三是需要其他监管方式协调配合才能发挥作用。[①]

（一）美国、英国立法型监管

1. 美国立法型监管

1755年美国独立战争时期，大陆议会就设置了负责财务会计和审计业务的"专员"。1789年，议会通过了设立财政部的专门条例。根据该条例的规定，在财政部设立主计长、审计长、国库官等，其中主计长的职责是管理各类会计账册、收回美国政府的债务、对财政部长签发授予公共资金的证明文件进行审查；审计长的职责是对行政机关的全部会计账簿予以审计，核实其真实性和合法性。但主计长、审计长对财政活动的监管非常有限。1921年，国会通过了《预算和会计法》。该法规定了国会的财政监督权，要求总统在每次国会正式开会时提交一个预算报告，由国会批准实施；同时，规定设立会计总署，其职责是对政府的财政收支情况进行监督、检查、审计，并就联

[①] 参见罗晓《国外财政监督法律制度建设的经验与启示》，《财政监督》2012年第10期。

邦政府情况向国会报告。会计总署主计长经参议院提名和同意，由总统任命，使会计总署成为超然于政府之外的审计机关，由此构建了美国现代财政监管制度。[①] 自此开始对国家财政支农投入的监管。

美国对国家财政支农投入的监管主要有三条途径：一是财政部门对农业和农民情况进行调查研究，根据农业发展战略，收集相关信息，编制预算，确定联邦财政支农投入数额，并由财政部门委托有审计资格的会计公司对国家财政支农投入专项预算支出年度执行情况及其项目竣工情况予以审计，写出审计报告，作为预算支出执行情况的附件报国会审批。预算数额一经国会批准，必须严格执行，财政部门无权追加或削减预算数额。二是为了保证联邦财政支农投入资金的合理和有效使用，联邦政府在农业部门设立一名由总统任命的财政总监，也叫最高财务官，他只对总统和财政部门负责，对联邦财政支农投入的每一笔款项必须经财政总监签字盖章后，财政部才予以拨款。三是联邦审计署，也叫总会计局，负责对联邦财政支农投入的资金拨付、对使用过程中发生的违法违纪问题进行审计和检查，并依法处理。在对国家财政支农投入的监管中，以国会监督和审计监督为主（见图3-1）。

第一，国会监督。国会对联邦财政支农投入的监督分为两个层次：一是专门委员会的监督；二是参、众两院大会监督。实际的监督工作大部分由专门委员会完成，其中有众议院的预算委员会、拨款委员会、筹款委员会，参议院的预算委员会、拨款委员会、财政委员会，以及两院的助理机构国会预算局等。国会对联邦财政支农投入的监督主要在以下几个方面。

其一，对联邦财政支农投入预算制定过程中的监督。国会既参与联邦财政支农投入预算的制定，也是联邦财政支农投入预算案的最后决定者，在联邦财政支农投入预算制定过程中积极履行监督职能。根据宪法规定，行使联邦财政支农投入预算权历来是国会的一项重要职

[①] 参见贺邦靖《国外财政监督借鉴》（财政监督丛书之三），经济科学出版社2008年版，第10页。

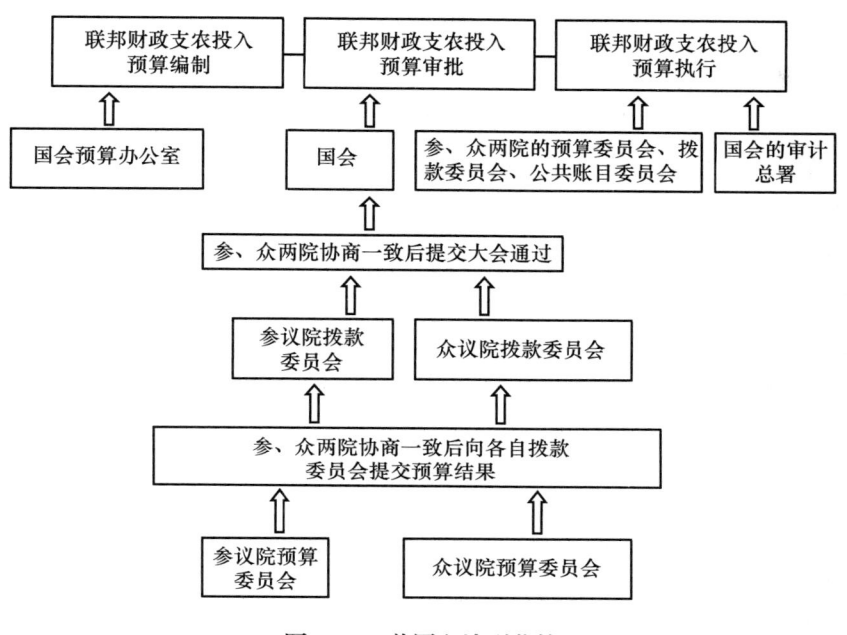

第三章 国内外财政支农投入法律监管类型及实践经验总结

图 3-1 美国立法型监管

权,它是国会在财政支农投入方面掌握联邦政府的重要手段。按规定,联邦政府的财政支农投入预算要经过国会批准。总统每年 1 月于国会开会时提交联邦政府支农投入预算方案,由国会在下一个财政年度开始的 7 月 1 日前审议通过。一个财政年度结束后,国会审计总署要对联邦财政支农投入资金使用情况进行审计,并向国会提交评估报告。如果财政年度已开始,但联邦财政支农投入预算尚未通过,联邦政府可以请求国会通过一个临时预算。不过,联邦政府临时动用的款项将来一并纳入总预算。对于联邦财政支农投入临时发生特殊情况,国会也可应联邦政府的要求审议通过为应对这种特殊情况而编制的特别预算。①

其二,对联邦财政支农投入预算执行的监督。一是对联邦财政支农投入预算变更的控制。根据法律规定,变更联邦财政支农投入预算

---

① 参见郭小东《新比较财政导论》,广东科技出版社 2009 年版,第 162—163 页。

必须经过三分之一以上议员的同意才能有效，没有经过国会批准而修订联邦财政支农投入预算的行为，是无效的，并要承担法律责任。

二是对联邦财政支农投入拨款的控制。拨款是对联邦财政支农投入监督的第二关，国会同意批准联邦财政支农投入预算方案只是一种授权，要真正拿到联邦财政支农投入的款项，还需通过拨款程序，也就是要国会再批准。根据拨款法的规定，必需明确联邦财政支农投入拨款的时效、数额上限、调剂限制等。制定授权法过程中，国会专门委员会可以要求农业部门或其他有关部门提交联邦财政支农投入资金使用进展情况的报告或对工作进行陈述，检查联邦财政支农投入预算执行情况，对各方面认可后才给予进一步的拨款。

三是对联邦财政支农投入预算执行结果的监督。根据法律规定，当接到派驻农业部门财政总监关于联邦财政支农投入预算执行结果的报告以及政府责任办公室关于联邦财政支农投入决算报告后，参、众两院的预算委员会、拨款委员会、公共账目委员会，通过调查、费用分析、效率研究、听证会等方法对联邦财政支农投入预算执行结果进行评估，并向两院大会提交评估结果的审查报告。在必要的情况下，国会还要对评估结果报告进行辩论和表决。评估结果通常会影响下一财政年度的继续拨款。如减少或增加联邦财政支农投入的数额，调整联邦财政支农投入的结构或支付方式，以提高联邦财政支农投入资金的使用效率。如果在联邦财政支农投入资金使用过程中发生严重问题，会追究相关负责人的法律责任和政治责任。

综上所述，美国国会极为重视联邦财政支农投入预算，对其形成过程介入程度较深，对预算执行及其结果的监督力度较大。

第二，审计监督。美国对联邦财政支农投入的审计分为外部审计和内部审计。外部审计由政府责任办公室负责。由于政府责任办公室的前身是审计总署，它仍隶属国会，对国会负责，并向国会报告工作，其负责人是审计长，因此，称为外部审计。政府责任办公室的职责：一是对联邦财政支农投入预算执行情况进行审计，并将相关意见报告国会。二是审查联邦财政支农投入资金使用情况以及产生的经济效果，对其中的采购合同和工程承包合同也进行审查。三是要求农业

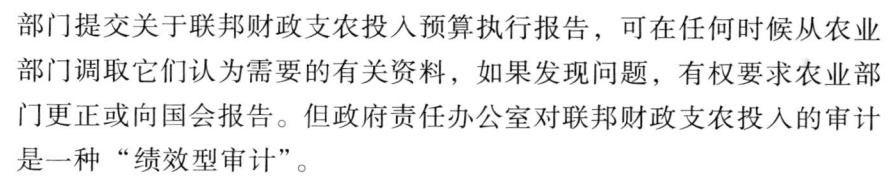

部门提交关于联邦财政支农投入预算执行报告，可在任何时候从农业部门调取它们认为需要的有关资料，如果发现问题，有权要求农业部门更正或向国会报告。但政府责任办公室对联邦财政支农投入的审计是一种"绩效型审计"。

根据绩效审计的标准，政府责任办公室的审计由三个部分构成：一是关于联邦财政支农投入合法性和规范性的审计。具体包括：联邦财政支农投入资金使用单位的财务报表是否按照会计准则准确反映了使用情况，联邦财政支农投入资金使用单位的资金使用是否符合有关法律法规的规定。二是关于联邦财政支农投入经济性和效率性的审计。具体包括：联邦财政支农投入资金使用单位能否经济、有效地运用和管理这种资金，查找联邦财政支农投入资金使用单位低效率和不经济使用的原因，联邦财政支农投入资金使用单位在使用该资金时是否遵守了有关经济性和效率性的法律法规。三是关于联邦财政支农投入目标性和效果性的审计。具体包括：由国会确立的联邦财政支农投入预期目标是否已达到，是否考虑了以更低成本达到联邦财政支农投入的预期效果等。内部审计由农业部门所设监察官和财政主管负责。根据《监察官法》的规定，监察官必须每半年向农业部门汇报其根据联邦统一的审计标准所做的关于联邦财政支农投入资金使用的审计报告，并有义务就违法犯罪行为向司法部报告，农业部门首脑需将监察官报告呈交国会，同时，向社会公布。为了强化内部监管，1990年的《财政主管法》和1994年的《政府管理改革法》规定，联邦政府和农业部门必须按统一要求提交关于联邦财政支农投入资金使用情况的财务报告，农业部门的报告送本部门监察审计，联邦政府的报告由财政部提交审计总署审计。

2. 英国立法型监管

该国的财政制度始于王室，创立于威廉一世，到了亨利一世时，财政部门就成为王权的重要组成部分，下设两个机构：一个是收支局，在下院，负责管理王室会计账簿，处理王室收支业务；另一个是收支监督局，在上院，负责审查下院的会计账簿，每年要报告两次审查结果，同时，处理财务方面的纠纷。1314年，英国任命第一任国库审计长,标志王室财政监管制度的初步形成。① 经过几百年的发展,1834 年,议会设置了负责国库公款监督的国库审计长,不过,它是作为政府内部组织,缺乏独立地位。1866 年,议会通过了《国库和审计法》,根据该法成立了独立于政府的国库审计部。但从 18 世纪初至 20 世纪初,英国创建了内阁制,既以国王名义行使行政权又对议会负责。由于内阁掌握了行政权,国王的权力被架空,因此,国王由受议会监督转变为政府受议会的控制。议会控制政府的主要手段是对财政进行监督。1911 年,议会通过一项法案,即凡是由下院议长授权指定的财政法案,上院不得修改或拒绝通过这些法案。此后,下院享有对财政事项的决定权,控制了政府的财政收支,建立起财政监督制度。② 自此,英国形成国家财政支农投入监管制度。但英国对国家财政支农投入的监管主要是议会监督(见图 3 - 2)。③

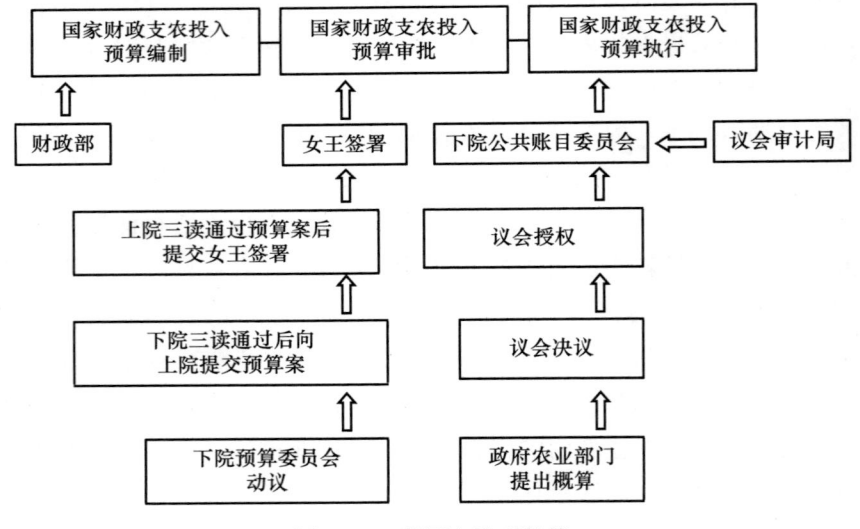

图 3 - 2　英国立法型监管

---

① 参见贺邦靖《国外财政监督借鉴》(财政监督丛书之三),经济科学出版社 2008 年版,第 7 页。
② 参见蒋劲松《议会之母》,中国民主法制出版社 1996 年版,第 126 页。
③ 参见李娟《中英立法机关财政监督制度比较》,硕士学位论文,中央党校,2001 年,第 1—9 页。

具体表现在三个方面:一是国家财政支农投入的提议首先应由下院以决议案的形式提出,并由下院进行审议和表决,最终形成财政方面的决议;二是下院通过的国家财政支农投入的决议还需上院通过,然后由女王签署,成为真正的财政法案;三是国家财政支农投入资金的拨付需下院的授权,否则,国家财政支农投入资金不能拨出。下院对国家财政支农投入的监督是由全院大会和专门委员会承担。

全院大会主要是对国家财政支农投入的预算方案进行审议、表决。其程序包括:① 一是辩论。在全院大会中,议员可以对国家财政支农投入的预算展开辩论,表明对国家财政支农投入预算的态度,以及对上一财政年度国家财政支农投入资金使用的看法。二是质询。通过书面或口头的方式质询,让议员知道国家财政支农投入的信息,并基于此提出各种问题,优化国家财政支农投入。三是立法。对通过辩论、质询的国家财政支农投入预算方案,以决议案方式通过,具有法律效力。

专门委员会主要是对与国家财政支农投入有关的政府部门的政策、工作进行跟踪,并向全院大会报告所获信息。如国家账目委员会主要监督国家财政支农投入资金是否用于法律规定的用途,是否经济、有效。其具体监督工作包括:一是要求农业部门明确国家财政支农投入的预定目标;二是要求农业部门在对各个财政支农项目启动时就建立监控机制,并对预期目标与最后成果比较;三是对审计局关于国家财政支农投入的审计报告进行审议;四是就审计报告举行听证会;五是向全院大会提交报告,供议员辩论;六是公布审计报告、听证报告。

当国家财政支农投入预算案被批准后,如何执行预算、管好国家财政支农投入资金将是重点。英国采取了下列措施:② 一是年度授权制。由于国家财政支农投入的款项是年度支出项目,需要获得议会的年度授权。每当财政年度结束的时候,政府想在农业发展方面获得财政的支持,就必须重新申请议会授权。这是议会对国家财政支农投入

---

① 参见蒋劲松《议会之母》,中国民主法制出版社1996年版,第685页。
② 参见蒋劲松《议会之母》,中国民主法制出版社1996年版,第689—869页。

监督的基本措施。二是专项拨款制。每年议会对国家财政支农投入的资金是作为专款拨付的，专款专用，不得挪作他用。三是拨款审议制。在政府向下院提出年度关于国家财政支农投入预算申请后，下院全院大会要对该预算进行审议，然后表决，形成法案，授权英格兰银行向政府支付国家财政支农投入资金。四是余款退还制。如果国家财政支农投入资金在财政年度内出现富余，必须退还统一的国家基金，不能直接转作下一财政年度的经费。五是遵循议会拨款程序。议会对国家财政支农投入资金的年度拨款包括四个环节：其一，政府提交国家财政支农投入概算，并提出申请，说明经费如何使用。其二，下院全院大会对该概算举行表决。其三，议会通过国家财政支农投入概算法案，授权英格兰银行向政府支付该款项。其四，对国家财政支农投入资金的使用予以审计。六是议会的审计监督。议会对国家财政支农投入资金使用情况进行检查，但主要是通过设立审计总长及国家审计局对国家财政支农投入资金使用进行监督。审计总长是下院的官员，完全独立于政府。国家审计局受审计总长的领导，具有独立性。[1] 审计总长和国家审计局主要是对国家财政支农投入的项目财务以及对国家财政支农投入资金使用是否经济、有效率进行审计。

（二）美国、英国立法型监管的经验总结

美国和英国对国家财政支农投入是典型的立法型监管。在立法型监管制度下，以国会或议会、审计机关为监督主体。国会或议会在国家财政支农投入监管中处于核心位置。其成功的经验如下。[2]

1. 坚持依法实施对国家财政支农投入的监管

美国以《预算和会计法》《单一审计法》《监察官法》《财政主管法》《政府管理改革法》和《单项否决权法》等为基础，对国家财政支农投入进行监管，英国则以《国库和审计法》《国家审计法》《财政部和审计署法》和《财政法》等为基础对国家财政支农投入进行

---

[1] 参见李娟《中英立法机关财政监督制度比较》，硕士学位论文，中央党校，2001年，第8—9页。

[2] 参见邓建军、胡涛《财政资金监督制衡的国际借鉴与启示》，《金融与经济》2015年第9期。

监管。同时,两国议会无论对国家财政支农投入的预算编制、预算执行和决算,以及对国家财政支农投入资金的拨付等,均以法案的形式进行。即便是对国家财政支农投入预算的变更和对国家财政支农投入项目结构的调整,也是以法案的形式进行,使对国家财政支农投入的监管建立在法律依据的基础上,具有法律效力。

2. 赋予议会或国会更广泛的对国家财政支农投入监督的权力

美国宪法明确规定国会享有对财政监督的权力,并且强调是一项重要的权力。它包括财政预算编制监督权、预算执行监督权和预算决算监督权,其中包括国家财政支农投入预算编制监督权、预算执行监督权和预算决算监督权等。为了落实这些权力,确立了国会在财政监督上的具体权能:一是监督的调查权。这是从国会立法权中派生出来的权力,被联邦最高法院认可。国会在行使监督调查权所凭借的制度,一方面是报告制度,按照美国的法律,各部门必须定期对预算执行情况进行报告;另一方面是听证制度。这种制度是国会最主要的监督形式。从预算的编制开始,到预算的执行和决算各个环节,参、众两院及专门委员会均就所有问题进行听证和严密的监督。二是人事任命批准权。对于财政监督而言,就是任命监察长,确保监察长能负责审计工作和对所驻部门的财政违法、腐败、低效率进行监督。三是弹劾权。在财政方面,主要是指国会对失职的财政高级官员的指控与免职处罚。四是蔑视国会罪的惩处权。在财政方面,主要是指拒绝出席专门财政委员会的听证会、拒绝提交国会所有财政方面的证据等。[①]

英国确立的议会对国家财政支农投入的监督权主要体现在三个方面:一是必须向下院提出国家财政支农投入支出的提议。根据法律规定,政府的任何一项财政提议首先必须以下院决议案形式提出,由下院审议、表决。二是对国家财政支农投入的决议必须转化为立法,才具有法律效力。任何由政府提出并已获得下院通过的财政决议只代表下院的意向,如果要成为真正的财政法案,还需上院通过,并送女王

---

① 参见郭小东《新比较财政导论》,广东科技出版社2009年版,第163—164页。

签署，方才具有法律效力。三是已获同意的对国家财政支农投入款项必须于同一年拨出。

3. 议会或国会对国家财政支农投入监督是全方位的

尽管国家财政支农投入不占整个国家财政支出的重要部分，但对其监督仍没有放松，和其他重要的财政支出一样对待，深入每一个环节。如美国国会从国家财政支农投入预算编制开始，到国家财政支农投入预算执行，其中包括对国家财政支农投入预算的变更和拨款，最后对国家财政支农投入预算执行结果的评估等都有监督。

英国议会对国家财政支农投入的监督也是从预算编制开始的，一直到对国家财政支农投入预算执行结果的监督为止。但两国对国家财政支农投入监督的环节和措施有所区别。美国对国家财政支农投入预算编制介入非常深，决定权大，对国家财政支农投入预算执行结果的监督力度也大，而英国非常重视国家财政支农投入预算的决议，通过不同方式的监督，形成一个较为完善的预算案。同时，也极为关注国家财政支农投入拨款，确立了年度授权制、专项拨款制、拨款审议制和余款退还制以及配套的拨款程序，对国家财政支农投入拨款监督已达到相当高的水平。

4. 充分发挥专门委员会对国家财政支农投入的监督作用

美国在参、众两院成立诸多专门委员会，与财政有关的委员会包括：众议院的预算委员会、拨款委员会、筹款委员会；参议院的预算委员会、拨款委员会、财政委员会等。英国在上、下院也成立了许多专门委员会，与财政有关的委员会最主要的是国家账目委员会。尽管这些专门委员会不能代表议会或国会，但承担了非常多的具体工作，如对国家财政支农投入预算编制的指导、预算方案的初审、拨款指导、举行听证会、向议会或国会报告国家财政支农投入预算执行结果等，起到其他部门不可替代的作用，尤其是发挥了它们的专业优势，对国家财政支农投入的监督极有成效。

5. 设立隶属议会或国会的审计机关对国家财政支农投入的审计监督

根据1921年《预算和会计法》的规定，美国设立了隶属政府系统的审计总署，以后才转属于国会。现在的政府责任办公室继续隶属于国会，对国会负责。它的工作职责包括：一是向国会提交审计报告；二是在国会听证会上做证；三是对国会即将通过的法案提出意见；四是派出专业人员到国会的有关专业委员会进行调查。① 由于审计总署具有超然的地位，对国家财政支农投入的审计监督极为有效，不受政府干扰，并对政府在国家财政支农投入中的行为进行规范。英国也根据1866年《国库和审计部法》，设立了隶属议会的审计机关，其对国家财政支农投入的监督广泛作用于美国现在的政府责任办公室。它不仅仅是向议会提供关于国家财政支农投入的资金使用信息和参考意见，还决定审计国家财政支农投入的具体对象、内容，并对国家财政支农投入的项目财务以及对国家财政支农投入资金使用是否经济、有效率进行审计。②

二 法国、德国、意大利司法型监管及实践经验总结

（一）法国、德国、意大利司法型监管

司法型监管是指国家司法机关依照法定职权与法定程序对国家财政支农投入中的行政行为是否合法进行的监督。这种监督基于古老的权力制衡理论。它包括检察机关的监督和审判机关的监督。司法型监管主要是审计法院或会计法院对国家财政支农投入的资金拨付、分配、使用主体及其使用情况予以监督。由于它以司法机关为监督主体，引入了司法审判的功能，因此，其自身的监督具有独立性、直接性、法定性、强制性、公正性。与立法型监管相比，监督效果更为直接，形式更为特殊。司法型监管所依据的是国家财政支农投入已发生的既定事实，如资金的拨付、分配、使用等，是一种事后监督，并不利于对国家财政支农投入的事前防范和事中控制。

1. 法国司法型监管

该国财政监管始于1256年。法国国王圣路易颁布"伟大法令"，

---

① 参见郭小东《新比较财政导论》，广东科技出版社2009年版，第165页。
② 参见王秀芝《财政监督的国际经验及对我国的启示》，《经济问题探索》2012年第5期。

要求各城邦的市长、政府官员携带城市的收支账目到巴黎，接受王室审计官的审查，最后由财经委员会对审计结果进行裁决。这是法国司法型审计制度的最早发展。1320年，为了加强对政府部门经济责任的监督，专门设立了审计厅，它是皇家对普通收支和特别收支进行审查的监督机构，其职权由国王指定的政治顾问与法律顾问拥有。14世纪中叶以后，审计厅的职责范围扩大，成为对皇家和地方一切收支进行审查的监督机构，并拥有对承担经济责任的官员一定的行政处罚权和刑事处罚权。到法国大革命前夜，审计厅制度已成熟。[①] 1807年，成立了审计法院，它既独立于议会又独立于政府，是国家最高的经济监督部门。目前，法国形成了以审计法院监督为核心，议会的宏观监督、财政部门的日常监管为重点的监管体系（见图3-3），对国家财政支农投入的监管发挥着重要的作用。

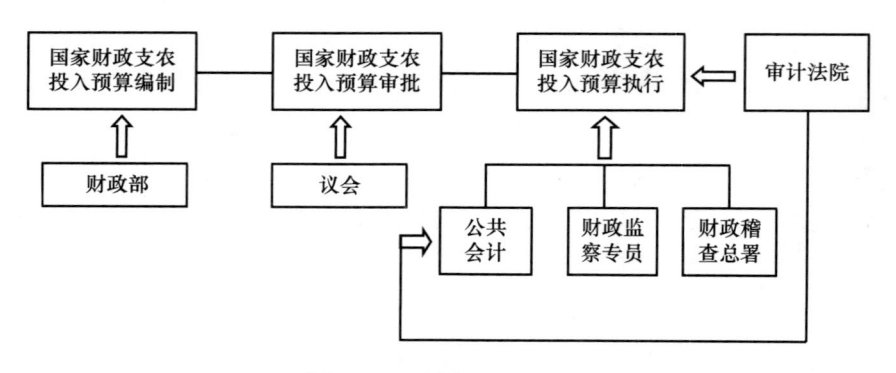

图3-3 法国司法型监管

第一，审计法院对国家财政支农投入的监督。审计法院是法国最高的财政监督机关，它对国家财政支农投入进行最高层次的事后监督。宪法赋予的职责是协助议会和政府监督财政法律法规的执行，根据审计法院组织法的规定，对国家机关、公共组织机构和国有企业的

[①] 参见贺邦靖《国外财政监督借鉴》（财政监督丛书之三），经济科学出版社2008年版，第7页。

账目及管理情况进行审计检查，包括对国家财政支农投入资金分配、拨款、使用等情况的审计检查，发现违法问题及时处理。审计法院的具体工作职责包括：一是审查国家的预算执行情况。审计法院每年都要对财政部提交的国家预算执行情况的总账目予以审核，审核完毕后发表账目核准通告，然后连同通告和对国家预算执行情况的评价一起送交议会。二是对公共会计进行监督。三是对公共开支决策人的监督。审计法院有权对非选举产生的支出决策人进行检查，如果发现有违法行为，可以通过检察长向财政预算纪律法院提起诉讼，追究经济或刑事责任。同时，对于选举产生的支出决策人通过审计账目提出意见，如果有违法行为，也可通过检察长向财政预算纪律法院提起诉讼，追究经济或刑事责任。四是对国有企业遵守财政法律法规的监督。[1] 从2007年起，审计法院还可对国家账目实施认可审计。尽管审计法院有比较多的工作职责，但对其工作职责范围的案件有4—5年的追诉期，保障其监督的有效性。

第二，议会对国家财政支农投入的监督。法国议会对国家财政支农投入预算与决算的审查是非常严格的，不仅要经过激烈的辩论，而且要提出质疑，要求财政部门做出解释。同时，委托审计法院对国家财政支农投入的预算执行情况进行审计监督。

第三，财政部门实施对国家财政支农投入的监管。国家财政支农投入预算案经议会通过后，就进入国家财政支农投入预算的额度分配、支付执行、使用等环节，法国财政部门在每一个环节都进行了严密的监管。总理通常在12月31日以前通过法令形式将议会通过的国家财政支农投入预算拨款指标分配到财政部，财政部门根据议会通过的国家财政支农投入预算额度进行分配，既不能改变国家财政支农投入预算拨款，也不能将其留作储备或机动。同时，在执行国家财政支农投入预算过程中，遵循决策与执行相分离的原则。根据法律规定，国家财政支农投入支出要经历四个阶段，即承诺、清算、发出支付

---

[1] 参见张晓红《财政监管理论分析与制度优化》，大连理工大学出版社2009年版，第151—152页。

令、支付。其中，前三个阶段构成支出决策过程，由支出决策者做出；后一个阶段由公共会计执行。在整个国家财政支农投入支出过程中，首先，由财政部长授权本部门的支出管理人员开具拨款凭证；其次，开具拨款凭证必须由财政监察专员核准；最后，财政监察专员签字后，将拨款凭证送达公共会计，由其做出支付和计账。①

  国家财政支农投入监管是由财政监察专员、公共会计、财政稽查总署等完成的。一是财政监察专员对国家财政支农投入的监管。财政监察专员重点监督国家财政支农投入预算执行过程中是否超出预算额度、是否遵守议会预算许可、国家财政支农投入资金使用是否符合法律法规的规定、国家财政支农投入支出对公共财政的影响等。二是公共会计对国家财政支农投入的监督。当财政部门将国家财政支农投入资金的支付指令经财政监察专员签字并交给公共会计后，公共会计就有对国家财政支农投入监督的职责。其任务是核实对国家财政支农投入拨款是否有预算、是否有财政监察专员的签字等。三是财政稽查总署对国家财政支农投入的监管。虽然财政稽查总署对公共会计、国家预算支出决策者、经济财政监督机构，以及所有使用公共资金的机构都有监管权，这里主要突出对"人"的监管。它可以随时根据财政部长的指示对国家财政支农投入支出后的其他事项进行专项检查或调查。

2. 德国司法型监管

  1922 年，德国通过《财政预算法》。该法规定把经济效益作为财政监管的重要标准，同时，规定审计院在对财政收支进行审查时也应遵循经济效益原则。1969 年的财政预算改革，扩大了财政监管范围，不再仅局限于财务账目检查，并且将审计院作为财政监管机构，其职责范围延伸到对有关财政重大决策和措施进行审查。同时，不必等到公布账目就可以调查，也可以在预算编制中通过对材料的审查向联邦政府和议会提出建议，另外，对财政计划实施过程予以审计，足见德

---

① 参见贺邦靖《国外财政监督借鉴》（财政监督丛书之三），经济科学出版社 2008 年版，第 200—201 页。

国财政监管的现代化。① 其实,德国的财政监管无处不在,它形成以联邦审计院为核心,议会、财政部门、社会中介机构、新闻媒体为基础的财政监管体系(见图3-4),非常有利于对国家财政支农投入的监管。②

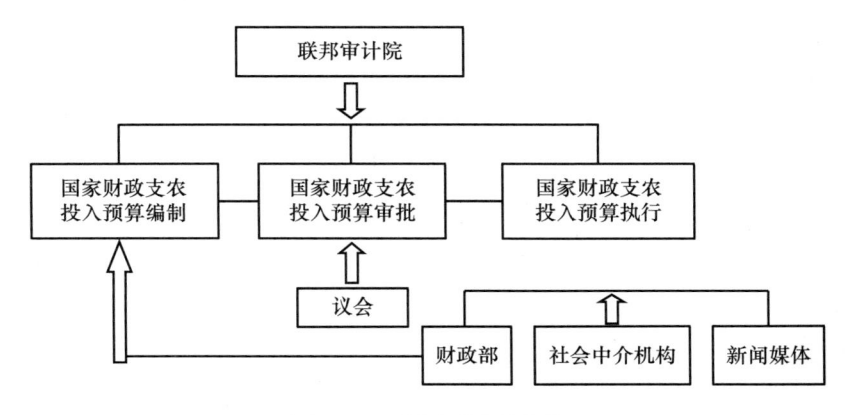

图3-4 德国司法型监管

第一,联邦审计院对国家财政支农投入的监督。根据德国《基本法》和《审计院法》规定,联邦审计院是最高的财政监督机构,其法定职责是协助联邦议院、联邦参议院和政府做出决议。它由审计局、审计处组成。在履行特定职能时,可以建立审计小组。联邦审计院的成员由正副院长、各审计局局长和审计处处长构成。根据《基本法》第114条规定,联邦审计院的正副院长、各审计局局长和审计处处长都享有司法地位,都是法官。他们履行职责时只受法律约束,而不受他人非法干涉。尤其是联邦审计院的正副院长为终身制公务员,任职年限为12年,由议会秘密投票产生,由总统任命。在组织机构上,联邦审计院独立于联邦政府行政系统之外,也不向

---

① 参见田程《论德国财政监督的演变及启示》,《中国劳动关系学院学报》2015年第3期。
② 参见贺邦靖《国外财政监督借鉴》(财政监督丛书之三),经济科学出版社2008年版,第11页。

议会负责。也就是说，既不受行政权的干涉，也不受立法权的干涉。在联邦审计院对国家财政支农投入决议形成中，审计院长、处评议会、审计小组、局评议会和大评议会都承担不同的功能。[①] 联邦审计院对国家财政支农投入预算的审计贯穿国家财政支农投入预算活动的全过程。在国家财政支农投入的预算编制阶段，联邦审计院参与国家财政支农投入预算草案的审核，并在议会预算委员会的讨论会上报告审查结果。在国家财政支农投入预算执行阶段，联邦审计院采用抽查、重点审查等方法审计国家财政支农投入预算执行情况，及时纠正国家财政支农投入预算执行中出现的问题。在国家财政支农投入预算决算阶段，联邦审计院对年末报送的国家财政支农投入预算科目逐项审计，如果发现有重大事项，随时向议会和政府提出专项的特别审计报告。

第二，议会对国家财政支农投入的监督。议会设有财政委员会、预算委员会和审计委员会。审计委员会对国家财政支农投入预算进行审查，也会对联邦审计院的国家财政支农投入监督工作进行审查。

第三，财政部门对国家财政支农投入的监管。财政部设有专门的监督检查委员会，负责对国家财政支农投入资金使用情况进行监督检查，如果发现有违规行为，及时纠正。在对国家财政支农投入预算执行过程中，财政部会在下属机构派遣一名由部长委托的预算执行专员，负责监管国家财政支农投入预算的执行，预算专员的总管由部长任命。但在国家财政支农投入预算执行过程中，对国家财政支农投入资金运行的监管是非常严格的。通常国家财政支农投入资金，每拨出一笔，都会进行跟踪监督，主要款项拨到了项目，监管人也随即到达，审查每一项的支出是否合理。项目进行中途，也要进行审查。当项目完成后，还要审查是否达到了目的。德国对国家财政支农投入资金的监管有三个环节：一是国家财政支农投入资金分配阶段的监管。国家财政支农投入预算案获议院通过后，在财政部按预算案拨付资金

[①] 参见郭小东《新比较财政导论》，广东科技出版社 2009 年版，第 171—172 页。

时，监管随即开始。财政部拨款时，就要求每个国家财政支农投入项目都有一个由用款部门指定的项目执行人，并通过项目执行人分配资金。在分配资金过程中，通过两个渠道进行监管：其一，审批项目的人与执行人分离；其二，在具体项目拨款中，要检查拨款是否符合计划，该项目是否需要拨款等。二是国家财政支农投入资金使用阶段的监管。在该阶段，监管的重点是国家财政支农投入资金是否按预算使用。通常情况下，财政部每季度都要向议会的财政委员会提交书面报告，说明国家财政支农投入资金使用情况。同时，国家财政支农投入资金使用主体还要随时接受各种监管部门的查询，回答它们提出的问题。三是国家财政支农投入资金使用效果评估阶段的监管。对国家财政支农投入资金使用结束后，要接受使用效果评估的检查。该阶段的监管重点是检查国家财政支农投入资金使用有无超支或结余，使用效果如何，是否达到预期的目的等。联邦审计院、议会财政委员会等负有监督职能的机构都会参与其中。①

3. 意大利司法型监管

意大利财政监管体系较为健全，是以审计法院监督为核心、财政部门和社会中介机构的监督为基础的体系，对国家财政支农投入监管比较有利。

第一，审计法院对国家财政支农投入的监督。审计法院是意大利拥有最高权力的财政监督机构，它既独立于政府，也独立于议会，是一个具有司法性质的机关。审计法院对公共财务案享有最终裁判权。根据宪法规定，它具有协助议会、政府的职责。审计内容有总统法令执行情况、国家财政收支活动情况、法定国家资产的保管情况、国家代理人所销售的债券、国家机构或法定机构的退休金支付情况等。②其中，包括国家财政支农投入。审计法院对国家财政支农投入的监督贯穿其预算编制、预算执行、决算等活动中。一是对国家财政支农投入预算编制的监督。在经济财政部形成国家财政支农投入下年度预算

---

① 参见郭小东《新比较财政导论》，广东科技出版社 2009 年版，第 172—173 页。
② 参见耿虹等《意大利、西班牙财政监督考察报告》，《财政研究》1998 年第 6 期。

草案的基础上，审计法院对该草案进行监督，提出审查意见，供议会讨论时参考。二是对国家财政支农投入预算执行的监督。审计法院有一个审判庭，专门负责对预算执行过程进行监督，其中就包括对国家财政支农投入预算执行的监督，主要方式是对国家财政支农投入资金使用单位进行检查。三是对国家财政支农投入决算的监督。审计法院每年聘请一些经济学家对国家财政支农投入预算执行的结果进行调查分析，提出决算报告。四是对国家财政支农投入预算资金使用绩效的监督。审计法院每年要求财政部报送国家财政支农投入预算资金使用目标计划书，以此为依据在年终和国家统计部门的配合下审查国家财政支农投入预算资金的经济性、效率性和效果，看是否达到了预期的目的。①

第二，财政部门对国家财政支农投入的监管。意大利经济财政部的国家总财务司是确保财政计划制订和实施，以及严格对公共资源进行监管的机构。它负责对国家财政支农投入预算的编制和执行、对国家财政支农投入资金的使用方向予以核实和监督。对国家财政支农投入支出的监管方式主要有事前计划审查和事中、事后财务监管三种。②

(二) 法国、德国、意大利司法型监管的经验总结

法国、德国和意大利是典型的司法型监管，将传统的审计机关司法化，使其具有强制性和公正性，加强对国家财政支农投入监管，取得了诸多成功的经验。

第一，具有司法性质的审计法院或审计院有利于对国家财政支农投入的监督。虽然立法型监管能够体现绝大多数人的意愿，充分表达国家财政支农投入资金使用主体的要求，但这种监督具有宏观性，无法进入微观，尤其难以做到对国家财政支农投入预算执行以及预算资金使用绩效评价的有效监督，对国家财政支农投入监督的强制性也不

---

① 参见贺邦靖《国外财政监督借鉴》（财政监督丛书之三），经济科学出版社2008年版，第230页。

② 参见徐瑞娥《世界各国财政监督制度情况介绍》，《经济研究参考》2002年第63期。

足。司法型监管则不同。它通过设立司法性质的审计法院或审计院，既改变了传统审计机关的性质，也提升了传统审计机关的作用，特别是审计法院和审计院不仅不隶属于政府，也不隶属于立法机关，具有超脱的地位，便于开展工作，免受政府或其他部门的干涉。由于传统审计机关非常注重微观方面的工作，对预算的执行以及预算执行结果的审计非常重视，有利于提高资金的使用效率。审计法院或审计院继承了传统审计机关的功能，并使审计行为具有法律上的强制性，在国家财政支农投入预算的执行以及预算执行结果的审计中，发挥着重要的作用。

第二，审计法院或审计院对国家财政支农投入的审计监督与财政部门对国家财政支农投入的监管有机结合。尽管审计法院或审计院对国家财政支农投入的监督是非常有效的，但主要涉及国家财政支农投入的预算执行以及执行结果的审计，并没有包揽国家财政支农投入所有需要监管的环节，更多的是发挥司法机关的监督功能。有些监督必须由财政部门完成，如对国家财政支农投入资金的分配、拨付和使用的行为。这些行为极为微观，同时，涉及操作层面的问题，审计监督难以发挥作用。因此，审计法院或审计院对国家财政支农投入的审计监督与财政部门对国家财政支农投入的监管需要配合，两者分工明确，优势互补。①

三 瑞典、瑞士行政型监管及实践经验总结

（一）瑞典、瑞士行政型监管

行政型监管是指政府机关依据法律对国家财政支农投入实施的监管。这种监管主要是对国家财政支农投入资金运转情况进行监管，突出的特点是：一种财政内部的监管，辅之以外部的监管，将监管融入预算编制和执行的各个环节。它的优势是：其一，对国家财政支农投入资金及其使用情况的监管具有专业性，能够克服信息不对称产生的

---

① 参见邓建军、胡涛《财政资金监督制衡的国际借鉴与启示》，《金融与经济》2015年第9期。

监管不力和遗漏监管。其二，能够及时组织专业技术人员对异常情况进行监督检查，实施事中监管。其三，侧重国家财政支农投入微观主体及其行为的监管。但是，行政型监管的缺陷也很明显：一是不具有独立性，易受其他国家机关的影响。二是会出现监管失灵，导致国家财政支农投入的混乱。三是会出现对国家财政支农投入中产生的问题解决不力的情况。四是缺乏宏观监管的支持。目前，世界上对国家财政支农投入实行行政型监管的国家有瑞典、瑞士和一些东欧国家。瑞典、瑞士两国是最为典型的。

1. 瑞典行政型监管

瑞典的财政监管是以安格鲁·萨克森派的财政监管理论为基础的，强调政府信用的存在，以内部监管为核心，辅之必要的外部监管。因此，财政的监管体系由政府内阁负责的国家审计办公室的审计监管、财税稽查监管机构的监管和议会审计办公室的审计监督共同构成。根据瑞士联邦财政监管法的规定，联邦审计局是财政部的一个机构，但它是国家最高财政监管部门，其职能是对联邦的财政收支进行经常性监督检查。联邦审计局的监督检查均融入预算编制和执行的各环节，全面强化对财政的监管。这对于国家财政支农投入的监管是非常细致和有效的。

第一，政府部门对国家财政支农投入的监管。瑞典政府设立了相对独立的国家审计办公室，在国家审计办公室之下又设立了年度审计司和效益审计司，分别负责审计政府机构、公共部门以及中央对地方的财政转移支付、国有企业或国家参股企业的年度财务报告以及财政资金的运营效果等。[①] 其中包括对国家财政支农投入的审计监督。国家审计办公室的审计司主要是对国家财政支农投入年度报告的公正性、真实性、公允性进行审计；国家审计办公室的效益司主要对国家财政支农投入资金的运营效果进行审计，一般采取抽审的方式。同时，瑞典财政部设立了国家经济财政管理局，具有一定的独立性，其

---

① 参见张晓红《财政监管理论分析与制度优化》，大连理工大学出版社 2009 年版，第 155 页。

职责主要是采集重要经济信息，进行经济预测，提高预算编制的科学性；每季度汇总各地预算执行情况，将年度分析报告上报议会审阅；对预算支出项目开展跟踪评估，对资金使用情况开展绩效分析并提交年度报告等。① 当然，国家经济财政管理局对国家财政支农投入预算支出项目进行跟踪评估，对国家财政支农投入资金使用情况进行绩效分析，这样也可以达到监管的效果。

第二，议会对国家财政支农投入的监督。瑞典议会设立审计办公室，主要负责审计政府内阁及其机构对财政资金和国有资产的有效使用、资源分配的合理性及效果。这包括对国家财政支农投入资金分配、使用有效性和合理性以及效果的审计监督。

2. 瑞士行政型监管

该国极为重视财政监管，建立了议会、财政监控机构以及单位内部审计相结合的三级财政监管机制。但以财政监控机构以及单位内部审计为主，为国家财政支农投入监管创造了良好的条件。

瑞士联邦政府设立了财政监控机构即财政监控局，又称审计机构，距今已有150年的历史。1999年以后，它发展成为一个具有高度独立性的机构。在名义上，财政监控局属财政部管理，但在制订检查计划、实施检查等方面又不受财政部干预，年度工作报告以财政部名义直接上报议会。财政监控局局长由联邦议会直接任命，期限6年，可连任。财政部无权干涉财政监控局工作，财政监控局可以对财政部预算执行情况进行检查。它的主要任务是对有关部门和单位的财政收支情况进行审计，审计时遵循合法性、重要性和效益性原则。由于审计对象的不同，财政监控局的审计重点和严格程度不同：一是对联邦政府各部门的严格审计；二是对各部门内设单位的弹性审计；三是对自身收费维持运转的机构的收费行为进行合法性审计；四是对联邦控股的股份公司的审计。目前，财政监控局以效益性审计为主，但以前是以合法性审计为主。由于财政监控局拥有很大的权威，对国家

---

① 参见财政部财政监督管理考察团《瑞典财政监督经验借鉴》，《财政监督》2006年第4期。

财政支农投入的监管是毋庸置疑的,它主要对国家财政支农投入预算执行情况以及资金使用合法性、效益性进行审计监督。同时,瑞士联邦政府也非常重视内部审计的工作,通常在主要部门设有内审机构,监督内部控制制度是否得到有效贯彻和执行。内审机构直接向部门主管领导报告。[①] 这种内审机构对国家财政支农投入可以起到从内部进行监督、控制的作用。

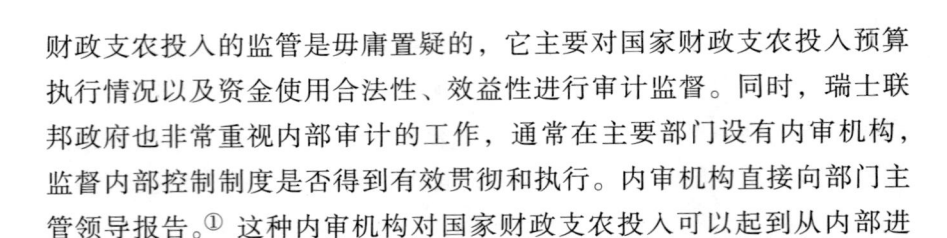

(二) 瑞典、瑞士行政型监管的经验总结

瑞典、瑞士对国家财政支农投入的监管是典型的行政型监管,充分发挥了政府的职能,使对国家财政支农投入的监管卓有成效,积累了许多有益经验。

第一,将对国家财政支农投入的监管寓于国家财政支农投入资金运行的全过程。尽管瑞典和瑞士在财政部没有单独设立财政监管机构,但非常重视发挥财政监管职责和提高国家财政支农投入资金使用效率。一是事前监管。瑞典的国家审计办公室和瑞士的财政监控局均制定了对预算执行审核和监督的详细规程,有利于对国家财政支农投入预算编制的指导和监督。二是事中监管。对国家财政支农投入资金使用部门每月向财政部提出用款预测,财政部下达预算执行控制数并通报月度支出结果,瑞典的国家审计办公室和瑞士的财政监控局对国家财政支农投入资金支付全过程实现动态监控。同时,国家财政支农投入资金使用部门每季度向瑞典的国家审计办公室和瑞士的财政监控局上报预算执行分析报告,并审核会计报表,运用计算机网络监控资金流动和现场检查等方式对国家财政支农投入资金使用部门是否依法有效执行预算情况进行审计监督。三是事后监管。瑞典的国家审计办公室和瑞士的财政监控局对国家财政支农投入预算执行情况以及资金使用的合法性、合目的性进行审计监督。

第二,重视对国家财政支农投入的内部监管。瑞典和瑞士通过建立内部财政监管机制,充分利用政府对财政监管的职能,强化对

---

① 参见贺邦靖《国外财政监督借鉴》(财政监督丛书之三),经济科学出版社2008年版,第261—264页。

国家财政支农投入的内部监管,使政府监管及时和灵活的特点得到发挥。

第三,建立国家财政支农投入资金使用绩效考核机制。瑞典和瑞士从20世纪70年代就开始推行对国家财政支农投入资金使用绩效的评价。近年来,瑞典和瑞士政府加强了对国家财政支农投入资金使用绩效的考核,主要是根据国家财政支农投入资金使用年初制定的业绩目标同实际执行结果进行对比考核,以评价国家财政支农投入资金使用部门是否"在做有效的事情"和"用正确的、最低成本的方式"使用资金。[①] 具体做法为:一是建立比较分析基础数据库;二是要求国家财政支农投入资金使用单位制定的资金使用目标具体、明白;三是对国家财政支农投入资金使用单位制定的业绩目标实施评估;四是丰富绩效管理的方式和手段。[②]

四 日本独立型监管及实践经验总结

(一)日本独立型监管

独立型监管是指具有独立性地位的机构对国家财政支农投入的监管。在这种类型监管制度下,对国家财政支农投入的监管组织既不属于立法部门,也不属于司法部门和行政部门,而是一个独立的监管机构。它的优点是能够独立、自主和公正地对国家财政支农投入进行监管,而不受任何部门的干涉。缺点是无法对国家财政支农投入资金实行全过程监管,需要其他监管形式予以配合,落到实处。日本就是典型的独立性监管。日本形成了以国会、内阁、财务省、国税厅、会计检察院、行政监察委员会为主体的财政监管体系(见图3-5),但会计检察院具有重要的地位。

---

① 参见财政部财政监督管理考察团《瑞典财政监督经验借鉴》,《财政监督》2006年第4期。
② 参见邓建军、胡涛《财政资金监督制衡的国际借鉴与启示》,《金融与经济》2015年第9期。

```
                    ┌──────────────┐
                    │  会计检察院   │
                    └──────┬───────┘
          ┌────────────────┼────────────────┐
          ↓                ↓                ↓
   ┌─────────────┐  ┌─────────────┐  ┌─────────────┐
   │ 国家财政支农 │  │ 国家财政支农 │  │ 国家财政支农 │
   │ 投入预算编制 │  │ 投入预算审批 │  │ 投入预算执行 │
   └─────────────┘  └─────────────┘  └─────────────┘
          ↑                ↑                ↑
          │         ┌─────────────┐         │
          │         │    国会     │         │
          │         └─────────────┘         │
          │                          ┌──────┼──────┐
          │                          ↓      ↓      ↓
          │                      ┌──────┐┌────┐┌────────┐
          └──────────────────────│财务省││内阁││行政监察 │
                                 │      ││    ││委员会   │
                                 └──────┘└────┘└────────┘
```

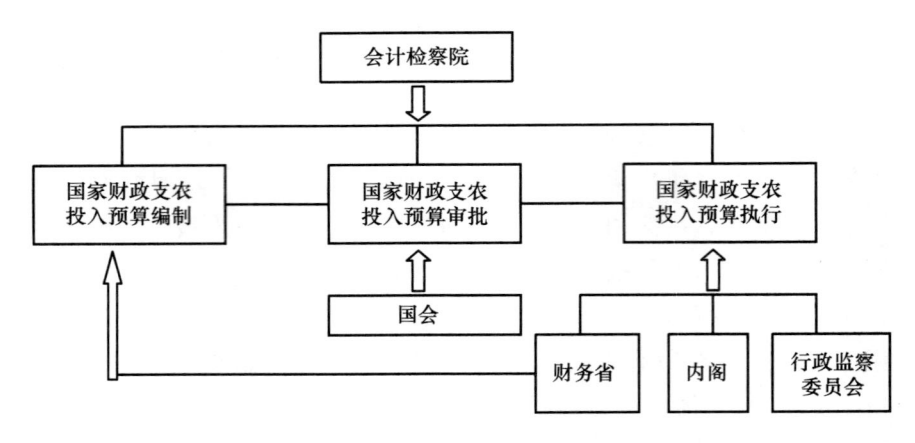

图 3-5　日本独立型监管

第一，会计检察院对国家财政支农投入的监管。根据 1889 年《会计检察法》的规定，日本设立了会计检察院，隶属天皇，既不属于国会，也不属于内阁，与其他司法机构平行，对国家财政预算编制、预算执行和决算、会计财务进行审计。[①] 它必须审计的范围包括：一是一般会计，特别会计每月的收入与支出；二是国有现金、物品、财产的增减；三是国有债权的得失与国有债务的增减；四是日本银行代国家办理的现金、贵金属和有价证券；五是国家出资占二分之一以上的法人的会计；六是法律规定为审计对象的机构或单位。会计检察院的权限：一是有权要求接受审计单位提交会计报表或证明文件和其他证据；二是有权临时派遣工作人员进行现场审计；三是有权对法律的制定、修改、废除表达意见或要求采取改进措施；四是在审计中有权对违法或实施不当行为的会计人员，向主管领导或有关人员提出处理或改进意见；五是对会计人员的失职或重大过失，给国家造成损失的，有权要求上级或其他监管者给予处分或惩罚等。它的审计着眼点在于：一是对财政预算审计看是否有违反预算的情况；二是各项会计的计算是否合乎法律规定和会计原则；三是被审计者所从事的事业是

---

① 参见贺邦靖《国外财政监督借鉴》（财政监督丛书之三），经济科学出版社 2008 年版，第 24 页。

否符合预期目的;四是是否做到既经济又高效的运营。① 由此可见,会计检察院具有独特的地位,具有丰富的职能,其中包括对国家财政支农投入的监管。

第二,国会对国家财政支农投入的监督。首先,对国家财政支农投入预算的监督,也就是说,只有国会批准了国家财政支农投入预算,才能使用国家财政支农投入资金。其次,对国家财政支农投入预算调整的监督。通过国会批准的国家财政支农投入资金的规模、结构,政府部门必须严格执行,如果因为特殊情况需要调整的,仍需要国会批准。国会对国家财政支农投入的监督重点在于国家财政支农投入预算是否符合宪法原则规定。

第三,财务省对国家财政支农投入的监管。财务省是代表政府对财政收支进行监管的部门。它的监管重点主要体现在国家财政支农投入预算编制和执行上。在国家财政支农投入预算编制过程中,财务省通过制定预算编制基本方针和审定国家财政支农投入预算要求来对其进行管理和控制。在国家财政支农投入预算执行过程中,财务省可以要求国家财政支农投入资金使用单位提交资金使用进度等有关报告,或就国家财政支农投入预算执行情况进行现场检查等。

(二) 日本独立型监管的实践经验总结

综上所述,日本作为典型的独立型监管,取得了许多成功的经验。

第一,充分利用会计检察院的独特功能,强化对国家财政支农投入的监管。日本的会计检察院既不同于法国、意大利的审计法院,也不同于德国的审计院,它具有更为突出的地位,享有广泛的权力,对国家财政支农投入中的许多问题可以及时、有效处理,并进行监督,克服其他形式的机构所不能完成的监管任务。

第二,建立了分工明确、互相配合的国家财政支农投入监管机制。从日本对国家财政支农投入监管体系来看,其监管效率较高的一个重要原因是划清会计检察院、国会、财务省的监管职责,形成分工

---

① 参见郭小东《新比较财政导论》,广东科技出版社2009年版,第177页。

明确、互相配合的国家财政支农投入监管体系。在该体系中,会计检察院的监管是十分重要的,为整个国家财政支农投入监管打下了坚实的基础。尽管会计检察院承担了大部分监管任务,但需要与国会对国家财政支农投入的监管,以及财务省对国家财政支农投入的监管相配合。国会对国家财政支农投入预算的监督,审查其预算安排的合法性;财务省的监管是围绕国家财政支农投入资金的使用而展开的,做到事前控制、事中监管和事后检查相结合,日常监管与专项监管相结合。①

第二节 中国财政支农投入法律监管类型及实践经验总结

一 中国财政支农投入法律监管类型

中国对财政支农投入法律监管是行政型监管,这和中国的财政监管历史以及财政管理体制是相吻合的。从历史上看,夏商时期已出现财政监督和考核的规定,西周时期形成以宰相、大夫为主体的交互考核制度。经过秦汉时期到唐代,财政监督日趋成熟,宋元时期就出现了审计院,并设立了内部专职监督机构。明清时期设有都察院,到了清朝后期建立了审计院监督机构,民国时期以审计监督为主。由此看来,中华人民共和国成立前,财政监督建立在中央集权的基础上,形成自上而下、独立统一的监督模式,一开始具有司法特征,随后慢慢演变为以行政监管为主,具有行政性,监管的重点主要为官吏。② 中华人民共和国成立以后,成立财政部,设立了财政监察机构。1982年,根据宪法规定设立了审计署,初步形成中国财政监管体系。目前,中国的财政监管大体上分为四个层次:第一个层次是党的领导,起主导的作用;第二个层次是全国人民代表大会及其常委会的监督;

---

① 参见邓建军、胡涛《财政资金监督制衡的国际借鉴与启示》,《金融与经济》2015年第9期。
② 参见贺邦靖《国外财政监督借鉴》(财政监督丛书之一),经济科学出版社2008年版,第261—264页。

第三个层次是国务院职能部门的监管；第四个层次是社会方面的监督，如公众、社会中介机构、新闻媒体等。自中国改革开放以来，财政监管权力逐步下放，监管的工作重点是查补国家财政收入，平衡财政收支，严肃财经纪律，监管内容上是财政收支活动。对财政支农投入的监管自中华人民共和国成立初期就开始了。因为中国是农业大国，农业又是国家的经济命脉，中央自始就非常重视，不断加大财政支农投入。国家财政支农投入监管体系主要包括全国人民代表大会及其常委会的监督、财政部的监管和审计署的监督，尤其是后两者的监管（见图3-6）。

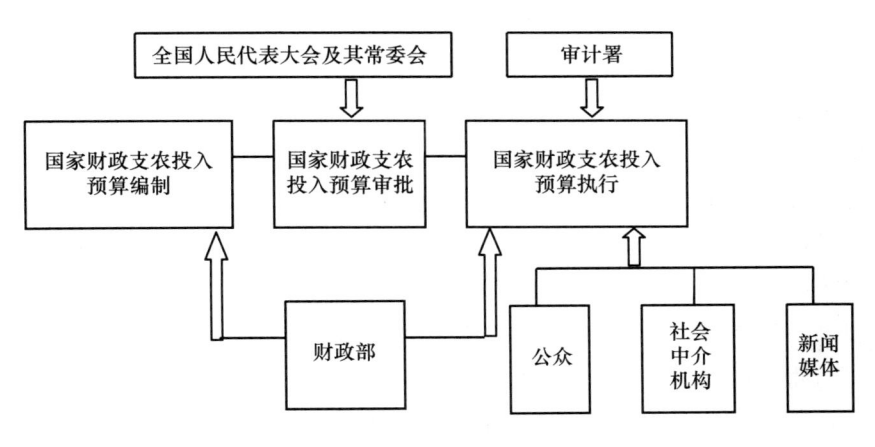

图3-6 中国的行政型监管

第一，财政部对国家财政支农投入的监管。财政部对国家财政支农投入的监管主要体现在预算的编制制定、执行过程中。根据《预算法》第二十五条第一款规定："国务院财政部门具体编制中央预算、决算草案。"由此可见，国家财政支农投入的预算编制由财政部完成。为了提高资金使用效益，财政部对国家财政支农投入的支出预算进行严格管理，尤其是对国家财政支农投入的项目支出预算更为严格，必须遵循以下基本原则：一是综合预算的原则。项目支出预算要体现预算内外资金、当年财政拨款和以前年度结余资金统筹安排的要求。二是科学论证、合理排序的原则。申报的项目应当进行充分的可行性论证和严格审核，分轻重缓急排序后视当年财力状况择优安排。三是追踪问效的原则。财政部和中央部门对国家财政支农投入预算资金安排项目的执行过程实施跟踪问效，并对项目完成结果进行绩效考评。在国家财政支农投入预算执行过程中，财政部对国家财政支农投入的资金拨付实行国库集中支付制度，每年对该项拨款的使用进行定期检查，检查数额不少于中央专项拨款项目总数的10%。① 如果在检查中发现了问题应及时纠正或处理，涉及违反财经法规的问题或案件，必须依照《预算法》和国务院《关于违反财政法规处罚的暂行规定》有关条款进行严肃处理。财政监察专员也可以监督国家财政支农投入资金，有权对国家财政支农投入资金的拨付、使用情况及其决算进行审查，并要求提供与审查工作有关的凭证、账簿、可行性研究报告及其他有关资料，有权制止虚报、挪用、浪费上述资金的行为，并依法处理。此外，对国家财政支农投入资金使用进行绩效考评，主要内容包括：一是绩效目标的完成情况；二是为完成绩效目标安排的预算资金使用情况和财务管理状况；三是部门为完成绩效目标采取的加强管理的制度、措施等；四是部门根据实际情况确定其他考核内容。同时，还要注意，财政部的监督检查专员对国家财政支农投入也可以监督，如对国家财政支农投入资金分配、使用及管理情况的监督。

第二，审计署对国家财政支农投入的监督。《审计法》第七条规定："国务院设立审计署，在国务院总理领导下，主管全国的审计工作。审计长是审计署的行政首长。"可见，审计署是国务院直属部门，直接向总理负责。其职责是，在国务院总理领导下，对中央预算执行情况和其他财政收支情况进行审计监督，向国务院总理提出审计结果报告。这其中包括对国家财政支农投入预算执行情况的审计监督。

第三，全国人民代表大会及其常委会对国家财政支农投入的监

---

① 参见2000年财政部发布的《中央对对方专项拨款管理办法》第十五条规定。

督。全国人民代表大会是中国最高权力机关，对国家财政支农投入的监督具有最高效力。根据《宪法》第六十二条的规定，全国人民代表大会审查中央和地方预算草案及中央和地方预算执行情况的报告；全国人民代表大会常务委员会监督中央和地方预算的执行；审查和批准中央预算的调整方案，审查和批准中央决算。第六十七条规定，全国人民代表大会及其常务委员会对中央和地方预算、决算进行监督。这就包括对国家财政支农投入预算、预算执行以及决算的监督。①

二 中国财政支农投入法律监管的实践经验总结

中国财政支农投入法律监管是典型的行政型监管，与世界上其他行政型监管的国家相比，既有相同点，也有不同点。相同点是突出政府的监管功能，具有灵活性、及时性和针对性，也存在监管失灵的情况。不同点是，中国是社会主义国家，政治体制上与西方国家不同，在对国家财政支农投入的监管体制、所代表的利益以及操作模式上均有所不同。同时，中国是一个农业大国，农业基础比较薄弱，与农业发达的国家存在较大的差距，在农业的投入上也明显不足。随着中国由农业国向工业国转变，中央对农业的财政投入不断加大，支持力度不断增强，在这种情况下，对国家财政支农投入的法律监管就显得尤为重要。因此，中国在对财政支农投入法律监管的曲折发展过程中，积累了丰富的经验。②

第一，将国家财政支农投入法律监管贯穿整个财政监管工作大局，切实为农业和农民服务。加强国家财政支农投入法律监管，既是实施乡村振兴战略的客观需要，也是整个财政监管工作大局中的重要一环，国家财政支农投入法律监管搞得不好，将大大影响财政监管工作大局。长期以来，国家财政支农投入法律监管始终围绕整个财政监管工作大局在进行，促进财政监管的改革，服务于财政监管以提高水

---

① 参见马向荣《我国财政监督模式架构的过渡：行政型与立法型》，《改革》2008年第4期。
② 参见张平《中西方财政监督机制的比较研究》，《财会研究》2009年第10期。

平，取得了明显的成效。实践证明，国家财政支农投入法律监管只有围绕整个财政监管工作大局，才能有高起点，科学规划，有针对性和实效性，保持旺盛的生命力，为农业和农民服务。否则，国家财政支农投入法律监管就会迷失方向，事倍功半。因此，必须将国家财政支农投入法律监管与整个财政监管工作大局有机联系起来，促进农业的快速发展，提高农民的生活水平。

第二，国家财政支农投入法律监管贯穿国家财政支农投入预算编制、审批、执行等环节，建立了国家财政支农投入预算编制、审批、执行和监管相互协调和互相制衡的机制。国家财政支农投入法律监管不是空中楼阁，也不是追求一种形式，而是要有坚实的基础作保障。从国家财政支农投入法律监管现状来看，牢牢地嵌入国家财政支农投入预算编制、执行等环节，这是国家财政支农投入法律监管的着力点，也是发挥其作用的土壤。实践证明，中国坚持将国家财政支农投入法律监管贯穿国家财政支农投入预算编制、执行等环节，以建立国家财政支农投入预算编制、执行和监管互相协调和互相制衡的机制作为重点，围绕国家财政支农投入资金的安全性、规范性和有效性，从制度上实现对国家财政支农投入资金运行的制约与监督，预防腐败，提升监管层次，提高监管水平和监管效率。

第三，强化对国家财政支农投入前、投入中和投入后全过程的法律监管。国家财政支农投入法律监管是整个财政监管的重要组成部分，它对整个财政监管影响极大。这与中国是一个农业大国，财政支农投入资金巨大有着密切的关系。为了更好地提高国家财政支农投入资金使用效率，实现农业快速发展和农民的全面发展，中国强化了财政支农投入事前审核预警、事中跟踪提高、事后监督检查效能，逐步覆盖国家财政支农投入的各个环节，把好每个环节的监管关，体现出国家财政支农投入法律监管的特色。从实践来看，中国构建了多功能的监管体制，实现了对国家财政支农投入资金运行全过程的动态监控，促进国家财政支农投入法律监管的不断完善。

第四，不断创新和改进国家财政支农投入法律监管的方式与方法。随着中国财政支农投入的不断加大，对国家财政支农投入法律监

第三章　国内外财政支农投入法律监管类型及实践经验总结

管的要求越来越高，其挑战性也越来越强。为了实现农业的新发展，满足国家财政支农投入的新要求，需要对其法律监管在方式和方法上不断创新与改进。尽管新中国在财政支农投入法律监管建设中出现过波折，如停顿甚至倒退，但是，在监管方式和方法上不断创新与完善，一直与国家财政支农投入目标要求相适应。通过不断调整方式和方法，较好地满足了不同时期的农业发展要求，确保国家财政支农投入法律监管与时俱进并取得成效。国家财政支农投入法律监管的发展历史证明，不断适用能够满足国家财政支农投入发展的要求，以及根据国家财政支农投入法律监管内容的变化而调整法律监管方式和方法，既是提高国家财政支农投入法律监管效率的重要途径，也是促进国家财政支农投入法律监管有效实现和国家财政支农投入法律监管稳步发展的重要保障。

第五，依法监管，服务农业，维护农民的根本利益。从一定意义上说，国家财政支农投入法律监管是指对国家财政支农投入法律监管对象执行法律法规情况的监管。依法监管是国家财政支农投入监管工作的生命线。目前，中国财政支农投入法律监管主体树立了责任意识和服务农业、农民的意识，在国家财政支农投入法律监管中，以维护农民的根本利益为重点，始终认为对国家财政支农投入法律监管不是为了形式上的需要，而是促进国家财政支农投入资金的合理分配和有效使用，以提高国家财政支农投入资金的使用效率，防止以权谋私、滋生腐败，更为重要的是促进农业的大发展，提高农民的生活水平，使其得到全面发展。

第六，在一定程度上进行科学监管，发挥国家财政支农投入法律监管的整体功效。在科学发展观的指引下，中国财政支农投入法律监管得到长足的发展。从国家财政支农投入法律监管的思路来看，每个时期国家财政支农投入法律监管的思路都会充分考虑国家财政支农投入的实际情况和需要，推动国家财政支农投入法律监管的科学发展。从国家财政支农投入法律监管的方法上看，根据国家财政支农投入法律监管的实际需要，不断创新和改进国家财政支农投入法律监管的方式与方法，在遵循科学原则的基础上，使国家财政支农投入法律监管的方式与方法有利于节约国家财政支农投入支出，满足成本效益的要求，促进国家财政支农投入法律监管效率的提高。从国家财政支农投入法律监管内容上看，结合国家财政支农投入形势变化，科学分析、合理安排，不断把国家财政支农投入法律监管的内容由单一变得全面，由局部扩大到整体，保持国家财政支农投入法律监管的高质量和高层次。[①]

[①] 参见刘剑文《财政监督法治化的理论伸张与制度转型——基于财政民主原则的思考》，《中国政法大学学报》2019年第6期。

第四章 中国财政支农投入法律监管的现状和制度需求

中国财政支农投入法律监管经历从无到有的过程。在中华人民共和国成立初期,它几乎是一片空白,经过60多年的发展,逐步形成具有中国特色的国家财政支农投入法律监管体系,为国家财政支农投入发展提供了可靠的保障。但在实施乡村振兴战略的背景下,中国财政支农投入法律监管还存在诸多缺陷,有进一步建立健全国家财政支农投入法律监管的需要。对国家财政支农投入法律监管进行探究,必须研究中国财政支农投入法律监管现状,寻找国家财政支农投入法律监管对制度需求的重点。

第一节 中国财政支农投入法律监管的现状

一 中国财政支农投入监管立法之历史沿革

中华人民共和国成立以后,农业发展始终被摆在非常重要的位置。国家对农业的财政投入不断加大,其监管也不断加强。但在这个过程中,它和整个财政监管是相容的,也是国家财政监管不可或缺的组成部分,在对整个财政监管立法时,亦为国家财政支农投入监管提供了法律依据。虽然国家财政支农投入在整个国家财政支出中占有较大的比重,但和其他国家财政支出的性质是一样的,只不过是支出的领域和目的有所不同。对中国财政农业投入监管立法之历史沿革的探究,也是对中国财政监管立法历史沿革的探讨。我们可以根据国家财政监管立法的历史,将中国财政农业投入监管立法的历史划分为以下三个阶段。①

（一）1949年新中国成立以后至1978年党的十一届三中全会召开以前

中华人民共和国的成立，带来了勃勃的生机，农业也出现了新的气象。党中央把农业发展作为百业待兴的起点和重点，倾注了大量的精力，从土地改革开始，解放农村的生产力，促进农业发展，在财政吃紧的情况下，优先向农业倾斜。同时，对农业领域的调整由政策向立法转变。1949年成立了财政部，1950年在财政部里设置了财政监察司。1958年又撤销了财政监察司，财政监察工作被迫中断。1952—1956年上半年，国务院和财政部连续制定了一系列关于财政监察的法规和规章，如《各级财政监察机构执行财政监察工作实施细则》《中央金库条例》《关于各级财政单位预算编制、审查、核定程序的规定》和《基本建设拨款暂行办法》等，为财政监察工作的顺利开展做出重要的保障，也为国家财政支农投入法律监管奠定了基础。1962年，为了尽快扭转"大跃进"对经济造成的不良影响，国务院做出《关于严格控制财政管理的决定》，加强对违反财经纪律等问题的检查和处理，财政监察工作在一定范围内得到恢复。"大跃进"对农业的冲击非常大，已造成农业发展的滑坡，党中央做出果断决定，加大对农业的财政投入，支农优先发展，在国家财政投入资金监管上也加大了力度，但并没有专门的立法，为国家财政支农投入法律监管带来重重困难。

（二）1978年党的十一届三中全会以后至1994年财政体制大改革之前

党的十一届三中全会后，中国进行了经济体制改革，在农村实行家庭联产承包责任制，改革以前以农业生产大队为基础、带有计划经济色彩的农业发展道路，解放了生产力，农业、农民迎来发展的新春天，但国家对农业发展的支持并没有放松，而是根据市场经济规律，

---

① 参见张晓红《财政监管理论分析与制度优化》，大连理工大学出版社2009年版，第227—246页。

推动农业的产业化、市场化，其财政投入仍在不断增加，对国家财政支农投入法律监管，随着整个财政监管立法的快速发展，而获得了长足的发展。1980年，国务院批转了财政部《关于监察工作的几项规定》，明确了财政监察机构的设置和职责。1987年，国务院发布了《关于违反财政法规处罚的暂行规定》。同年7月，财政部下发了《关于加强财政监察工作的若干意见》。1991年，国务院颁布了《国家预算管理条例》。1992年，财政部发布了《财政监察工作规则》。这些立法进一步提高了财政监管的规范化。但上述立法局限于财政监察工作的规范化和制度化，也就是对"人"的监管，只是在预算管理上涉及财政支出的具体活动，即对"物"的监管，比较狭窄。对于国家财政支农投入监管而言，增添了新的依据，但依然欠缺对其专门立法，不利于国家财政支农投入法律监管的发展。

（三）1994年以来分税制改革的全面推进

为了适应经济体制改革的需要，中国于1994年实行分税制改革，并于1998年开始推进公共财政体系建设，给财政监管带来艰巨的任务，也带来了更为广阔的发展空间。农业在市场经济的发展中走向繁荣，国家财政支农投入并没有停步，而是将资金投入农业的产业化上，以项目形式推动农业发展，对国家财政支农投入监管的理念、方式和方法提出新的要求，其立法也由此发生改变。但在整个财政监管发生大变化下，满足了国家财政支农投入监管的新要求。如监管理念实现从检查型监管向管理型监管转变；方式和方法上实现从注重事后专项检查向事前审查、事中跟踪监控和事后检查处理有机结合的全过程监管转变。在立法上，形成以《预算法》《会计法》《审计法》《注册会计师法》《政府采购法》《行政处罚法》《行政复议法》《财政违法行为处罚处分条例》等法律法规为基础，以《中央本级项目支出预算管理办法》《中央部门预算支出绩效考评管理办法》《中央单位国库管理制度改革试点资金支付管理办法》《中央预算单位银行账户管理暂行办法》《财政部对中央财政支出资金实施监督的暂行规定》《财政监察专员办事机构对中央财政专项支出资金实施监督的暂行办法》《财政部门实施会计监督办法》和《财政部门内部监督检查暂行办法》等为核心的财政监管法规体系。上述立法中已涉及国家财政支农投入监管的诸多规定，基本构成国家财政支农投入法律监管规范体系，对国家财政支农投入法律监管产生了积极的影响。

二 中国财政支农投入法律监管的特点

中国是社会主义国家，在财政监管方面具有中国特色。作为财政监管重要组成部分的国家财政支农投入法律监管，自然有自己的突出特点。[①]

（一）目标明确

在长期的国家财政支农投入法律监管发展过程中，中国逐步形成明确的法律监管目标。新中国成立初期以安全性为主，主要防止被截留、挪用、贪污。随着法治的不断健全，财政监管立法增多，在计划经济条件下，合规性显得非常重要，主要强调国家财政支农投入的资金使用是否符合法律法规。改革开放以后，实行市场经济，效益性就成为国家财政支农投入法律监管的目标。因此，中国财政支农投入法律监管的目标体系基本构成。所谓国家财政支农投入法律监管的目标，是指通过对国家财政支农投入资金运行的安全性、合规性和有效性以法律为依据进行监管，保证国家财政支农投入资金的安全、合规和有效使用，最大限度地发挥国家财政支农投入资金的使用效益，确保国家财政支农投入政策的有效贯彻。具体而言，安全性即国家财政支农投入资金的完整性，是指国家财政支农投入资金在支付和使用过程中，能够按照全国人民代表大会及其常务委员会批准通过的预算额度要求，准确、及时、足额地拨付到国家财政支农投入资金使用主体，确保其按照规定使用，防止被冒领、截留、挪用和贪污等。合规性是指国家财政支农投入资金的使用必须严格遵守国家法律法规以及财政监管制度，符合全国人民代表大会

---

① 参见张晓红《财政监管理论分析与制度优化》，大连理工大学出版社2009年版，第178—225页。

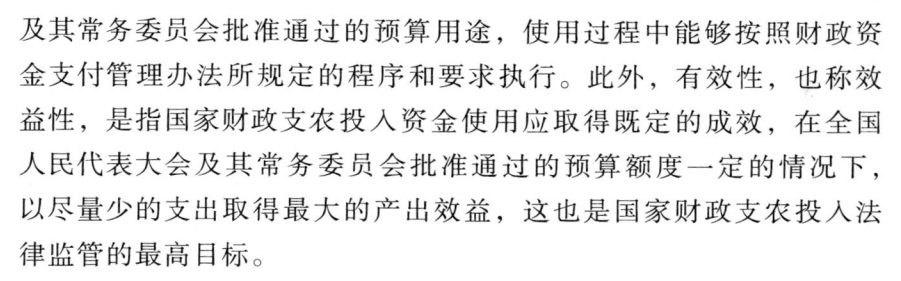

及其常务委员会批准通过的预算用途,使用过程中能够按照财政资金支付管理办法所规定的程序和要求执行。此外,有效性,也称效益性,是指国家财政支农投入资金使用应取得既定的成效,在全国人民代表大会及其常务委员会批准通过的预算额度一定的情况下,以尽量少的支出取得最大的产出效益,这也是国家财政支农投入法律监管的最高目标。

(二)遵循全过程监管、资金流向监管和有效性监管的原则

为了实现国家财政支农投入法律监管的安全性、合规性和有效性,中国财政支农投入法律监管实施遵循全过程监管原则、资金流向监管原则和有效性监管原则。国家财政支农投入法律监管是在国家财政支农投入资金分配、支付和使用过程中采取的同步性监管。国家财政支农投入法律监管必须贯穿国家财政支农投入资金运行的每一个环节,对国家财政支农投入前、投入中、投入后实行全方位、全过程的监管,保障国家财政支农投入资金的支出达到预期目标,提高国家财政支农投入资金的使用效率。同时,国家财政支农投入资金分配、使用的过程,实质是中央政府将集中的财政资源在农业领域再分配的过程。国家财政支农投入资金的流向不仅体现了政府支农发展的政策方针,而且由于财政资源的有限性和财政的挤出效应,财政部门应考虑财政资源的使用效率问题。这就必须关注国家财政支农投入资金的流经途径,对国家财政支农投入资金流向进行监管。这就要求对国家财政支农投入的法律监管从决策开始,在国家财政支农投入预算执行过程中紧跟资金流向不放,给予实时、动态监管。

此外,国家财政支农投入资源具有有限性、公共性及政策性特征,这就要求国家财政支农投入法律监管不仅要关注国家财政支农投入,而且还应重视国家财政支农投入所带来的经济效率和社会效益。完善国家财政支农投入法律监管,提高国家财政支农投入资金使用效率,就必须在传统安全性、合规性监管的基础上实施绩效性监管,对国家财政支农投入资金的分配效果、使用效率以及国家财政支农投入所带来的结果进行监管,避免出现全国人民代表大会及

其常务委员会批准通过的预算软化、资金运行效率低下等问题。对国家财政支农投入资金使用开展绩效监管，是中国财政支农投入法律监管追求的方向。[①]

(三) 确立符合国情的监管类型与模式

从世界范围来看，国家财政支农投入法律监管具有不同的类型，如立法型监管、司法型监管、行政型监管和独立型监管。这些监管类型各有利弊，各国均是根据国家财政支农投入法律监管的历史传统以及国情进行选择。中国财政支农投入法律监管把握了国情，根据国家财政支农投入发展状况进行选择。中国是社会主义国家，也是单一制国家，实行的是人民代表大会制度，一切权力属于人民，并且是一个农业大国，"三农"问题非常突出，财政体制一直是集中统一模式，财政联邦主义没有得到完全实现。基于这些因素，中国选择了行政型监管，这符合中国当前政治、经济和农业发展的需要，并形成具有中国特色的行政型监管。一是全方位，它是指从不同的角度对国家财政支农投入活动进行监管，如在财政部设立财政监察机构，设立审计署，成立财政监察专员办事机构等，不放松对国家财政支农投入每个环节的依法监管。二是多层次，它是指国家财政支农投入法律监管的复杂性，单一的监管机构无法完成对国家财政支农投入的监管，因此，目前中国实行三个层次的国家财政支农投入法律监管：一是全国人民代表大会及其常务委员会的监督，这是最高层次的监督，也是宏观监督；二是审计署的监督，这是从宏观到微观的监督，是一种事后监督；三是财政部的监管，它是围绕国家财政支农投入资金分配、支付、使用所进行的监管，把投入前的监管、投入中的监管和投入后的监管有机结合起来，是日常监管与专项监管相结合。但是，它们之间互相配合，责任明确。[②]

[①] 参见章新蓉、王杏芬、陈煦江《云时代我国政府支农资金绩效监管创新研究》，《管理世界》2012年第11期。

[②] 参见徐曙娜《我国财政监督制度的剖析与创新——基于财政部门监督视角》，《财政监督》2011年第36期。

三 中国财政支农投入法律监管的缺陷

（一）法律、法规和规章不够健全

1. 立法规定未形成体系、并且存在滞后

虽然中国的财政支农投入法律监管建设在不断进步，其相应的法律依据越来越多，如《预算法》《会计法》《审计法》《注册会计师法》《行政处罚法》《行政复议法》《财政违法行为处罚处分条例》《行政执法机关移送涉嫌犯罪案件的规定》《中央本级项目支出预算管理办法》《中央部门预算支出绩效考评管理办法》《中央单位国库管理制度改革试点资金支付管理办法》《中央预算单位银行账户管理暂行办法》《财政部对中央支出资金实施监督的暂行规定》《财政监察专员办事机构对中央财政专项支出资金实施监督的暂行办法》《财政部门实施会计监督办法》和《财政部门内部监督检查暂行办法》等法律、法规和规章。但迄今为止没有出台一部完整性、系统性和权威性的国家财政监管法，更没有出台国家财政支农投入监管法。国家财政支农投入法律监管的依据只是散见于众多的法律、法规和规章中，既有以全国人民代表大会通过的基本法表现出来的，如 1994 年颁布的《预算法》《审计法》；又有以国务院及其职能部门制定的行政规章表现出来的，如 1991 年国务院发布的《国家预算管理条例》、1995 年财政部发布的《财政部对中央财政支出资金实施监督的暂行规定》。诸多立法形态的国家财政支农投入监管规定由于缺乏统一的立法依据做指导，往往表现出法律法规的规定不一致甚至互相冲突的现象，无法构建一个有机联系的国家财政支农投入监管法律体系。[①]

同时，尽管中国在诸多法律法规中对国家财政支农投入监管有所规定，但总体上条文不多，内容上较为粗疏。这些显然与国家财政支农投入监管制度在财政监管法体系中的地位不相适应，无法满足日益发展的国家财政支农投入要求。从国外的立法来看，不仅对国家财政

---

① 参见王惠《财政支农投资存在的问题及法律对策》，《江西社会科学》2009 年第 6 期。

支农投入监管的规定形成完备的体系，而且在内容上往往规定得比较详细。一些国家专门制定了国家财政支农投入监管法，在不同的法律中对国家财政支农投入监管做出规定，且规定之间非常协调，内容上也规定得全面、具体。如澳大利亚在《审计法》《会计准则》《财政管理和责任法》《审慎监管法》《预算诚实法》《公共财政透明法》等一系列法律中对国家财政支农投入监管的相关制度做出规定，内容相当详细。美国在《预算和会计法》《单一审计法》《监察官法》《财政主管法》《政府管理改革法》《单项否决权法》和《美国政府绩效与成果法》等法律中也对国家财政支农投入监管的相关制度做出规定，在内容上有一些专章。[①] 足见各国对国家财政支农投入法律监管的重视。

此外，中国现行的法律、法规和规章作为国家财政支农投入监管的依据显得较为软弱和牵强。一方面，关于国家财政支农投入法律监管的依据散见于各有关法律、法规和规章中，是由涉及财政监管方面的内容予以规定的，但这些规定不尽充分、不够系统；另一方面，并没有在新的形势下根据新的需要进行新的立法，使国家财政支农投入法律监管难以适应新要求和新情况。

2. 国家财政支农投入监管法律、法规、规章存在一定的缺陷

第一，宪法方面的缺陷。宪法是国家根本大法，应该是国家财政支农投入法律监管的重要依据来源，尤其是国家财政支农投入预算监管的依据来源。但中国《宪法》对其规定并不完善，如第六十二条规定："全国人民代表大会行使下列职权……（十）审查和批准国家的预算和预算执行情况的报告……"；第六十七条规定："全国人民代表大会常务委员会行使下列职权……（五）在全国人民代表大会闭会期间，审查和批准国民经济和社会发展计划、国家预算在执行过程中所必须作出的部分调整方案……"；第八十九条规定："国务院行使下列职权……（五）编制和执行国民经济和社会发展计划和国

[①] 参见贺邦靖《国外财政监督借鉴》（财政监督丛书之三），经济科学出版社2008年版，第29—30页。

家预算……"从形式上看,初步确立了一套与人民代表大会制度相适应的预算规范,使"预算处于政治过程的核心地带"。[1]但它仅仅规定了全国人大及其常委会享有预算审批权和调整权、各级人大享有预算审批权和改变或撤销权以及行政机关享有预算编制权和执行权,没有明确规定预算在批准之前应如何执行的问题,也没有规定各级人大批准的预算的效力如何,不仅给政府修改预算留有较大空间,而且造成预算的权威性、准据性不足。另外,在规定全国人大及其常委会职权时,将预算的审批权和调整权与其他权力混在一起,仅占半个条款;此外,在规定国务院职权时,将预算只是一笔带过,给人一种可有可无的感觉。足见对预算监管的忽视。

第二,预算法方面存在一定的缺陷。预算法有"小财政法"之称,自然成为国家财政支农投入预算监管的依据来源,但中国《预算法》第十三条规定:"经人民代表大会批准的预算,非经法定程序,不得调整。各级政府、各部门、各单位的支出必须以经批准的预算为依据,未列入预算的不得支出。"第二十条第一款规定:"全国人民代表大会审查中央和地方预算草案及中央和地方预算执行情况的报告;批准中央预算和中央预算执行情况的报告;改变或者撤销全国人民代表大会常务委员会关于预算、决算的不适当的决议。"这些规定都是禁止性规定,有效地制约了国家财政权,对国家财政支农投入支出在事前起到监管作用,但由于没有对公民尤其是农民在国家财政支农投入活动中所享有的权利进行保护,就会使得现实生活中公民(包括农民)在国家财政支农投入活动中的权利受到侵害。又如《预算法》第二十一条第一款中规定:"县级以上地方各级人民代表大会常务委员会监督本级总预算的执行。"对预算执行监督却没有做出具体的规定。这种笼统性规定造成人大监督的程式化,很难落到实处。

第三,具体的财政监管法规、规章方面的缺陷。如《财政违法行为处罚处分条例》是为了纠正财政违法行为,维护国家财政经济

---

[1] Widavsky, *Politics of the Budgetary Process*, Boston: Little, Brown, 1964, pp. 4 - 5.

秩序而由国务院制定的法规，对参与国家财政支农投入监管的行政机关及其工作人员的财政违法行为进行惩处。但整个条例中不仅未涉及行政机关相对人的利益及其保护，而且对参与国家财政支农投入监管的行政机关及其工作人员的财政违法行为进行惩处缺乏程序性保障。尽管该条例第三十二条规定："单位和个人对处理、处罚不服的，依照《中华人民共和国行政复议法》《中华人民共和国行政诉讼法》的规定申请复议或者提起诉讼。国家公务员对行政处分不服的，依照《中华人民共和国行政监察法》《国家公务员暂行条例》等法律、行政法规的规定提出申诉。"但这一规定并不能涵盖条例中所有的程序问题，程序性保障依然欠缺。同时，《财政违法行为处罚处分条例》的规定缺乏可操作性。由于没有相关配套的法规，部分条款操作相当困难，像该条例第六条和第七条分别规定了对财政违法行为"追回财政资金"和"追回有关款项"。这其中包括发生在国家财政支农投入中的相关违法行为。但这些规定不是在任何情况下都可以实现的，有些情况是难以实现的。此外，《财政违法行为处罚处分条例》的规定缺乏一定的准确性，其原因在于使用了许多像"擅自""截留""滞留""挪用""隐瞒"等没有界定内涵的词，把握财政违法行为的危害程度时较为困难。这也包括对国家财政支农投入中违法行为的把握。又如，《财政检查工作办法》是财政检查人员的工作规程，对规范财政检查人员的行为起到重要的作用。这也适用于国家财政支农投入中的检查人员。虽然在该办法中提出检查、复核和处理相分离的概念，但应该如何建立"三分离"工作机制，目前还没有具体规定。即使财政部发布的《关于财政部驻各地财政监察专员办事处建立检查、复核、处理相分离工作机制的指导意见》中有所规定，也只是确立了相应的基本原则和指导思想，缺乏具体的规定。

3. 国家财政支农投入监管规章已不适应形势发展的需要

为了确保财政监管工作的正常开展，中国财政部陆续制定了《财政检查工作办法》《财政检查工作规则》《中央本级项目支出预算管理办法》《中央部门预算支出绩效考评管理办法》《中央单位国库管理制度改革试点资金支付管理办法》《中央预算单位银行账户管理暂行办法》《财政部对中央财政支出资金实施监督的暂行规定》《财政监察专员办事机构对中央财政专项支出资金实施监督的暂行办法》《财政部门实施会计监督办法》和《财政部门内部监督检查暂行办法》等规章。但这些规章在制定的过程中缺乏统一的指导思想和原则，相互之间没有很好地衔接，也存在一定的冲突，从总体上看还没有形成一个完备的财政监管制度体系，难以在财政监管上形成合力，以致目前国家财政支农投入法律监管依据十分不足，监管力度整体上偏弱。加之上述规章规定不够充分、细致，可操作性比较差，经常需要借助行政管理手段完成财政监管任务。这既与财政监管法治化、规范化的指导思想不符，也必然会产生违规和腐败的现象，甚至在某些监管环节出现严重的后果。同时，上述规章对违规违纪的处罚规定较轻，不利于遏制国家财政支农投入中的不法行为，导致国家财政支农投入资金的巨大浪费，损害国家和农民的利益。

长期以来，中国在国家财政支农投入法律监管建设方面虽然进行过许多努力，也很好地与整个财政监管融为一体，但一定程度上忽视了国家财政支农投入法律监管的特殊性。面对农业日新月异的发展和国家财政支持力度的不断加大，国家财政支农投入法律监管并没有很好发挥作用，甚至出现诸多的弊端，因此，必须对上述规章予以修改。一方面，满足实施乡村振兴战略以及新时期经济总体战略发展的需要，适应公共财政框架下的财政监管工作要求；另一方面，为国家财政支农投入法律监管提供充分的依据，促进国家财政支农投入法律监管的发展，保护农民的利益。[①]

（二）监管体制不科学

中国财政支农投入监管体制的演变与财政体制发展是同步进行的，经历了从无到有、从简单到复杂、从幼稚到成熟的发展过程。但目前仍存在如下缺失。[②]

[①] 参见李袁婕《论我国公共财政监督制度的完善》，《审计研究》2011年第2期。
[②] 参见王惠《财政支农投资存在的问题及法律对策》，《江西社会科学》2009年第6期。

1. 监管职责不清晰

中国财政支农投入监管的主体有全国人民代表大会及其常务委员会、财政部、审计署和监察部，但国务院职能部门在国家财政支农投入监管方面的职责并没有划清，特别是财政部与审计署的关系尚未厘清。由于两者均是财政监管部门，具有相同属性，但在法律、法规和规章中并没有对它们的监管职责和工作重点进行明确划分，因此，它们在监管工作的方式、时间、内容、对象上存在交叉和重叠。如对国家财政支农投入预算执行情况的监管，根据《财政部对中央财政支出资金实施监督的暂行规定》的第二条规定："对中央财政预算内支出资金（包括债务支出）、纳入中央财政预算管理的政府性资金和应当通过中央财政专户支用的预算外资金的监督，适用本规定。"此规定是财政部的监管重点。但根据《审计法》第十七条规定："审计署在国务院总理领导下，对中央预算执行情况和其他财政收支情况进行审计监督，向国务院总理提出审计结果报告。"此规定也是审计署的重要职能。又如，对国家财政支农投入资金使用部门会计资料的监管，根据《会计法》第三十三条第一款规定："财政、审计、税务、人民银行、证券监管、保险监管等部门应当依照有关法律、行政法规规定的职责，对有关单位的会计资料实施监督检查。"财政部和审计署均享有监管的权力。由此看来，在监管部门职能交叉和重叠的情况下，可能会出现对国家财政支农投入的同一事项，各相关监管部门根据各自的法律依据，从自身需要实施监管和"越位"监管的情况。同时，也可能会出现由于监管部门相互谦让或推诿，产生监管的空白点，也就是"缺位"监管，影响对国家财政支农投入监管的效果。

此外，由于职能交叉和重叠的监管部门在国家财政支农投入监管中依据的法律不同，加之没有统一的监管标准、监管程序和监管要求，对在国家财政支农投入中同一违纪违法行为的处理方式及处罚力度也有所不同，对国家财政支农投入监管中的相同问题在认定和处理上可能会出现较大差异，影响国家财政支农投入法律监管的严肃性。

2. 监管专职机构地位过低

中国设立了与西方国家相同的在国家财政支农投入监管中发挥作

用的监管专职机构，但明显存在缺陷：一是监管专职机构规格不高，执法独立性不强。国外监管专职机构大多隶属议会，直接对议会负责，即使不隶属议会，也隶属财政部，直接对财政部长负责。议会或政府会赋予专职机构相应的权力，保证监管的独立性和权威性以及监管工作高效、有序和正常进行。相比之下，中国监管专职机构地位有待提高。二是监管派驻机构的作用没有充分发挥。国外把派出的监管专员比喻为"财政部安插在部门的眼睛，人员虽少但效率很高"，[①]因此，西方绝大多数国家强化监管派驻机构的作用，赋予较多的权力。中国对派驻机构的工作内容和目标没有长远规划，职责不够突出，权力极为有限，通常作为"救火队员"对待，很多时候被边缘化。三是监管专职机构的人员配置力量不强，对监管人员培训不够。由于国家财政支农投入监管具有较强的专业性和较高的技术性，因此，需要对监管专职机构配备高素质的人员，在这种情况下，对监管人员培训就非常重要，而中国在这些方面有所欠缺。[②]

3. 监管权限配置不尽合理

对国家财政支农投入监管主体监管权限的适当配置，是保障监管机关顺利履行职责、实现监管功能的关键。但从国家财政支农投入监管法律、法规和规章的规定来看，中国财政支农投入监管主体权限配置不尽合理。一是对国家财政支农投入中的违法违规行为重处罚、轻补救，重事后处理、轻事先预防。对国家财政支农投入违法违规行为进行事后处罚，虽然可以较好地体现监管权的惩罚性功能，起到威吓和震慑作用，但不能补救或补偿违法违规行为给国家或农民带来的损害和损失。同时，由于大多措施是事后处理，对于那些监管机关发现在国家财政支农投入中将要发生或已经发生、尚未造成后果的违法违规行为，监管机关缺少权限采取适当措施及时予以制止或预防。二是财政部监管权相对不足。如财政部在对国家财政支农投入监管时没有

---

① 贺邦靖：《国外财政监督借鉴》（财政监督丛书之三），经济科学出版社2008年版，第72页。

② 参见贺邦靖《国外财政监督借鉴》（财政监督丛书之三），经济科学出版社2008年版，第72页。

强制传唤权,没有因涉及支付而对银行账户的查询、冻结权,也没有与公安、检察、法院、工商、税务、海关等执法部门建立有效的协调配合机制等。这说明中国财政支农投入监管权限仍然是一种重在控制的权力配置结构。在中国财政支农投入发展到一定阶段后,这种权限配置不利于监管部门提高执法效率,不能适应维护农民正当权益、维护国家财政支农投入正常秩序的需要。

4. 监管方式有待改进

中国财政支农投入监管虽然获得了长足的进步,但仍残留着一些计划经济的痕迹:一是注重审批,有时通过审批取代监管。二是注重合规性监管,轻视效益性监管。三是在监管过程中,注重实体合法,轻视程序公正。正因如此,在监管方式上,通常以突击性、专项性检查为主,日常监管为辅;以集中性和非连续性的事后检查为主,以事前和事中监管为辅。

(三) 监管模式难以适应现实需要

目前,世界上对国家财政支农投入的监管模式有三种:一是集中型监管模式。在这种模式下,由政府下属的部门或由直接隶属于立法机关的监管机构对国家财政支农投入进行集中统一监管,各种自律性组织只起协助作用。集中统一监管模式以法国、西班牙、巴西、希腊等国为代表。二是分散型监管模式。这种模式有两个特点:其一,通常没有制定直接的国家财政支农投入监管法律,而是通过一些间接的法律制约国家财政支农投入监管行为。其二,没有设立全国性的监管机构,而是靠政府中与国家财政支农投入相关的职能部门分担监管职责,如财政部、审计署等。分散型监管模式以瑞典、瑞士、墨西哥等国为代表。三是中间型监管模式。中间型是介于集中型和分散型的一种模式,它既强调集中统一的监管又强调分散监管,可以说是集中型和分散型两种模式相互协调、渗透的产物。中间型监管模式有时也被称为分级监管体制,包括议会与政府机构相结合的监管、中央政府机构之间相结合的监管。美国、加拿大、英国是中间型监管模式的典型代表，新西兰、匈牙利、澳大利亚等国也采取这种监管模式。①

目前，中国采取的是分散型监管模式，但这种模式与财政支农投入的需要不相适应：其一，中国是集中型财政体制，监管权主要集中在中央政府，而对国家财政支农投入采取分散型监管模式，这与中国财政体制不相符合。其二，在一定的条件下，多个政府部门对财政支农投入监管会产生积极意义，但是，在国家财政支农投入监管实践中，也带来了许多弊端，如重复监管，互相推诿责任，破坏监管的严肃性，增加监管成本，降低监管工作效率等。② 其三，随着中国实施乡村振兴战略，国家财政支农投入的力度还会加大，并且中国农业发展已进入一个关键期，就是要向现代农业发展，彻底改变目前农业发展中存在的问题。如农业灌溉设施的更新，机械化的进一步推进，培育新的农业增长点等，均是大的项目，需要集中统一管理和谋划，把资金用到刀刃上，况且，中国是农业大国，改变目前的分散型监管模式非常必要。其四，通常是一些小的国家采取分散监管型模式，农业在该国所占比重并不大，所涉资金也不多，中国刚好与此相反。③

（四）监管运作机制不健全

1. 预防性监管机制薄弱

对国家财政支农投入进行法律监管，其预防性监管是非常重要的。首先，是对国家财政支农投入预算编制的监管，这是极其重要的，但这一环节并未引起高度重视。从国外财政支农投入法律监管的实践来看，加强国家财政支农投入预算编制的科学性是国家财政支农投入预算监管的关键环节。如果国家财政支农投入预算编制过程中存在不科学或不合理的地方，通过议会或国会批准生效后，在预算执行过程中会出现许多复杂的问题。如预算资金明显不足，无法实现预定目标；或者采取了科学、合理的监管措施，但资金的使用效果难以达

---

① 参见杨雅琴《中国与美国及加拿大财政体制比较》，《上海经济研究》2017年第2期。

② 参见张晓红《财政监管理论分析与制度优化》，大连理工大学出版社2009年版，第252—253页。

③ 参见叶静《双重集权：财政变迁中的中央和地方关系》，《学海》2019年第6期。

到应有的要求等。因此，必须把国家财政支农投入预算编制作为监管工作中的重要环节来抓。尽管中国在财政支农投入预算编制过程中也是实行"两上两下"的编报程序（见图4-1），但对其审查时并没有将公平、透明、规范和高效作为目标，忽视了国家财政支农投入预算编制的合法性监管和合规性监管，导致国家财政支农投入预算编制出现失误，而影响国家财政支农投入的进行。

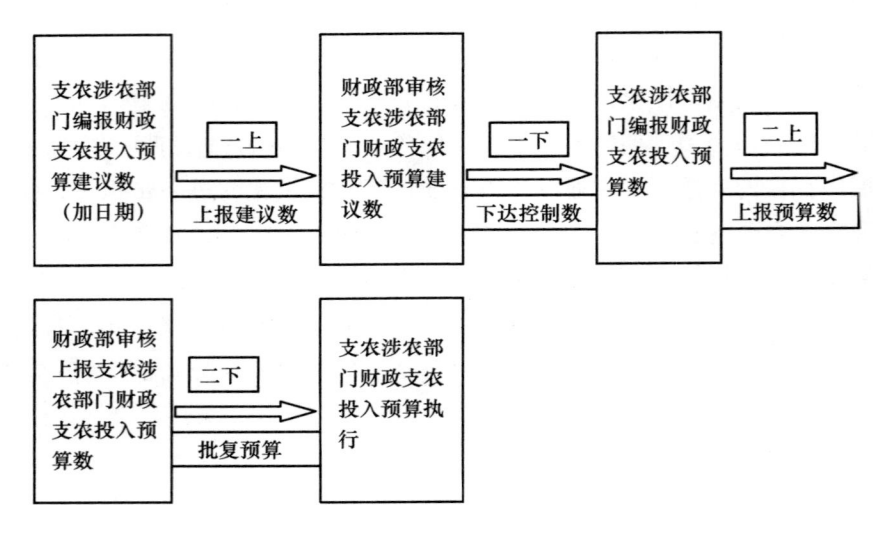

图4-1 预算编报程序

其次，中国《农业法》因未建立国家财政支农投入资金使用主体的资格标准而不完全具有初始监管功能。由于国家财政支农投入监管主体的监管必须深入国家财政支农投入的活动，对国家财政支农投入资金使用主体的监管是另一种开始，也是一种基础性监管，因此，国家财政支农投入资金使用主体的资格标准显得尤为重要，它们左右着国家财政支农投入监管主体的监管。同时，由于一般未赋予国家财政支农投入监管主体对国家财政支农投入资金使用主体的资格标准解释权力，故不完备的国家财政支农投入资金使用主体资格标准，会导致国家财政支农投入监管主体的监管脱离中立而有一定的倾向性乃至片面性。众所周知，国家财政支农投入资金使用主体资格标准的确立具有唯一性，这样使国家财政支农投入监管主体在监管时无任何可供选择和比较的方案，由此所产生的初始监管是有效的。

目前，中国《农业法》第六章中没有对国家财政支农投入资金使用主体的资格标准做出规定，导致国家财政支农投入监管主体无法正常监管和做出理性判断。另外，中国《农业法》未建构国家财政支农投入资金使用主体资格预审程序，使淘汰功能难以正常发挥。国家财政支农投入资金使用主体是否有能力对国家财政支农投入资金进行合理、合法使用，直接关系到国家财政支农投入能否顺利进行和达到促进农业发展目的。因此，对国家财政支农投入资金使用主体资格进行审查是非常必要的。资格的预审是国家财政支农投入监管程序中的重要步骤，特别是大型或复杂的国家财政支农投入项目，资格预审是必不可少的。资格预审程序实际上是对所有国家财政支农投入资金使用主体的一次"粗筛"，目的是在国家财政支农投入资金使用的早期剔除资格条件不合适的国家财政支农投入资金使用主体。中国《农业法》第六章也没有做出规定，以致实际操作缺乏依据，从而导致淘汰功能难以正常发挥。而且，中国《农业法》未规定国家财政支农投入资金使用主体资格瑕疵。由于国家财政支农投入资金使用主体是国家财政支农投入活动中的重要主体之一，其行为对国家财政支农投入秩序有决定性的影响。因此，国家财政支农投入资金使用主体资格应始终是合法有效的，容不得半点虚假，否则，会造成国家财政支农投入秩序的混乱。但目前中国在财政支农投入监管制度中未规定国家财政支农投入资金使用主体资格瑕疵，这使国家财政支农投入监管主体的监管不仅很难集中在国家财政支农投入资金使用主体的"静态"监管，而且很难在国家财政支农投入活动中进行"活的"、立体的监管以及恰当配置监管权利和义务。

2. 充分合理监管的程度较低

首先，《预算法》《审计法》《政府采购法》《财政部对中央财政支出资金实施监督的暂行规定》《财政监察专员办事机构对中央财政专项支出资金实施监督的暂行办法》等法律、法规和规章中未确定国家财政支农投入监管标准，导致国家财政支农投入监管质量的降低。

究其原因，国家财政支农投入监管标准是国家财政支农投入监管的准绳和尺度，保证了国家财政支农投入监管的质量。一方面，为监管者提供了客观的指南和导向，确保国家财政支农投入监管符合标准；另一方面，促进国家财政支农投入监管行为的统一与规范，降低了国家财政支农投入监管成本，同时，为国家财政支农投入监管提供了一个客观依据，增加了监管者在国家财政支农投入监管中的责任要求，这无疑有助于监管者提高自身的监管质量。因此，如果缺少国家财政支农投入监管标准，国家财政支农投入监管工作的质量将无法得到保证。

其次，《预算法》《审计法》《政府采购法》《财政部对中央财政支出资金实施监督的暂行规定》《财政监察专员办事机构对中央财政专项支出资金实施监督的暂行办法》等法律、法规和规章中未规定国家财政支农投入监管程序，使国家财政支农投入监管无法有效进行，实现公平。这是因为，国家财政支农投入监管程序在实质上是通过程序的参与者的角色定位而明确其权利（权力）、义务（职责），使其各司其职又互相牵制，达到对国家财政支农投入资金使用主体的绝对权利和国家财政支农投入监管主体绝对权力的限制，以保证国家财政支农投入资金使用主体机会的公平。国家财政支农投入监管程序是国家财政支农投入监管主体与国家财政支农投入资金使用主体间联系的纽带。可见，如果缺乏国家财政支农投入监管程序，国家财政支农投入监管就没有载体，将寸步难行，各种公平也难以实现。

最后，《预算法》《审计法》《政府采购法》《财政部对中央财政支出资金实施监督的暂行规定》《财政监察专员办事机构对中央财政专项支出资金实施监督的暂行办法》等法律、法规和规章中确定的国家财政支农投入监管范围狭窄，使国家财政支农投入监管无法达到合理的边界。究其原因，这些法律、法规和规章中所确定的国家财政支农投入监管范围只限于对国家财政支农投入预算的编制、执行情况、资金支付等情况的监管，而不对国家财政支农投入决策、项目合同的履行情况的监管，没有实现对国家财政支农投入的合理监管。

3. 积极监管功能的弱化

中国《预算法》《审计法》《政府采购法》《财政部对中央财政支出资金实施监督的暂行规定》《财政监察专员办事机构对中央财政专项支出资金实施监督的暂行办法》等法律、法规和规章中过分将国家财政支农投入监管主体置于势微的地位，忽视其对秩序与公平实现提供保障的需求，导致其止于消极监管而非始于积极监管。众所周知，国家财政支农投入监管主体积极监管功能的发挥，完全依赖其主动性及职能的全方位实现。目前，中国财政支农投入监管主体在此方面并未显示其特点，存在如下缺陷。①

其一，国家财政支农投入监管主体的监管权限规定得太窄。由于国家财政支农投入所涉金额庞大，必然造成监管具有一定的复杂性，客观上要求确定国家财政支农投入监管主体更大的监管权限去处理违法事务，这是有效实施国家财政支农投入监管制度的前提和保证。尽管中国《预算法》《审计法》《政府采购法》《财政部对中央财政支出资金实施监督的暂行规定》《财政监察专员办事机构对中央财政专项支出资金实施监督的暂行办法》等法律、法规和规章中规定了国家财政支农投入监管主体享有一定的监管权，但仔细分析就会发现，仅确定如此大的监管权限不足以履行职能，从而使国家财政支农投入监管难以到位，无法实现国家财政支农投入的有序与公平。

其二，在国家财政支农投入的一些监管主体中未设置专门的监管机构。国家财政支农投入监管所需知识日益专精，相关程序亦日趋严谨，一个现代化的国家财政支农投入监管常常需要由一批专精人士协同完成，才能顺利推动。因此，国家财政支农投入活动离不开既通晓现代国家财政支农投入知识又掌握财会知识的专门机构的监管。如韩国财政经济院设置了预算室、统计厅，瑞典在国家审计办公室之下又设立了年度审计司和效益审计司。由于中国在财政支农投入的一些监管主体中未设置专门的监管机构，专门的监管职责无法履行，其经常

---

① 参见张晓红《财政监管理论分析与制度优化》，大连理工大学出版社 2009 年版，第 207—213 页。

性的工作就可能成为对书面材料实施橡皮图章式的"审核"。

4. 立体性监管机制缺乏

首先,《审计法》《政府采购法》《财政部对中央财政支出资金实施监督的暂行规定》《财政监察专员办事机构对中央财政专项支出资金实施监督的暂行办法》等法律、法规和规章中对事前监管不够重视,过分注重事后监管。由于对事前、事中监管不够,在国家财政支农投入资金申请过程中编造项目、骗取财政资金的情况屡屡发生,在资金使用过程中截留、挪用的问题比较突出,损失浪费问题严重。[①]目前,中国还没有对国家财政支农投入资金的支出形成行之有效的监控,因而,对国家财政支农投入决策、预算约束还未显示出其权威性,亦导致国家财政支农投入决策、预算的编制和执行存在一定的随意性。加之《审计法》《政府采购法》《财政部对中央财政支出资金实施监督的暂行规定》《财政监察专员办事机构对中央财政专项支出资金实施监督的暂行办法》等法律、法规和规章中未对国家财政支农投入决策、预算的编制和审批程序做出规定,导致国家财政支农投入决策、预算的编制和审批程序缺乏约束力,因人为的不合理因素而变更国家财政支农投入决策、预算的现象较为普遍。由此可见,中国的财政支农投入监管并不是从国家财政支农投入决策、编制国家财政支农投入预算这一环节开始,而是把监管的关口后移,立足事后的监管。

其次,内部监管不健全。在《审计法》《政府采购法》《财政部对中央财政支出资金实施监督的暂行规定》《财政监察专员办事机构对中央财政专项支出资金实施监督的暂行办法》等法律、法规和规章中,大多数监管形式是贯穿国家财政支农投入活动整个过程的"内部监管",即财政部、审计署、监察部之间互相监管。虽然"内部监管"具有灵活性与及时性的特点,也易在监管与效率之间求得平衡,但它是一种以横向监管为主的模式,因而,从宏观上实施监管,往往

[①] 参见贺邦靖《国外财政监督借鉴》(财政监督丛书之三),经济科学出版社2008年版,第76页。

难以进行。各个监管系统和系统内的不同方面，缺乏互相间制约和监管的机制。

最后，外部监管乏力。在国家财政支农投入监管体制中，虽然行政机关的监管有着举足轻重的作用，一般具有严格的法律形式和直接的法律效力，如审计署、监察部侧重事中和事后的监管，起到明显的威慑和预防作用，但它们不是国家财政支农投入监管体制的核心主体，核心主体应是全国人民代表大会及其常务委员会。然而，在《农业法》《政府采购法》等法律中未对全国人民代表大会及其常务会的监督做出规定，使监管乏力。①

第二节　中国财政支农投入法律监管的制度需求

一　对制度需求的初步认识

（一）制度的界定及内涵

"制度"在不同的学科有不同的理解。在经济学上，其定义差别性很大。旧制度经济学代表凡勃伦认为，制度就是个人或社会对某些关系或某些作用的一般思想习惯，也就是当前公认的某种生活方式。②康芒斯认为："制度无非是集体行动控制个人行动。"③霍奇森认为："制度是通过传统习惯或法律约束的作用力来创造出持久的规范化的行为类型的社会组织。"④新制度经济学代表诺思认为："制度是一系列被制定出来的规则、守法秩序和行为道德、伦理规范，它旨在约束主体福利或效用最大化利益的个人行为。""制度提供了人类相互影响的框架，它们建立了构成一个社会，或确切地说一种经济秩序的合

---

① 参见王惠《财政支农投资存在的问题及法律对策》，《江西社会科学》2009年第6期。
② 参见［美］凡勃伦《有闲阶级论》，蔡受百译，商务印书馆1964年版，第139页。
③ ［美］康芒斯：《制度经济学》（上册），于树生译，商务印书馆1962年版，第87页。
④ 顾文涛、韩玉启、倪静石：《企业的制度需求分析》，《科技进步与对策》2005年第8期。

作与竞争关系。"① 柯武刚、史漫飞认为:"制度是人类相互交往的规则。它抑制着可能出现的、机会主义的和乖僻的个人行为,使人们的行为更可预见并由此促进着劳动分工和财富创造。"② 青木昌彦从比较制度分析的角度认为:"制度是关于博弈如何进行的共有信念的一个自我维系系统。制度的本质是对均衡博弈路径显著和固定性的一种浓缩性表征,该表征被相关域几乎所有参与人所感知,认为是与他们策略决策相关的。这样,制度就以一种自我实施的方式制约着参与人的策略互动,并反过来又被他们在连续变化的环境下的实际决策不断再生产出来。"③

在社会学和政治学上,对"制度"也有不同的理解。吉登斯指出:"我把在社会总体再生产中包含的最根深蒂固的结构性特征称之为结构性原则。至于在这些总体中时空伸延程度最大的那些实践活动,我们则可以称其为'institutions'。"④ 显然,吉登斯是把"institutions"视作一种社会活动和社会过程。郑杭生认为:"社会制度指的是在特定的社会活动领域中围绕着一定目标形成的具有普遍意义的、比较稳定和正式的社会规范体系。"⑤ 亨廷顿认为:"制度就是稳定的、受珍重的和周期性发生的行为模式。"⑥ 横山宁夫认为,广义的制度与制度性文化大致相同,"是个人的行为受到来自主体以外的约束,并对个人的理念像给予一定框框似的,是一种'规范性的文化'"。"社会规范和制度对人们的行为指出一定的方向,形成一定的样式。"⑦ 在法学上,哈耶克认为,制度是"为了实现人的目的而刻

---

① [美]道格拉斯·诺思:《经济史中的结构与变迁》,厉以平译,上海三联书店、上海人民出版社1994年版,第225—226页。
② [德]柯武刚、史漫飞:《制度经济学》,商务印书馆2004年版,第35页。
③ [日]青木昌彦:《比较制度分析》,周黎安译,上海远东出版社2001年版,第28页。
④ [英]吉登斯:《社会的构成》,李康、李猛译,社会科学文献出版社2000年版,第80页。
⑤ 郑杭生:《社会学概论新论》,中国人民大学出版社1987年版,第253页。
⑥ [美]亨廷顿:《变化社会中的政治秩序》,王冠华等译,生活·读书·新知三联书店1989年版,第12页。
⑦ [日]横山宁夫:《社会学概论》,毛良鸿等译,上海译文出版社1983年版,第187页。

意设计出来的",① 是"抽象规则的具体化。规则就是一种社会成员自发创造的并自愿遵守的共同知识的集合。在规则的指导下，社会成员无须担心自身知识的局限性就可以预期他人可能的行动，从而大大减少了交往中的不确定性，所以规则就是减少因知识分散化而引致的风险的机制"。② 弗里德曼认为：制度"是以规范或规则运行，与国家相连，或有一个至少和国家行为相类似的权力结构"。③

无论是从什么角度和目的去定义"制度"，它们总有共同点。其一，"制度"是人类共同的知识和行为方式，它是从社会习俗、道德准则而来，体现了人的观念，与人的动机和行为有着内在的联系，是人对利益追求和选择的结果。其二，"制度"是一种规范，它对人的行为具有一定的约束性。在许多情况下，社会规范必须上升为法律规范，这样才有强制力，成为维系和保持良好社会秩序的基础。其三，"制度"的功能在于促进社会的发展、人的全面发展，追求效率和社会正义。这是所有制度的应然选择，否则，人类所设计出来的制度是毫无意义的。因此，"制度实质上是有明确界限的运转单位。制度可以是机械的、有机的或社会的。人的身体、弹球机和罗马天主教会都是制度"。④ "制度是由非正式约束（道德的约束、禁忌、习惯、传统和行为准则）和正式的法规（宪法、法令、产权）组成的。"⑤ "制度"的多样性被学者从经济学的角度分为四种：一是用于降低交易成本的制度，如货币制度、期货制度等；二是影响生产要素的所有者之间配置风险的制度，如契约制度、合作社制度、公司制度、保险制度

---

① ［英］哈耶克：《法律、立法与自由》（第一卷），邓正来等译，中国大百科全书出版社2000年版，第2页。
② 顾文涛、韩玉启、倪静石：《企业的制度需求分析》，《科技进步与对策》2005年第8期。
③ ［美］弗里德曼：《法律制度》，李琼英、林欣译，中国政法大学出版社1994年版，第12页。
④ ［美］弗里德曼：《法律制度》，李琼英、林欣译，中国政法大学出版社1994年版，第5—6页。
⑤ ［美］道格拉斯·诺思：《经济史中的结构与变迁》，厉以平译，上海三联书店、上海人民出版社1994年版，第3页。

等；三是用于提供职能组织与个人收入流之间的联系的制度，如财产法、继承法、工资法等；四是用于确立公共品和服务的生产与分配框架的制度，如公路法、航空法、学校法等。①

（二）制度需求的分析

经济、社会的发展史其实就是制度的发展史。在经济、社会的发展过程中，由于经济、社会的发展，原有的制度会变得不太适应，甚至产生阻碍，必须建立新的制度与经济、社会的发展相吻合。这种时代的变迁伴随制度的变迁，在某种程度上说，也就是制度的演进史，是制度供给与制度需求相互博弈的过程。斯密从理性人的角度证成制度需求，他认为尽管每个人都有私利的存在，并且有通过不正当手段获取私利的动机，但担心日后受到惩罚。这种惩罚可能来自社会，也有可能是对手的"以牙还牙"。因此，选择了遵守商业规则和商业道德。这是理性人做出的选择。他们深知你去伤害别人，别人也会伤害你。况且，这种行为是非理性的。同时，他们知道非理性的欺骗者是不会消失的，也在寻找各种机会，这样就导致了交易的不确定性和交易成本的增加。

当然，在交易简单的社会中，非正规规则的约束是有效的。但是，在交易日益复杂的社会中，非正规规则的约束力是有限的，对非理性的欺骗者威慑力不够，这时对制度的需求就必然产生。科斯从交易费用的角度论述制度需求，他认为在交易没有费用时，交易者才能不通过制度安排而达到总收入的最大化；当交易的费用为正时，制度安排对资源的配置、产出的构成均有影响，一个合理的制度有利于降低费用。因此，交易成本是制度安排选择中的核心，用最少成本的制度安排是一种合乎理想的制度安排。诺思从机会主义的角度论述制度需求，他认为在非均衡市场上，由于交易极为复杂，参与交易者众多，信息也不对称，各种欺诈、违约与偷窃等机会主义行为的出现是不可避免的，机会主义者会转嫁自己的成本或费用，造成对他人利益的损害。制度能够对人们之间的关系进行规制，减少不确定性，一定程度上遏制了机

---

① 参见顾文涛、韩玉启、倪静石《企业的制度需求分析》，《科技进步与对策》2005年第8期。

第四章 中国财政支农投入法律监管的现状和制度需求

会主义行为的出现。林毅夫从有限理性的角度论述了制度需求,他认为人的理性是有限的,人对制度需求是为了解决两个问题:一是确保生命的安全;二是促进与他人的合作,将外部效应内在化。① 哈耶克从内部规则与外部规则的角度论述了制度需求,他认为人们在追求利益最大化的过程中,相互影响和互相交流,彼此认同一些规则即"内部规则"。它是在人们的交往中自发产生的。人们通过遵守"内部规则"可以弥补理性的不足,从而减少决策的失误。但是,"内部规则"不能消除环境的不确定性和个人行为的不确定性,而组织的出现能够弥补其不足。人们通过组织可以获得更多的利益,也就是对组织的规则即"外部规则"的服从获得更多的利益。② 内部规则与外部规则存在一种互动关系,它们能够使人们正确预期他人行为的作用。③

制度需求是多层次的。在制度的变迁中,由于所有权的归属不同,它的利益主体也不同,这就导致制度需求的主体具有多样性。各个主体在制度的变迁中受利益和成本的影响,会对制度的需求产生差异性。往往预期制度收益大、成本较低的利益主体,制度需求就较为旺盛;预期制度收益小、成本较高的利益主体,制度需求就较为低迷。在制度变迁中,各个主体潜在的收益可能存在不同,有的收益高,有的收益低,并且收益的确定性程度不同,也会出现有的收益确定性程度高,有的收益确定性程度低,这些都会决定对预期制度需求的差异,以及对制度变迁的态度。此外,在制度变迁中,因存在制度变迁收益最大和制度变迁收益最小甚至受到损害的情况,这就决定了制度需求主体可能存在需求冲突。

在一个社会中,人们总是希望制度安排是好的,这样可以从中获得许多好处。但有时一个制度与绝大多数人的利益偏好不符,人

---

① [美]科斯、阿尔钦、诺斯等:《财产权利与制度变迁——产权学派与新制度学派译文集》,上海三联书店、上海人民出版社2004年版,第376—377页。
② 参见[英]哈耶克《法律、立法与自由》(第一卷),邓正来等译,中国大百科全书出版社2000年版,第29—41页。
③ 参见顾文涛、韩玉启、倪静石《企业的制度需求分析》,《科技进步与对策》2005年第8期。

们就会去发现新的制度，原有的制度就会被新的制度所取代，这种更替能够满足人们的新要求，实现人们的利益追求，促进经济和社会的发展。在这种新制度所带来的潜在收益比旧的制度要好的情况下，越来越多的主体对新制度感兴趣，从而导致对新制度需求的主体越来越多。虽然起初对新制度需求的主体呈点状分布，但由于对新制度潜在收益认可者之间的相互影响，其中也不能忽视信息传播的影响，这种需求具有较强的传导效应，最后得到许多人的认可与赞同。开始时，对新制度潜在收益认可的人并不太可能采取实际的行动，因为新制度可能与当时的制度有点相悖，立法者和决策者不愿采纳，但随着发现新制度潜在收益的人越来越多，对新制度需求的主体越来越多，他们在不同的场所或利用不同的时机表达对预期制度的愿望，这就会导致对新制度的愿望逐步增长，认可和赞同使用新制度的主体力量越来越强大。同时，制度需求的主体会带着自己和其他人的愿望自动地对这种新制度进行探索。在深入的探索下，原来对制度需求方向和内容不清楚的地方会变得越来越清晰。

满足制度需求主要依赖制度变迁。按照新制度经济学派的观点，他们把制度变迁的方式分为诱致性制度变迁和强制性制度变迁。由此，满足制度需求的路径分为诱致性的制度需求满足路径和强制性的制度需求满足路径。诱致性的制度需求满足路径是指通过"现行制度安排的变更或替代，或者是新制度安排的创造""由个人或一群（个）人，在响应获利机会时自发倡导、组织和实行"的方式；①强制性的制度需求满足路径是指通过"政府命令和法律引入与实行"的方式。诱致性的制度需求满足路径是通过一种自下而上的方式逐步实现；强制性的制度需求满足路径是通过一种自上而下的方式快速实现。②

二 制度建设与中国财政支农投入法律监管

国家财政支农投入法律监管作为一种对国家财政支农投入资金监

---

① ［美］科斯、阿尔钦、诺斯等：《财产权利与制度变迁——产权学派与新制度学派译文集》，上海三联书店、上海人民出版社2004年版，第384页。
② 参见卢现祥《新制度经济学》，武汉大学出版社2012年版，第176—192页。

管的强制性措施,它需要通过对国家财政支农投入资金的分配、拨付、使用予以具体监管,构建国家财政支农投入秩序,促进农村面貌的改变、农民的发展,乃至整合社会的和谐发展。"制度的关键功能是增进秩序:它是一套关于行为和事件的模式,它具有系统性、非随机性,因此是可理解的。在存在社会混乱的地方,社会的相互交往必然代价高昂,信任和合作也必然趋于瓦解,而作为经济福祉主要源泉的劳动分工则变得不可能。"[1] 国家财政支农投入法律监管的目标在于提高国家财政支农投入资金运行效率和确保国家财政支农投入资金运行安全。通过调整国家财政支农投入中的各种关系,建构国家财政支农投入新秩序,促进农村快速发展和农民的全面发展。要实现这些目标,仅仅依靠现有国家财政支农投入监管政策或行政命令调整显然是不够的,系统的制度建设将发挥更重要的作用。

国家财政支农投入监管政策是财政监管制度的组成部分,是财政监管制度中农村财政支出监管制度的一种形式。目前,这些政策是由中央政府提供的,其变动周期比全国人民代表大会及其常委会制定的法律要短,具有较强的针对性和实用性。如国家财政支农投入资金使用政策,就是中央政府针对国家财政支农投入资金使用行为而制定的规则,即国家财政支农投入资金使用主体只能按照政府确定的使用方向和程序使用资金。这一政策的作用机制是通过命令来约束和规制国家财政支农投入资金使用主体的行为,或限制和禁止自主选择。又如解决国家财政支农投入资金延迟拨付的问题,如果是通过政策的方式,那就是依靠行政监督和行政强制,迫使国家财政支农投入资金延迟拨付者纠正延迟拨付的行为。但是,如果发现国家财政支农投入资金存在延迟拨付的问题,不是靠暂时的行政命令调整,而是要着眼于制度建设,就可能既有助于解决国家财政支农投入资金延迟拨付问题,还能预防该问题再次发生。[2]

---

[1] [美] 诺思:《经济史中的结构与变迁》,陈郁译,上海三联书店、上海人民出版社1997年版,第225页。

[2] 参见刘天琦、宋俊杰《财政支农政策助推乡村振兴的路径、问题与对策》,《经济纵横》2020年第6期。

中国的财政支农投入监管问题已引起社会各界的关注，但这一问题的解决并不尽如人意。目前，这一问题仍是促进农村快速发展、农民全面发展和构建和谐社会进程中的突出问题之一。导致这一状况的重要原因在于：以往解决问题的策略是先政策后制度，把政策置于制度建设之前，也就是说，在解决国家财政支农投入监管问题的过程中，更多的是依赖政策调整，而制度建设放之于后，这样就导致制度调整较为滞后。在国家财政支农投入监管过程中，政策的调整固然是必不可少的，也是较为重要的，但总是依赖临时性、不系统的政策，对从根本上预防和解决国家财政支农投入监管中的问题则是不充分的。即便政策是开明和有效的，但其效力也不具有长期性和系统性。所以，政策的改革必须纳入制度建设，使之成为系统、可持续制度创新和变迁的组成部分，这样才有利于国家财政支农投入监管持续、稳步向前发展，从而在根本上为国家财政支农投入监管问题的解决提供可预期的手段或方法。

改革开放以来，随着国家财政支农投入的加大，在国家财政支农投入监管领域已经有了较大的制度创新和制度变迁。在国家财政支农投入资金预算监管方面，首先，通过确立国家财政支农投入资金预算管理基本原则，如综合预算的原则、科学论证、合理排序的原则和追踪问效的原则，强化对国家财政支农投入资金预算编制、执行、决算监管的指导。其次，通过建立项目支出预算管理模式，规范和加强国家财政支农投入资金预算监管，提高国家财政支农投入资金的使用效率。最后，建立了国家财政支农投入资金支出监管分析报告制度，解决国家财政支农投入资金运行监管中存在的薄弱环节。正是这些制度创新和制度建设，从宏观层面推动国家财政支农投入监管的发展，促进农村和农民的发展。但是，就国家财政支农投入监管现状而言，制度创新的积极效应已经大大减弱。近年来，国家财政支农投入的增长与农村发展、区域发展不协调，城市与乡村之间发展不协调等问题逐渐凸显出来。这些问题的产生，与国家财政支农投入法律监管不到位、资金没有投入应该投入的项目以及资金使用效率低等有着密切的关系。从某种意义上说，它是由国家财政支农投入监管制度创新和变迁的滞后所致，即在国家财政支农投入法律监管转型过程中，对国家财政支农投入监管制度框架的调整会产生新的要求。如果国家财政支农投入制度变迁停滞，国家财政支农投入监管发展就缺乏新的激励机制和规则。因此，必须加快国家财政支农投入法律监管改革步伐，把国家财政支农投入监管政策制度化，促进国家财政支农投入监管制度建设和创新，改变国家财政支农投入监管仍停留在政策调整层面，而宏观的、系统的制度建设显得较为滞后。①

当前，中国的财政支农投入是在实施乡村振兴战略大背景下展开的。要实现实施乡村振兴战略及其发展目标，需要构建国家财政支农投入监管的制度框架，才能更好地适应这种复杂的大环境。同时，在制度建设方面，需要有更多的创新，才有助于改变国家财政支农投入监管现状，促进农村快速发展和农民的全面发展。

三 满足中国财政支农投入法律监管制度需求的原则

（一）根据制度需求不断调整与健全的原则

国家财政支农投入法律监管新制度只能在一定的需求基础上产生。但是，人们对国家财政支农投入法律监管新制度的需求是一种渐进的过程。由于受国家财政支农投入知识、经验、人的理性和信息的有限性约束，决定了对国家财政支农投入法律监管制度的需求是逐步递进的，对国家财政支农投入法律监管预期制度的内容、方向也是一个从不清晰到越来越清晰的过程。这就决定国家财政支农投入法律监管制度安排也不可能是事先设计好了的一张完整的蓝图，而是应该根据国家财政支农投入法律监管制度需求的累增而不断调整和健全。如果是强制性的制度变迁，这种国家财政支农投入法律监管制度安排只是适当的超前安排，国家财政支农投入法律监管制度本身也会随着制度环境的变迁和制度需求的变化不断修正其发展目标。这就决定了国家财政支农投入法律监管制度安排是一个

---

① 参见谭静、王会川、葛小南《财政支农思维方式转变和制度创新》，《中国财政》2014年第5期。

阶段性过程。一旦国家财政支农投入法律监管制度需求达到极限，就会有国家财政支农投入法律监管新制度出台，然后在新制度的基础上，又会有国家财政支农投入法律监管制度需求产生并累积递增，对国家财政支农投入法律监管新制度的需求达到一定的程度后，又会有更新的制度替代原有的制度。如此循环反复，不断推动国家财政支农投入法律监管制度发展和完善，满足国家财政支农投入法律监管制度需求升级的要求。[1]

（二）注重培养内生制度需求的原则

国家财政支农投入法律监管新制度的安排成功与否、成本的大小，都与国家财政支农投入法律监管制度消费主体支持与否有关。国家财政支农投入法律监管制度消费主体支持与否，与其本身的需求有关。国家财政支农投入法律监管制度的需求是国家财政支农投入法律监管制度演进的动力。培育国家财政支农投入法律监管制度需求和刺激国家财政支农投入法律监管制度需求，都可以增强国家财政支农投入法律监管制度演进的动力，促进国家财政支农投入法律监管制度变革。如果国家财政支农投入法律监管制度消费主体制度需求旺盛，意味着未来国家财政支农投入法律监管制度安排实施成本的降低。因此，培养国家财政支农投入法律监管内生的制度需求就成为制度变迁最主要的任务，是对国家财政支农投入法律监管新制度进行安排前最主要的准备工作，是国家财政支农投入法律监管制度不断完善的主要动力。这就需要顺利推进国家财政支农投入法律监管的创新与变革，给国家财政支农投入法律监管完善消费主体的制度需求一定时空，使其变成国家财政支农投入法律监管的创新与变革主体；合理分摊国家财政支农投入法律监管制度变迁成本，降低国家财政支农投入法律监管内生制度需求的机会成本，提高国家财政支农投入法律监管制度消费主体潜在的制度收益。同时，善于发现和分析已经存在的国家财政支农投入法律监管制度需

---

[1] 参见刘银喜、任梅《制度失衡：中国发展战略重构的根源——以我国目前财政制度为例》，《内蒙古社会科学》（汉文版）2004年第6期。

求，根据国家财政支农投入法律监管制度需求的情况，安排国家财政支农投入法律监管新制度的供给。[①]

(三) 在制度需求达到极限之前予以新制度安排的原则

所谓国家财政支农投入法律监管制度需求的极限，是指国家财政支农投入法律监管制度变迁成本的极小值或者变迁供给效率的极大值。达到这种状态必须满足如下条件：一是国家财政支农投入法律监管预期制度变迁的方向已经明确，通过对国家财政支农投入法律监管制度需求的反馈，已经摸清国家财政支农投入法律监管新制度的变迁方向。二是国家财政支农投入法律监管制度的消费主体已经有相当一部分人看到了国家财政支农投入法律监管新制度的潜在收益，并且对国家财政支农投入法律监管新制度没有太多异议，而旧的国家财政支农投入法律监管制度受到较多人的抵制和反对。三是旧的国家财政支农投入法律监管制度运行困难，已经受到虚置，制度效率趋于零。四是国家财政支农投入法律监管新制度替代原制度能带来供给效率的大幅提升。五是国家财政支农投入法律监管新制度安排意味着实施成本相对较低。六是国家财政支农投入法律监管新制度实施的边际收益等于旧的国家财政支农投入法律监管制度运行的边际成本。选择在国家财政支农投入法律监管制度需求的极限出台，可以降低国家财政支农投入法律监管制度变迁的成本。

(四) 新制度安排须回应需求主体行动实践的原则

无论是诱导性还是强制性的国家财政支农投入法律监管新制度安排，都不应该是一种纯理论性的推演和设计。国家财政支农投入法律监管制度设计和安排者要根据国家财政支农投入法律监管制度需求主体的实践状况，汲取需求所累积的智慧存量。也就是说，国家财政支农投入法律监管制度设计者要根据国家财政支农投入法律监管制度需求主体对初始制度安排的实践要求和反馈来安排国家财政支农投入法律监管制度。在国家财政支农投入法律监管制度的安排上之所以不能根据纯理论来推演，而要重视国家财政支农投入法

[①] 参见卢现祥《新制度经济学》，武汉大学出版社2012年版，第184—185页。

律监管制度需求主体的实际行动，主要在于国家财政支农投入法律监管制度需求主体行动对国家财政支农投入法律监管制度安排有一种自动反馈的特点。如果安排的国家财政支农投入法律监管制度不符合国家财政支农投入法律监管制度需求的方向，国家财政支农投入法律监管制度约束的对象就会对这种制度产生抵制和排斥倾向，从而在行动上虚置既有的国家财政支农投入法律监管制度安排，发展自己的内生国家财政支农投入法律监管制度。因此，一切国家财政支农投入法律监管制度安排都要重视国家财政支农投入法律监管制度需求主体的行动实践，汲取各种国家财政支农投入法律监管制度需求的智慧存量。

（五）基于制度需求的程度决定制度变迁速度的原则

国家财政支农投入法律监管制度变迁与国家财政支农投入法律监管制度需求的关系，是先有国家财政支农投入法律监管制度需求，然后才有国家财政支农投入法律监管制度变迁。在国家财政支农投入法律监管制度变迁过程中，国家财政支农投入法律监管制度的内部需求和外部需求相互强化，共同催生国家财政支农投入法律监管制度变迁的动力机制。就国家财政支农投入法律监管制度需求而言，从根本上是因为国家财政支农投入法律监管制度是一种利益结构，国家财政支农投入法律监管制度的激励效应和约束效应均由此产生，其所界定的利益结构及所产生的各种效应都是以国家财政支农投入法律监管制度消费主体的存在为前提的。国家财政支农投入法律监管制度消费主体的存在，既是促成国家财政支农投入法律监管制度产生的基础，又是制度效能得以发挥的基础。国家财政支农投入法律监管制度之所以演化或变革，也是源于国家财政支农投入法律监管制度消费主体的逐利动机。因此，国家财政支农投入法律监管制度消费主体的存在是国家财政支农投入法律监管制度演进的根源所在。所以，国家财政支农投入法律监管制度需求的程度决定国家财政支农投入法律监管制度变迁的速度。国家财政支农投入法律监管制度需求较旺盛且累积速度较快，国家财政支农投入法律监管制度变迁速度就可以适当加快。否则，国家财政支农投入法律监管制度变迁速度须适当放慢。①

四 满足中国财政支农投入法律监管制度需求的路径

中国财政支农投入法律监管制度需求的满足，离不开制度变迁。根据制度变迁理论，主要是通过诱导性制度变迁和强制性制度变迁两种路径来满足，即诱导性制度需求满足路径和强制性制度需求满足路径。②

（一）诱导性制度需求满足路径

诱导性制度变迁对国家财政支农投入法律监管而言，是因为原有国家财政支农投入监管制度安排无法让国家财政支农投入资金使用主体有得到益处的机会。诱导性制度变迁对国家财政支农投入法律监管制度需求的满足起到举足轻重的作用。具体而言，国家财政支农投入法律监管制度变迁的程序是自下而上，摸索国家财政支农投入监管制度变迁的方向，其方式是体制外增长，顺序是先易后难和先外围后核心，路径是渐进的，积累国家财政支农投入监管制度变迁经验，绩效基本符合"帕累托改进"。中国财政支农投入法律监管呈现诱致性制度变迁轨迹有其必然性和合理性。③

但在这种路径里，国家财政支农投入监管制度收益的主体是国家财政支农投入资金使用主体，是他们看到国家财政支农投入监管新制度的潜在收益。国家财政支农投入监管预期制度收益较大而成本较低，从而诱发比较旺盛的制度需求。这种需求往往是中央政府决策者容许或者默认的，有些甚至是国家引导的，具有一种向外、向上发散的特点。国家财政支农投入资金使用主体的制度需求逐步向各级政府决策者传导。国家财政支农投入资金使用主体为了获取新的制度潜在的收益，就会自觉不自觉地影响、说服立法机关，引起政府决策者的

---

① ［美］奥赖恩·路易斯、［意］斯文·斯坦默：《制度如何演进：进化论与制度变迁》，王丽娜、马得勇译，《甘肃行政学院学报》2014年第2期。

② 参见张强《现代财政制度建设之路——基于70年财政制度变迁的比较与综合》，《中央财经大学学报》2019年第3期。

③ 参见卢现祥《新制度经济学》，武汉大学出版社2012年版，第196—198页。

注意或者使政府决策者看到国家财政支农投入监管新制度潜在的收益和能够带来更好制度收益的机会。下级政府决策者就会用同样的方式说服上级政府决策者，制度需求就这样一级一级向上传导，最终在全国人民代表大会及其常委会层面达成制度安排的契约。但是，在诱致性制度变迁轨迹下，如果纯粹依赖国家财政支农投入资金使用主体推动国家财政支农投入法律监管制度变迁，势必导致国家财政支农投入法律监管制度变迁存在制度供给先天不足等问题。这种先天不足也要求国家财政支农投入法律监管的发展引入新的制度变迁主体以加速制度供给，弥补国家财政支农投入法律监管制度不足。所幸的是，中国以诱致性制度变迁为基本形式的国家财政支农投入法律监管发展过程，恰恰也是政府权力不断嵌入的过程，从而最终通过国家财政支农投入监管制度变迁满足制度的需求。

（二）强制性制度需求满足路径

强制性制度变迁对国家财政支农投入法律监管而言，是因为对现有财政收入在农业领域进行再分配而发生的。其特点是通过一种自上而下的方式满足国家财政支农投入法律监管的制度需求。这是因为，强制性制度变迁对国家财政支农投入法律监管制度需求满足实际上是一种供给主导型制度需求满足，也就是在宪法秩序和国家财政支农投入监管行为的伦理道德规范下，中央政府决策层提供新的国家财政支农投入法律监管制度安排的能力和愿望是决定国家财政支农投入法律监管制度变迁的主导因素，这种能力和愿望主要取决于国家财政支农投入法律监管权力结构或力量对比。[①] 具言之，一是由于中央政府是最高行政权力机关，无论是政治力量对比还是资源配置权力处于优势地位，中央政府是决定国家财政支农投入法律监管制度供给的主导力量。二是中央政府是由一个权力中心和层层隶属的系列部门构成的，由权力中心确定的国家财政支农投入法律监管制度安排主要通过层层隶属的系列部门来贯彻实施。三是中央政府主导的国家财政支农投入法律监管制度供给与非政府主体对国家财政支农投入法律监管制度创

---

① 参见卢现祥《新制度经济学》，武汉大学出版社2012年版，第198—200页。

新的需求常常不一致。四是非政府主体只有经中央政府批准后才能从事国家财政支农投入法律监管制度的创新。①

由此看来，在这种路径里，是中央政府决策层看到国家财政支农投入监管制度变迁的潜在收益和社会效率，并且看到了不进行国家财政支农投入监管制度变迁的后果，从而成为国家财政支农投入监管制度变迁的最大推动者。国家财政支农投入法律监管制度需求主体是通过自上而下的制度安排来满足国家财政支农投入法律监管制度需求的。但为了保证国家财政支农投入监管预期制度能够顺利供给，它往往先通过向民众宣传和进行学术讨论，将自己对国家财政支农投入法律监管制度需求的愿望向下扩散，以引起人们的注意，展示国家财政支农投入监管新制度的潜在收益，争取更多的社会制度需求。当对国家财政支农投入监管制度需求达到一定程度，中央政府就抓住机会，及时安排国家财政支农投入监管新制度。这种强制性制度的变迁往往具有速度快、力度大、可逆性小的特点。②

---

① 参见李春梅《基于政府性质的强制性制度变迁理论模型》，《天府新论》2014年第1期。

② 参见程永林《财政分权、经济增长与强制性制度变迁》，《商业研究》2011年第2期。

第五章 中国财政支农投入法律监管的目标构建与实践路径

国家财政支农投入法律监管有着丰富的目标,既包括价值目标,也包括政治性、经济性和社会性等政策目标。其中,价值目标是政策目标的基础,这些目标共同构成国家财政支农投入法律监管的内核,不仅决定国家财政支农投入法律监管的发展方向,而且决定国家财政支农投入法律监管的实践路径。对于国家财政支农投入法律监管的实践路径而言,它是根据现实需要而进行的选择,有利于国家财政支农投入法律监管目标的实现。对国家财政支农投入法律监管目标构建与实践路径的探究,是对国家财政支农投入法律监管深入了解的必然选择。

第一节 中国财政支农投入法律监管的目标构建

一 中国财政支农投入法律监管的价值目标构建

(一)国家财政支农投入法律监管价值的意义

马克思主义价值观认为:"'价值'这个普遍的概念是从人们对满足他们需要的外界物的关系中产生的。"[1] "表示物的有用或使人愉快等等的属性","实际上是表示物为人而存在"。[2] 在关系中,人是

---

[1] 《马克思恩格斯全集》(第19卷),人民出版社1963年版,第406页。
[2] 《马克思恩格斯全集》(第26卷)(第三卷),人民出版社1974年版,第326页。

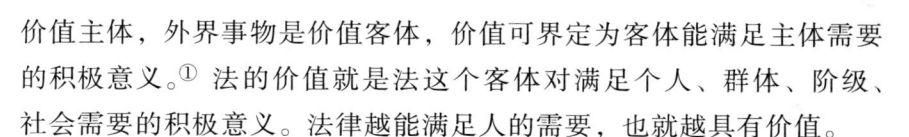

价值主体，外界事物是价值客体，价值可界定为客体能满足主体需要的积极意义。① 法的价值就是法这个客体对满足个人、群体、阶级、社会需要的积极意义。法律越能满足人的需要，也就越具有价值。

国家财政支农投入法律监管所追求的价值必然是在人和法的关系中体现出来的法律积极意义。它包括国家财政支农投入法律监管的用途和积极作用两个方面，即国家财政支农投入法律监管在什么样的基点上对谁发生作用及发生作用的目标和行为取向。但国家财政支农投入法律监管的价值并非一个固定不变的概念，它可以通过法律、法规和规章确定下来。当国家财政支农投入法律监管的价值要在法律、法规和规章中确定下来时，完全可以基于人的理性做出合乎需要的选择。同时，国家财政支农投入法律监管的价值概念不同于国家财政支农投入法律监管的性质概念，也不同于国家财政支农投入法律监管的范围概念。通常来说，国家财政支农投入法律监管的价值是指对国家财政支农投入法律监管社会内涵的反映，国家财政支农投入法律监管的性质往往是指国家财政支农投入法律监管的行为属性，是对国家财政支农投入法律监管法理内涵的确定。对于国家财政支农投入法律监管范围而言，主要是指国家财政支农投入法律监管的自然属性问题，即在国家财政支农投入法律监管中所涉及的人、事、物等的基本范畴，但国家财政支农投入法律监管的价值主要是指国家财政支农投入法律监管的人文属性问题，即在国家财政支农投入法律监管中所涉及的价值取向、价值判断、利益归属等的基本范畴。具体而言，国家财政支农投入法律监管的价值内涵可做如下阐释。②

第一，国家财政支农投入法律监管的价值可以决定国家财政支农投入法律监管的效用。国家财政支农投入法律监管是离不开国家财政支农投入法律监管效用的，它必须以国家财政支农投入法律监管效用为前提。如果国家财政支农投入法律监管不能产生必要的效用，这种

---

① 参见孙国华《法理学教程》，中国人民大学出版社1994年版，第94页。
② 参见宁立成、张兰兰《论我国财政支出监督法律制度的改革》，《江西社会科学》2014年第1期。

国家财政支农投入法律监管是毫无价值的。由此可见，效用成为价值判断的标准，但它并不能决定价值，而是价值决定效用。① 因此，有什么样的价值就会有什么样的效用。从国家财政支农投入法律监管的价值对国家财政支农投入法律监管效用的决定来看，在国家财政支农投入法律监管中，有诸多国家财政支农投入法律监管效用可供选择，如对农民权利予以保护、协调财政部开户银行与国家财政支农投入资金使用主体之间的关系以及财政部门对国家财政支农投入监管相对人提供服务等。应该说，所有这些国家财政支农投入法律监管效用的确定，均以国家财政支农投入法律监管价值选择为前提。

西方早期制定国家财政支农投入监管法，其目的是通过国家财政支农投入监管法对国家财政支农投入监管权进行控制，形成与政府专制权相抗衡的力量，以保护农民的财政利益。此时的国家财政支农投入法律监管从根本上是对国家财政支农投入监管权进行约束，因此，国家财政支农投入法律监管的效用就体现在对国家财政支农投入监管权的控制上，而不是对农民权益的保护上。随着西方进入福利国家时代，财政部门的职能也发生了改变，纷纷将为社会服务作为首要职责。因此，国家财政支农投入法律监管的价值不仅要反映农民对国家财政支农投入权利的诉求，而且要反映财政部门对国家财政支农投入活动所做的服务，并以此为核心设计。于是，更为广泛意义上的国家财政支农投入法律监管随之产生。此时的国家财政支农投入法律监管效用体现在对农民权利的保护上，而不是对国家财政支农投入监管权的控制上。由此可见，国家财政支农投入法律监管的价值是可以直接决定国家财政支农投入法律监管效用的。

第二，国家财政支农投入法律监管的价值可以决定国家财政支农投入法律监管的利益归属。国家财政支农投入法律监管从内容上看，它主要涉及对国家财政支农投入中国家利益、社会公共利益和个人利益的维护和保障；从形式上看，它是立法机关以及财政部门、审计部门代表国家意志依照法定职权和程序对国家财政支农投入行为进行的

---

① 参见程亚萍、胡伟《论我国政府采购监管立法》，《社会科学》2006年第4期。

第五章 中国财政支农投入法律监管的目标构建与实践路径

监管。因此,国家财政支农投入法律监管不可能不涉及利益归属问题。在国家财政支农投入法律监管中,通常会涉及国家利益、社会公共利益、个人利益以及财政部门的利益。如果以不同的国家财政支农投入法律监管价值为根据,那么,在国家财政支农投入法律监管中的利益分配是不同的。

当追求国家权力至上时,国家利益就成为国家财政支农投入法律监管价值的主导,所有的国家财政支农投入监管的法律、法规和规章均以保护国家利益为基准,社会公共利益、个人利益以及财政部门的利益只能处于次要位置。当追求农民人权保障时,社会公共利益就成为财政立法价值的主导,所有的国家财政支农投入监管法律、法规和规章均以农民权利保护为根本。当追求国家财政支农投入资金使用主体利益的维护时,个人利益也就成为国家立法价值的主导,所有的国家财政支农投入监管法律、法规和规章就会在内容上将国家财政支农投入资金使用主体利益置于首要位置。当追求国家财政支农投入法律监管的秩序性时,财政部门的利益就成为国家财政支农投入法律监管价值的主导方向,所有的国家财政支农投入监管法律、法规和规章就会突出财政部门的权威性,并将财政部门置于国家财政支农投入法律监管活动的中心位置,使其起到决定性的作用。应该说,国家财政支农投入法律监管的利益归属是可以有效选择的,并能在国家财政支农投入监管法律、法规和规章中予以规定。众所周知,从世界范围来看,目前既存在以私权为主的国家,也存在以公权为主的国家。[①] 但在以私权为主的国家里,其国家财政支农投入法律监管大多是对农民权利的保护和对国家财政支农投入监管权的限制;在以公权为主的国家,国家财政支农投入法律监管是以保护国家财政支农投入监管权为主,并对农民权利进行限制。

第三,国家财政支农投入法律监管的价值可以决定国家财政支农投入法律监管的发展方向。国家财政支农投入法律监管应该是农民权利发展到一定阶段的产物。随着经济的发展和社会的不断进步,国家

---

① 参见程亚萍、胡伟《论我国政府采购监管立法》,《社会科学》2006 年第 4 期。

财政支农投入也迎来了长足发展的时期，农民权利便出现了扩大化的趋势。也就是说，它在社会中所占的位置越来越重要，强度越来越大。可以说，国家财政支农投入法律监管是在农民权利日益扩大的过程中出现的。但对于国家财政支农投入法律监管的发展趋势在价值选择上存在三种情况。[①]

一是对农民权利的全面保护，大力提倡由立法机关、财政部门、审计部门对国家财政支农投入进行监管。以这样的国家财政支农投入法律监管价值为出发点，国家财政支农投入法律监管的前景将是光明的，所保护的农民权利会越来越多，监管的国家财政支农投入事务会越来越丰富。

二是对国家财政支农投入监管权进行有效的限制。如果选择这样的国家财政支农投入法律监管价值，国家财政支农投入法律监管的前景将越来越暗淡。因为对国家财政支农投入监管权进行限制的途径是多样的，既可以司法审查为手段，也可选择以立法权为手段。即使选择了通过国家财政支农投入法律监管予以限制，也仅仅达到了对财政部门权力规范的目的，而忽视了对农民权利的保护，显然不符合现代国家财政支农投入监管法的发展方向。同时，这样的国家财政支农投入法律监管只不过是一种行政监管，缺乏普遍性，会被其他的监管方式所取代。

三是既不选择对农民权利的全面保护，又不选择对国家财政支农投入监管权进行有效的限制，而是根据农民权利发展过程中所涉及的国家财政支农投入事态来确定国家财政支农投入法律监管的价值。这是一种"顺其自然"的国家财政支农投入法律监管价值的选择模式，其国家财政支农投入法律监管的前景将充满不确定性。由此看来，国家财政支农投入法律监管的价值会导致国家财政支农投入法律监管发展的三种命运，这充分证明国家财政支农投入法律监管价值对国家财政支农投入法律监管发展方向具有决定作用。

---

① 参见李燕、王威《民主文化下的财政监督：从参与到治理》，《教学与研究》2013年第4期。

(二) 国家财政支农投入法律监管价值的一般考察

博登海默认为："任何值得被称之为法律制度的制度，都必须关注某些超越特定社会结构和经济结构相对性的基本价值。"① 就国家财政支农投入法律监管而言，它的基本价值表现为秩序、公平、效率、利益等。这些价值不仅被公认为人类社会的基本行为准则和价值追求，而且是每个人赖以生存的基本需要。

1. 秩序价值

秩序总是意味着社会进程中某种程度的关系的稳定性、结构的一致性、行为的规则性、进程的连续性、事件的可预测性、人身财产的安全性。② "作为规则的外在形态之一的法律与秩序有着千丝万缕的联系，自从国家产生以来，不存在离开法律的秩序的社会，秩序作为法律的至爱追求，甚至可以等同于法律。"③ 作为一个具体法律监管行为，国家财政支农投入法律监管无疑是以秩序为价值的。国家财政支农投入法律监管所蕴含的秩序价值是以法律规则建立和维护国家财政支农投入秩序及其监管秩序，实现国家财政支农投入的稳定、健康发展。

就国家财政支农投入秩序而言，通过国家财政支农投入法律监管，规范国家财政支农投入资金使用主体条件，诸如确立国家财政支农投入资金使用主体条件资格标准，以保证国家财政支农投入资金使用主体是适合的，使国家财政支农投入资金运行稳健和安全；对国家财政支农投入资金使用主体资格预审的规定，以保证国家财政支农投入资金使用主体是"真实"的，使国家财政支农投入活动变得有序；建立规范国家财政支农投入资金使用主体参与国家财政支农投入活动的监控体系，如禁止国家财政支农投入活动中偏离正常秩序的行为，以保证国家财政支农投入活动持续有序。同时，国家财政支农投入法律监管通过对国家财政支农投入监管主体行为的

---

① [美] 博登海默：《法理学——法哲学及其方法》，邓正来译，中国政法大学出版社1999年版，第193页。
② 参见张文显《法哲学范畴研究》，中国政法大学出版社2001年版，第196页。
③ 刘大洪、廖建求：《论市场规制法的价值》，《中国法学》2004年第2期。

约束，不仅达到对国家财政支农投入资金使用主体和社会公共利益的保护，而且达到对国家财政支农投入各主体之间公正的权利义务关系的保护，以维护国家财政支农投入信誉，实现国家财政支农投入资金的有机运行。

就国家财政支农投入监管秩序而言，"由于法律对无限制行使权力的作法设置了障碍，并试图维持一定的社会平衡，所以在许多方面我们都必须把法律视为社会生活中的一种限制力量"。① 在国家财政支农投入监管领域中，国家财政支农投入法律监管对国家财政支农投入监管主体的权力扩张实施了一定的压制，并取得了一定程度的成功。但国家财政支农投入监管机关权力的过度膨胀，势必过分干预甚至否认国家财政支农投入资金使用主体作为市场主体的独立性、自主性。因此，"掌握权力的人必须受到法律的制约，并服从于法律的强制力"。② 为实现国家财政支农投入监管的秩序化，建立和维护国家财政支农投入监管权运行程序十分必要。国家财政支农投入法律监管不仅要从实体上严格界定监管机关的权力范围，而且要从程序上明确监管机关实施监管行为的步骤和程序，以制约国家财政支农投入监管机关权力的行使，使权力运行规则化、制度化，维护并巩固健全的国家财政支农投入秩序。

2. 公平价值

在许多情况下，人们往往把公平看作法律的同义词，是法律应当始终奉行的一种价值观，是所有法律的精神和灵魂。公平不仅包含公正、平等之义，而且涵盖了公道、正义、平衡等内容。公平是基于同类主体或事项得到相同对待的观念，是在多个主体或者多个事项的比较中得出结论，始终贯穿法律的整个发展过程中。③ 国家财政支农投入法律监管的公平观念是实体的公平和程序的公平。

---

① [美]博登海默：《法理学——法哲学及其方法》，邓正来译，中国政法大学出版社1999年版，第360—361页。

② [英]彼得·斯坦、约翰·香德：《西方社会的法律价值》，王献平译，中国法制出版社2004年版，第3页。

③ 参见黎乃忠《限定继承制度研究》，群众出版社2017年版，第89—93页。

第五章　中国财政支农投入法律监管的目标构建与实践路径

就实体公平而言，国家财政支农投入法律监管要求通过国家财政支农投入监管制度实现对国家财政支农投入中相关权利和利益分配的公平。在权利的分配上，通过国家财政支农投入监管制度合理设计国家财政支农投入监管格局，促进国家财政支农投入资金使用主体法律地位的平等，拥有均等的机会，享有平等的权利。为了实现国家财政支农投入资金使用主体机会的基本平等，国家财政支农投入法律监管主体对所有国家财政支农投入资金使用主体应依法一视同仁，不应有任何不公平的歧视。任何组织不得以任何不合法的理由剥夺国家财政支农投入资金使用主体使用资金的权利。通过国家财政支农投入监管制度，为实现国家财政支农投入监管的目的，对国家财政支农投入资金使用主体设计诸多限制性规范。国家财政支农投入资金使用主体必须遵守，即"不论具体情况如何，对于具有相同的特点、根据这些特点法律将他们划分为同一类型的人，法律在适用时不能有所例外"。[1] 对于那些破坏国家财政支农投入规则、为国家财政支农投入资金使用主体使用资金设置障碍、利用其优势地位侵犯国家财政支农投入资金使用主体合法权益的国家财政支农投入监管者，上级国家财政支农投入监管机关必须采取强有力的措施予以干预或严厉禁止，以恢复正常的国家财政支农投入秩序，实现社会公平。

当然，为了防止国家财政支农投入监管机关滥用职权等非法行为的产生，必须依法界定其权限范围，建立起完备的职权、义务和责任体系，确保其依法监管，实现公平。为实现国家财政支农投入所涉利益分配的公平，通过国家财政支农投入法律监管对国家财政支农投入资金使用主体以及国家财政支农投入法律监管主体的利益进行合理、公正的分配和调节。值得注意的是，在国家财政支农投入中，监管者、资金使用主体均是利益主体，具有各自的特殊利益需求。因而，禁止监管者侵犯国家财政支农投入资金使用主体的利益，也是国家财政支农投入监管公平价值的应有之义。

---

[1] ［英］彼得·斯坦、约翰·香德：《西方社会的法律价值》，王献平译，中国法制出版社 2004 年版，第 107 页。

就程序公平而言，国家财政支农投入法律监管通过国家财政支农投入监管制度明确规定：其一，国家财政支农投入资金使用主体资格审查程序，即国家财政支农投入资金使用主体对国家财政支农投入资金使用资格审查时，国家财政支农投入监管机关批准授权程序。其二，国家财政支农投入监管机关的监管程序，即实施监管的具体程式、步骤、方法。其三，国家财政支农投入资金使用主体权利被侵犯时的救济程序。上述程序须满足合理性要求，即能够做到不同情况不同对待，同样情况同样对待，依此程序运作不会出现显失公平的现象，国家财政支农投入监管机关的自由裁量权能控制在社会公众和国家财政支农投入资金使用主体所能容忍的范围之内。当然，上述程序的执行过程，即法律适用的过程，将法律确认的抽象公平转换成具体的公平，这是公平得以实现的必要法律保障。

3. 效率价值

效率或效益，"即以最少的资源消耗取得同样多的效果，或以同样的资源消耗取得最大的效果。……除此之外，效率还意味着根据预期目的对社会资源的配置和利用的最终结果的社会评价，即社会资源的配置和利用使越来越多的人改善境况而同时又没有人因此而境况变坏，则意味效率提高了。如果说前一种意义的效率是属于经济效益，后一种意义的效率则是社会效益"。[①] 效益价值目标在法律中的确立，不仅是社会经济发展的必然要求，而且法律制度的产生在一定程度上也是效益使然。根据经济分析法学派的观点，所有的法律规范、法律制度和法律活动从根本上讲都是以有效地利用资源、最大限度地增加社会财富为目的，也就是通过法律手段促进资源的最佳配置。

从实践含义的角度看，国家财政支农投入法律监管所追求的效率价值既包括国家财政支农投入法律监管的经济效率，即国家财政支农投入法律监管应通过引导、规范来提高国家财政支农投入的整体效率，而不应导致国家财政支农投入各方当事人效率的丧失，不应破坏

[①] 张文显：《法律基本范畴研究》，中国政法大学出版社 2001 年版，第 255—256 页。

国家财政支农投入资金使用主体之间的平等关系；也包括国家财政支农投入法律监管的行政效率，即国家财政支农投入监管机关应以尽可能少的成本支出达到监管国家财政支农投入的目标。这就要求，依精简原则合理设置国家财政支农投入监管机关，依法界定其职权，提高监管者的管理运行效率，减少监管费用的支出，降低监管成本。相反，如果监管成本过高，监管行为就成为国家财政支农投入发展的障碍。

或者从另一方面看，它既包括国家财政支农投入监管制度的规范效率（即法律作用机制的效率，这由规范本身的性质所决定，可以从"假定""处理""制裁"等法的逻辑结构及其直接作用表现出来），也包括国家财政支农投入监管制度的制度效率，这是从制度层面衡量国家财政支农投入法律监管对资源配置和利用的效率。这就要求国家财政支农投入法律监管的内容须具有科学性、概括性和现实性，既要深刻反映国家财政支农投入运行实践，又要着眼于国家财政支农投入未来的发展目标，给国家财政支农投入关系的成长提供更广阔的制度空间，还要求国家财政支农投入法律监管本身体系的完整、结构合理，在内容上便于执行和遵守。此外，国家财政支农投入法律监管的效率价值还意味着，国家财政支农投入法律监管的各种规定都以获取经济效益为出发点和最终目标；同时，国家财政支农投入各方当事人的经济效益必须符合社会整体利益的要求。国家财政支农投入法律监管就实现经济效益与社会效益的统一。

4. 利益价值

利益是人类社会一切活动的驱动力。正如马克思所说："人们奋斗所争取的一切，都同他们的利益有关"。[①] 日本宪法学家美浓部达吉则提出："所有满足人类价值感情的东西，可以称为'利益'。于这种意义上的利益，不用说不是含有单纯经济的利益（物质的利益），而又不是含有适于人类的福利的意味，总之，于各时代思想上，人类觉得对于她有价值的一切的东西——无论其为外界的事物，或为

[①] 《马克思恩格斯全集》（第1卷），人民出版社1995年版，第187页。

人类内部的状态——都是属于此种意义的利益。"① 利益具有不法的本能,它会使人们不择手段地去追求。因此,为了避免社会冲突,使人类和平相处,必须建立一些规则来调整利益分配关系,平衡各利益主体之间的利益。现实中的法律从根本上说就是确认、保护和平衡利益的一种手段。诚如社会法学家庞德所指出的:"法律的功能在于调节、调和与调解各种错综复杂和冲突的利益……以便使各种利益中大部分或我们文化中最主要的利益得以满足,而使其他的利益最少地牺牲",法律的主要目的之一"就是通过把我们所称的法律权利赋予主张各种利益的人来保障这些利益的"。②

国家财政支农投入法律监管所调整的国家财政支农投入关系是一种利益关系,在这种利益关系中,存在着国家利益、农业领域的公共利益与农民的利益,尤其是农业领域的公共利益。这是因为,国家财政支农投入涉及公共资金,必须始终考虑公共利益,同时,又是投入农村领域。这必然使国家财政支农投入本身就带有浓厚的公益色彩,国家财政支农投入无论在目的和结果上均和农村领域的公共利益相结合。具体而言,国家财政支农投入行为,如采购农业公共工程或公益设施等可直接表现为满足农村领域公共利益的需要,又如对种植农作物的补贴等直接满足了农业领域公共利益的需要。此外,在宏观上,国家财政支农投入把农业的快速发展和农民的全面发展作为目标。显然,这也是在实现社会公共利益。但是,存在国家利益与农民利益以及农民利益与社会公共利益此消彼长的矛盾,所以,协调国家利益与农民利益以及农民利益与社会公共利益之间的矛盾,最大限度地保护国家利益、社会公共利益和农民利益,成为国家财政支农投入法律监管的基本价值之一。③

---

① [日]美浓部达吉:《宪法学原理》,欧宗祐、何作霖译,中国政法大学出版社2003年版,第23页。

② [美]庞德:《通过法律的社会控制 法律的任务》,沈宗灵、黄世忠译,商务印书馆1984年版,第41—42页。

③ 参见刘天琦、宋俊杰《财政支农政策助推乡村振兴的路径、问题与对策》,《经济纵横》2020年第6期。

国家财政支农投入法律监管的秩序、公平、效益和利益价值之间并非截然对立，往往相互依存、不可偏废，是一个有机联系的整体。

(三) 中国财政支农投入法律监管价值取向的偏离

从一定意义上来讲，中国现行国家财政支农投入监管法律、法规和规章之所以未能得到有效的实施，是因为国家财政支农投入法律监管的价值取向发生了一定的偏离，具体表现在以下几个方面。

1. 偏重效率而轻忽公平

公平与效率的关系问题是现实的社会发展的永恒主题。这是因为，要对一个社会的存在与发展予以维护，就不可能不讲效率，也不可能不讲公平。在这种情况下，提高效率和维护公平成为社会活动追求的目标。从中国现行国家财政支农投入监管法律、法规和规章的规定来看，凸显出"效率优先"的价值取向。但可能导致国家财政支农投入法律监管在落实社会政策目标方面偏重于经济效率，对社会效率和生态效率不够重视，从而在结果上影响到公平的实现。应该说，国家财政支农投入法律监管的公平价值是其重要的追求，如果这种公平的价值得不到有效的保障与实现，那么国家财政支农投入法律监管存在的意义就丧失了。这是因为，国家财政支农投入法律监管的公平价值依赖于国家财政支农投入法律监管的效率价值，它为国家财政支农投入法律监管的公平价值实现提供了物质基础或动力，同样国家财政支农投入法律监管的效率价值也依赖于国家财政支农投入法律监管的公平价值，它是国家财政支农投入法律监管的效率价值的前提和保证。因此，国家财政支农投入法律监管的效率价值固然是其重要的追求，但不可忽视国家财政支农投入法律监管的公平价值，它有利于促进国家财政支农投入法律监管的发展以及农业、农村和农民的发展，在实现建成小康社会目标任务中发挥着举足轻重的作用。

2. 偏重监管功能而轻忽对农业、农村经济发展的调节功能

国家财政支农投入是一个庞大的公共支出，在整个国家财政支出中占有一定的比重，不仅对农业的发展影响超乎寻常，而且对农村经济发展的促进作用也很明显。因此，好的国家财政支农投入法律监管会产生正面的激励，不合理的国家财政支农投入法律监管会导致不良

后果。例如，国家财政支农投入监管法律、法规和规章能从实现农业的内涵发展和农村地区经济均衡发展的宏观调控大局出发，对农业产业化和农村产业整体规划的制定进行有效监管，并遵循科学和适度监管的原则，根据农业发展的特点以及各农村地区经济发展优势和不足而有针对性地设置国家财政支农投入的倾斜性条款并顺利得到实现，既促进农业产业化和农村地区经济均衡发展，也达到农业与农村地区经济和谐一体发展。如果国家财政支农投入监管法律、法规和规章没有确定发展农业、农村经济的目标或确定得不太恰当，不仅无法实现社会公平的目标，而且还会扩大城乡差距和农村地区的差距。从整体上来讲，中国现行国家财政支农投入法律监管是以提高国家财政支农投入资金使用效率、遏制腐败和促进农业快速发展为主要价值目标的，对农业与农村经济发展调节功能考虑并不充分。

3. 偏重国家利益的维护而轻忽对国家财政支农投入资金使用主体权益的保障

按照西方契约政府理论来讲，政府为了实现其职能和向社会公众提供服务，通过向纳税人征税形成了公共资金。因此，政府在分配和使用这些公共资金的过程中履行的是公共托管人的角色。如果说国家财政支农投入的预算编制是对财政资源的分配，那么确保财政资源的有效利用则是国家财政支农投入法律监管的使命。在这种情况下，对国家财政支农投入资金使用主体权益的保障就显得尤为重要。这是因为，国家财政支农投入资金使用主体作为纳税主体，是国家财政支农投入资金的主要来源对象，必然有权决定国家财政支农投入资金的合理使用。同时，国家财政支农投入资金使用主体是国家财政支农投入的具体执行者和受益者，他们决定着国家财政支农投入的真正落地和完成质量，只有国家财政支农投入资金使用主体权益得到保障，才能确保政府顺利实现合理利用公共财政资源和宏观调控的目标。但从中国现行财政支农投入监管的法律、法规和规章的规定来看，凸显出偏重于国家利益的维护，这就导致在国家财政支农投入监管法律关系中，出现了国家财政支农投入资金使用主体与国家财政支农投入监管主体之间权利义务并不完全对等的现象，而且表现出国家财政支农投入监管主体的意志单向性，收窄了国家财政支农投入资金使用主体权益的保障空间。虽然在中国财政支农投入监管法律、法规和规章中规定了一些关于国家财政支农投入资金使用主体的相关权益，但遗憾的是，这些法定权益因欠缺强有力的保障机制在现实中无法得到有效的实现。

（四）中国财政支农投入法律监管价值的应然选择

虽然可预见性要求法律制度保持稳定性、确定性和连续性，但法律"根源于物质的生活关系"，[①] 必须紧跟时代步伐，满足时代进步所提出的正当要求。"一个法律制度，如果跟不上时代的需要或要求，而且死死抱住上一个时代的只具有短暂意义的观念不放，那么是没有什么可取之处的。在一个变幻不定的世界中，如果把法律仅仅视为一种永恒的工具，那么它就不能有效地发挥作用。"[②] 国家财政支农投入监管法律、法规和规章也不例外。如今，人们对国家财政支农投入监管法律公平价值的诉求已经不止于国家财政支农投入资金使用主体机会的公平，还要求结果的公平以及国家财政支农投入法律监管中权力与权利配置公平等。对国家财政支农投入监管法律效率价值的诉求也不止于提高国家财政支农投入资金使用效率，还提出国家财政支农投入的社会效率和生态效率。这就要求国家财政支农投入监管法律的价值取向应该做相应的调整。具体而言，中国财政支农投入监管法律、法规和规章价值应该做出以下选择。

1. 公平与效率兼顾

从表面上看，公平与效率之间存在着矛盾与冲突，实际上二者之间并不矛盾，它们是相互依存、互相贯通、相互促进的。公平是提高效率的前提与条件，效率是实现公平的手段和保证。没有公平，效率就失去动力和依归；没有效率，就不可能有真正的公平。置公平于不顾的效率和置效率于不顾的公平都不符合人类的价值追求，只有坚持

[①] 《马克思恩格斯选集》（第2卷），人民出版社2012年版，第2页。

[②] ［美］博登海默：《法理学——法哲学及其方法》，邓正来译，中国政法大学出版社1999年版，第340页。

效率和公平兼顾,才能确保人们对效率与公平的需要得到满足。因此,国家财政支农投入监管法律、法规和规章应当始终坚持公平与效率兼顾。

第一,公平是人类社会的最高理想,也是人类世世代代不懈奋斗的目标。"所谓公平,就是经过社会实践检验和证明的、利益分配合理的、社会关系的规定性。"① 在中国,社会公平不仅是社会主义制度的优越性所在,也是实现全体社会成员共享社会发展成果与构建和谐社会的客观要求。因此,中国必须将实现社会公平作为各项政策和法律的重要价值目标。当务之急是尽快回归"效率与公平兼顾"的轨道,消除"效率优先"价值取向及发展战略所造成的各种不良影响。恩格斯指出,应当"结束牺牲一些人的利益来满足另一些人的需要的情况",使"所有人共同享受大家创造出来的福利",唯有如此,"全体社会成员才能得到全面发展"。②

第二,公平是维系社会稳定与推动经济快速发展的重要力量。如果一个社会失去起码的公平与正义,它将丧失赖以存在和发展的基本条件。正如斯密认为的:"与其说仁慈是社会存在的基础,还不如说正义是这种基础。虽然没有仁慈之心,社会也可以存在于一种不很令人愉快的状态中,但是不义行为的盛行却肯定会彻底毁掉它。"③ 皮埃尔·勒鲁也认为:"现在的社会,无论从哪一方面看,除了平等的信条外,再也没有别的基础。"④ 就国家财政支农投入监管法律、法规和规章而言,要实现公平目标必须确保两点:一是国家财政支农投入法律监管主体与国家财政支农投入资金使用主体之间权(力)利义务配置和责任分担的公平;二是不同国家财政支农投入资金使用主体之间在适用法律上的公平。当前,中国财政支农投入领域应该尽快消除的不公平是:国家财政支农投入法律监管主体与国家财政支农投

---

① 谢鹏程:《基本法律价值》,山东人民出版社2000年版,第115页。
② 《马克思恩格斯选集》(第1卷),人民出版社1995年版,第243页。
③ [英]亚当·斯密:《道德情操论》,蒋自强等译,商务印书馆1998年版,第106页。
④ [法]皮埃尔·勒鲁:《论平等》,王允道译,商务印书馆1994年版,第5页。

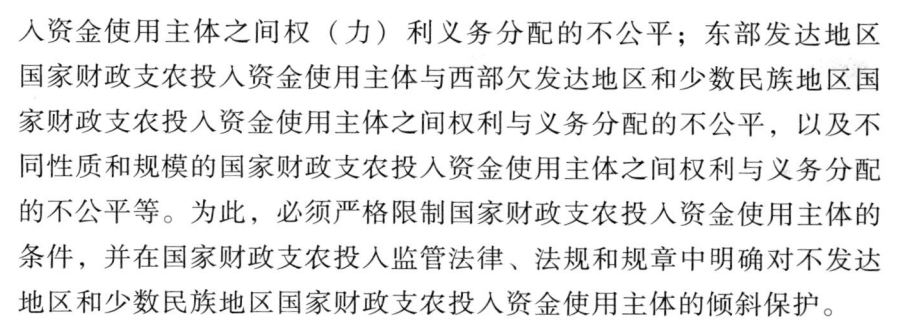

入资金使用主体之间权（力）利义务分配的不公平；东部发达地区国家财政支农投入资金使用主体与西部欠发达地区和少数民族地区国家财政支农投入资金使用主体之间权利与义务分配的不公平，以及不同性质和规模的国家财政支农投入资金使用主体之间权利与义务分配的不公平等。为此，必须严格限制国家财政支农投入资金使用主体的条件，并在国家财政支农投入监管法律、法规和规章中明确对不发达地区和少数民族地区国家财政支农投入资金使用主体的倾斜保护。

2. 监管功能与农业、农村经济发展调节功能兼顾

现代国家财政支农投入监管法律不仅具有监管功能，还具有对农业、农村经济发展调节功能。从国家财政支农投入监管法律的历史发展过程来看，它最初只是预算法的一部分，目标着眼于效率，即节省国家财政支农投入资金，提高国家财政支农投入资金使用效率。第二次世界大战后，随着国家财政支农投入规模日益扩大，对农业、农村经济发展影响甚巨，国家财政支农投入监管法律地位也不断提高，逐步从预算法中分离出来，成为独立发挥作用的法律规范体系。由于国家财政支农投入监管法律对农业、农村经济发展产生举足轻重的作用，因此，政府通过国家财政支农投入监管法律在国家财政支农投入中"借水行舟"，贯彻一定的农业、农村经济发展政策，使其具有某些宏观调控的职能，如"农业产业化发展""扩大农村就业""扶持农村中小企业""实现社会公平"等。[①] 目前，世界各国的国家财政支农投入监管法律的价值取向表现为效率与公平的结合，兼顾政府的农业、农村公共政策的实现。

其一，效率目标，表现为节约国家财政支农投入资金，提高国家财政支农投入资金运行效率。其二，公平目标，表现在国家财政支农投入法律监管主体与国家财政支农投入资金使用主体及社会公众三方及相互之间的公平。对国家财政支农投入法律监管主体来说，意味着为国家财政支农投入资金使用主体提供公平的资金使用机制，为社会

---

① 参见刘天琦、宋俊杰《财政支农政策助推乡村振兴的路径、问题与对策》，《经济纵横》2020年第6期。

公众（尤其是农民）公平地提供公共产品；对国家财政支农投入资金使用主体来说，意味着公平使用财政资金的权利；对社会公众（尤其是农民）来说，意味着享有公共产品，并实行社会监督，从而实现社会公平。其三，实现农业、农村公共政策目标，表现为政府在农业发展及农村经济发展政策中所发挥作用的实现。例如，美国财政支农投入监管法律就很好地体现了上述三种价值取向的有机结合。其国家财政支农投入监管法律的主要价值目标如下。一是国家财政支农投入法律监管主体的任务是为国家财政支农投入资金使用主体提供最好的服务，以实现公共利益、农业、农村公共政策目标。二是国家财政支农投入法律监管主体应当做到：从国家财政支农投入决策、预算、资金拨付、使用整个过程实施监管，确保国家财政支农投入资金使用有效和公平，实现农业、农村公共政策目标。因此，中国财政支农投入监管法律、法规和规章也应做到监管功能与农业、农村经济发展调节功能的兼顾。

3. 国家利益与国家财政支农投入资金使用主体利益兼顾

在宪制框架下，国家利益与个人利益既没有高低之分，也不存在孰优孰劣的问题，应该得到平等的保护。正如何兵所说："所谓公益也好，私益也罢，它们皆是法律认可和保护的法益，在法律的天平上应有同等的分量。"[①] 国家财政支农投入监管法律是以规定国家财政支农投入监管主体与国家财政支农投入资金使用主体双方权（力）利义务为主要内容的法律，协调、兼顾国家利益与国家财政支农投入资金使用主体利益是国家财政支农投入监管法律的基本立场。

第一，国家财政支农投入监管法律的核心价值之一，在于限制国家财政支农投入监管主体权力，保障国家财政支农投入资金使用主体权利。虽然国家财政支农投入是为了向农民提供必需的公共产品，但这并不表明国家可以借公共需要之名享有不受限制的监管权力。诚如洛克所言："人们联合成为国家和置身于政府之下的重大的和主要的

---

① 何兵：《高永善诉焦作市影视器材公司房产纠纷案评析》，载罗豪才主编《行政法论丛》（第2卷），法律出版社1998年版，第426页。

第五章 中国财政支农投入法律监管的目标构建与实践路径

目的,是保护他们的财产。'主权者'的权力绝不容许扩张到公众福利的需要之外,而是必须保障每个人的财产。""……凡享有保护的人都应该从他的产业中支出他的一份来维持政府。但是这仍须得到他自己的同意,即由他们自己或他们所选出的代表所表示的大多数的同意。因为如果任何凭着自己的权势,主张有权向人民征课赋税而无须取得人民的那种同意,他就侵犯了有关财产权的基本规定,破坏了政府的目的。"① 罗尔斯也指出:"每个人都拥有一种基于正义的不可侵犯性,这种侵犯性即使以社会整体利益的名义也不能逾越。因此,正义否认为了一些人分享更大的利益而剥夺另一些人的自由是正当的,不承认许多人享受的较大利益能绰绰有余地补偿强加于少数人的牺牲。"②

第二,现代国家财政支农投入监管法律在本质上并非国家财政支农投入监管之法,而是保障国家财政支农投入资金使用主体权利的权利之法。基于"人民主权"学说,主权的所有者是全体人民,国家不过是一群自由民为了汇集起全部共同的力量来保卫和保障每个结合者的人身、自由和财富而让渡部分个人权利,以社会公约赋予其生存和生命,以立法赋予其行动和意志,以纳税赋予其血液所形成的政治结合体。③ 因此,从宪制与人权的角度看,国家财政支农投入监管法律不单纯是国家财政支农投入监管主体行使监管权的根据,即国家财政支农投入监管之法,更重要的是,它是保障国家财政支农投入资金使用主体基本权利的、旨在对抗国家财政支农投入监管权滥用的"权利之法"。国家财政支农投入监管主体在实施国家财政支农投入法律监管行为中的所谓"单方意志",不是指由其自由裁量决定的,而是指国家财政支农投入监管主体在国家财政支农投入资金使用主体的协助和配合下,依照国家财政支农投入监管法律的规定独立决定国家财

---

① [英]洛克:《政府论》(下),叶启芳、瞿菊农译,商务印书馆1964年版,第77页。
② [美]罗尔斯:《正义论》,何怀宏等译,中国社会科学出版社1988年版,第1页。
③ 参见丁一《纳税人权利之确证》,载刘剑文主编《财税法论丛》(第4卷),法律出版社2004年版,第76页。

政支农投入法律监管行为。

第三，国家利益的实现有赖国家财政支农投入资金使用主体遵从国家财政支农投入监管法律。而国家财政支农投入资金使用主体遵从国家财政支农投入监管法律的前提之一，就是其基本权利得到应有的尊重与保护。这是宪法中所确立的国家尊重和保障人权原则的必然要求。况且，在社会主义条件下，国家利益与国家财政支农投入资金使用主体的利益在根本上是一致的。由于国家在本质上是为了实现国家财政支农投入资金使用主体利益而存在的，因此，国家财政支农投入资金使用主体利益便必然也应该成为国家利益的主要内容。在这种情况下，国家利益总是以不同形式在不同程度上体现着国家财政支农投入资金使用主体利益，并最终服从于国家财政支农投入资金使用主体利益。

二 中国财政支农投入法律监管的政策目标构建

国家财政支农投入法律监管除了价值目标外，还应该有政策目标。

（一）在国家财政支农投入法律监管中确立政策目标的意义

从规范意义上说，国家财政支农投入法律监管的政策目标是指国家财政支农投入法律监管通过规范国家财政支农投入行为和维护国家财政支农投入良好秩序，所应当保护的利益和实现的功能。对国家财政支农投入行为的规范和国家财政支农投入秩序的维护究竟是为了保护何种利益，达到何种目的，这是国家财政支农投入法律监管的政策目标所要回答的基本问题。

虽然从美国的《预算和会计法》算起，现代国家财政支农投入法律监管已有90多年的历史，而且已成为许多国家、地区财政法律监管的重要组成部分。但无论在理论还是实践中，国家财政支农投入法律监管的政策目标都没有一个统一的模式。如果说各个国家财政支农投入法律监管均以规范国家财政支农投入行为和维护国家财政支农投入良好秩序为其共同特征，那么，在规范国家财政支农投入行为和维护国家财政支农投入秩序的名义下，其所保护的利益和实现的功能却各有不同,从而使国家财政支农投入法律监管的内容、解释和运行表现出种种差异。例如,国家财政支农投入法律监管对国家财政支农投入行为的规范和国家财政支农投入秩序的维护,可以指保护民主理财,农民的经济自由,并反腐败;可以指确保国家财政支农投入资金安全、稳定和高效运行;可以指保护国家财政支农投入资金使用主体,如不同地区、层次和规模的国家财政支农投入资金使用主体在资金使用中的利益平衡;可以指保护国家财政支农投入法律监管主体的利益;也可以纯粹指保护国家财政支农投入过程本身,从而确保国家财政支农投入机制发挥其资源高效配置和对农业生产效率促进的作用;还可以指促进社会公平正义的实现和农民的全面发展等。

值得注意的是,国家财政支农投入法律监管时常不能同时实现上述所有的功能。上述各种可能的政策目标之间也存在潜在的冲突。如保护农民的经济自由,可能会妨碍农业产业结构的调整,农业生产适度集中和规模经济效益,不利于提高资源配置效率和生产效率;保护国家财政支农投入资金使用主体,如不同地区、层次和规模的国家财政支农投入资金使用主体难以形成一种竞争,使国家财政支农投入资金的使用效率难以提高。正是由于国家财政支农投入法律监管各种可能的政策目标之间存在潜在的冲突,一国特定时期国家财政支农投入法律监管政策目标的选择具有非常重要的意义。立法者和执法者还应当考虑到,不仅应当在国家财政支农投入法律监管各种可能的政策目标中确定或选择优先目标项目,还应把这些目标项目置于更一般性、更广泛的社会公共政策目标之下来界定。例如,在当前过分地强调国家财政支农投入,提高国家财政支农投入资金使用效率,这只是注重了国家财政支农投入的经济效率,而忽视了国家财政支农投入的社会效益,可能不利于农业的全面发展、农村面貌的根本性改变和农民的全面发展。因此,国家财政支农投入法律监管上所保护的利益,有时可能要让位于某种更高、更具根本性和全局性的社会公共利益。这就要求国家财政支农投入法律监管的政策目标,应当是整个社会公共政策目标体系的有机组成部分。①

在一个国家的特定时期，在国家财政支农投入法律监管各种可能的政策目标中确定优先目标项目，并明确其与相关的一般社会公共政策目标的关系，具有重要的意义。首先，这是在立法环节进一步完善国家财政支农投入法律监管的具体依据。明确的政策目标，在这里具体化为立法目的，从而减少或避免立法文件中的歧义、不清晰或失误，增强国家财政支农投入法律监管政策目标的针对性和可操作性。其次，明确国家财政支农投入法律监管的政策目标，可以成为国家财政支农投入法律监管主体执行活动的指南，成为法官统一解释和适用国家财政支农投入法律监管规范的一般指导原则，尤其是处理复杂案件的基本依据。再次，明确国家财政支农投入法律监管的政策目标，有助于国家财政支农投入资金使用主体把握法律条文的内在精神，更好地事先确定其行为的法律后果，从而便利国家财政支农投入资金使用主体决策和预防违法。最后，从学术研究的角度来看，探讨国家财政支农投入资金使用主体的政策目标，有助于把握国家财政支农投入法律监管的发展变化规律，为不断完善中国的国家财政支农投入法律监管提供可行的政策建议。②

（二）中国财政支农投入法律监管政策目标存在的问题

进入21世纪，中国经济改革的步伐加快，"三农"问题的解决成为中国全面建成小康社会的关键点。目前，乡村振兴战略在全国如火如荼地开展着，国家财政支农投入也不断加大，这使国家财政支农投入法律监管面临特殊的社会经济条件。

第一，从经济体制改革背景来看，中国现阶段还不是系统完备、成熟定型的高水平社会主义市场经济体制，仍处于从更高起点、更高层次、更高目标上不断深化改革并日趋完善的阶段。这种特点就决定了中国财政支农投入法律监管不能仅着眼于保护现行体制条件下的国

---

① 参见王中飞《加强县乡财政支农资金使用管理的几点思考》，《农业经济》2013年第4期。

② 参见张胜、万小兵、周哲郑《关于强农惠农资金监管的思考》，《中国财政》2014年第9期。

家财政支农投入行为,而应更多地着眼于创造、促进和巩固国家财政支农投入行为得以发生和发挥作用的新的体制条件。同时,中国要建立中国特色社会主义市场经济体制,以公有制为基础,实现共同富裕。① 这就使国家财政支农投入法律监管机制在中国不仅具有一般国家财政支农投入法律监管中的共性,更有其自身的特殊性。因此,中国财政支农投入法律监管不能照搬西方的模式,也不能完全以西方的监管理论作为基础,虽然这并不排斥我们借鉴西方国家在财政支农投入法律监管方面的经验教训。

第二,从社会政治条件来看,中国已吹响了实施乡村振兴战略、全面建成小康社会的号角。实施乡村振兴战略是基础,没有农业的发展、农村的进步、农民的富裕,全面建成小康社会的目的就会落空。国家财政支农投入给实施乡村振兴战略注入了活力,为全面建成小康社会提供了保障。在这种背景下,国家财政支农投入法律监管必须将全面建成小康社会纳入其目标,为全面建成小康社会发挥作用。② 目前,中国财政支农投入法律监管仍然将提高国家财政支农投入资金使用效率作为最高目标。国家财政支农投入法律监管主要有赖于政府主管部门的实施,在政府职能转变还没有完全到位的情况下,监管方式的创新不够,会给国家财政支农投入法律监管带来一定的障碍。因此,必须充分发挥社会主义制度的优越性,这是国家财政支农投入法律监管有效落实的社会基础条件;坚持以人民为中心的发展思想,筑牢党的政治根基,这是国家财政支农投入法律监管有效落实的重要保证条件;积极推进人民满意的服务型政府的建设和乡村振兴战略,全面建成小康社会是国家财政支农投入法律监管有效落实的关键条件。

第三,从国家财政支农投入实践来看,目前中国财政支农投入在局部仍存在行为不规范、秩序处于混乱的状态。旧体制下对国家财政支农投入行为的行政控制逐渐退位,新体制下对国家财政支农投入行

---

① 参见陈彦斌《社会主义制度和市场经济有机结合的五大优势》,《经济理论与经济管理》2020年第2期。
② 参见刘天琦、宋俊杰《财政支农政策助推乡村振兴的路径、问题与对策》,《经济纵横》2020年第6期。

为多渠道控制的机制尚未完备，加之中国税制的改革，财政收入格局的变化，一些地方政府为了谋求利益，以牺牲国家财政支农投入资金使用主体的利益为代价。中国财政支农投入法律监管，作为新体制下对国家财政支农投入进行宏观调控的一个有力工具，应当把促进国家财政支农投入法律秩序的建设并以此约束国家财政支农投入行为提到应有的位置上来。是否符合国家财政支农投入资金运行安全、稳定和高效，公平、合理使用国家财政支农投入资金为核心的准则，可以作为判定国家财政支农投入行为是否正当的标准。

第四，从"三农"问题来看，这是党中央一直高度关注的问题，也是希望花大力气彻底解决的问题。因此，党中央把发展农业作为解决"三农"问题的突破口，逐年加大对农业发展的财政投入，通过农业的快速发展，带动农村经济的发展，以增加农民的收入，促进农民全面发展。从宏观上看，党中央大力发展农业，是为了加快中国社会转型，缩小城乡差距，使大家走上共同富裕的道路，实现社会的公平正义。① 但国家财政支农投入法律监管是基础。一方面，可以克服国家财政支农投入结构单一，过于集中某些方面，不利于农业的全面发展；也可以克服过于分散、低水平、小规模的重复建设，严重地影响整个农业生产效率的提高，造成资源使用的严重浪费；另一方面，可以克服在许多场合不是由于投入资金不足，而是由于部分国家财政支农投入资金使用主体自身的管理水平、技术水平和装备水平太差，资金使用效率低。同时，对国家财政支农投入是否促进农村发展、改善农村面貌也高度关注。总之，国家财政支农投入法律监管能够做到使农业快速发展，城乡差距缩小，农民得到全面发展，实现社会的公平正义。

（三）中国财政支农投入法律监管政策目标的构建

综上所述，中国财政支农投入法律监管政策目标的构建应以实施乡村振兴战略为宗旨，以农业发展需求为导向，以促进农民的全面发

---

① 参见蔡继明、刘媛、刘畅畅《论走出"三农"困境的路径选择》，《天津社会科学》2020年第1期。

展为原则,形成一个囊括政治性、经济性和社会性三个方面的总体目标体系。

1. 政治性目标

第一,全面建成小康社会。党的十八大提出全面建成小康社会,它是社会主义初级阶段"若干个具体的发展阶段"中非常重要的阶段。[1] 按照小康社会发展的程度,可以将小康社会划分为"不很宽裕的小康社会""宽裕的小康社会""殷实的小康社会"或"发达的小康社会"三个阶段。[2] 小康社会是特指中国社会发展阶段和社会发展水平,充分对中国基本实现现代化之前的社会发展状态的描述。一旦社会发展到这一水平,就标志中国社会发展进入社会福利体系完备、社会结构相对和谐、人民生活水平明显提高、与中等发达国家的差距进一步缩小的新阶段。但小康社会是以公有制为主体,共同富裕为目标,经济、政治、文化与教育全面发展的中国特色社会主义社会。由此反观现实,我们全面建成小康社会的重点和难点应该在农村。这是因为:一是农村人口巨大,各方面不发达;二是农业发展较为缓慢,农民增收困难;三是城乡差别进一步拉大。所以,农村成为全面建成小康社会的拦路虎。邓小平同志指出:"没有农民的小康就没有全国的小康。"江泽民同志进一步指出:"没有农村的稳定和全面进步,就不可能有整个社会稳定和全面进步;没有农民的小康,就没有全国人民的小康;没有农业的现代化,就不可能有整个国民经济的现代化。"[3] 习近平总书记从党的十八大以来就指出:"全面建成小康社会也有一些短板,必须加快补上。"[4] 在这种情况下,国家财政支农投入就尤为重要,其法律监管应将全面建成小康社会纳入目标。一方面,国家财政支农投入法律监管主体要有全面建成小康社会的理念,以此指导执法工作;另一方面,国家财政支农投入法律监管的依据,

---

[1] 参见王晓毅《补齐"三农"短板决胜全面建成小康社会》,《人民论坛》2020年第8期。
[2] 参见吕书正《全面建设小康社会》,新华出版社2002年版,第27页。
[3] 转引自韩长赋《全面建设小康社会关键在农村》,《政策》2003年第2期。
[4] 习近平:《关于全面建成小康社会补短板问题》,《求是》2020年第11期。

既要体现提高国家财政支农投入资金使用效率,又要体现国家财政支农投入资金使用的社会效益。

第二,促进民主与法治的发展。民主与法治是一国发展的基础。自古以来,许多仁人志士为此奋斗。中华人民共和国自成立之初就确立民主与法治原则。宪法第二条规定:"中华人民共和国的一切权力属于人民。人民行使国家权力的机关是全国人民代表大会和地方各级人民代表大会。人民依照法律规定,通过各种途径和形式,管理国家事务,管理经济和文化事业,管理社会事务。"第五条第一款规定:"中华人民共和国实行依法治国,建设社会主义法治国家。"民主与法治体现在财政领域就是财政民主和依法理财。这些都应是国家财政支农投入法律监管包含的目标。为了实现该目标,在国家财政支农投入决策、预算的编制、审议中可以引入协商机制。同时,在国家财政支农投入资金的拨付和使用中强化公民监督与社会监督。此外,在国家财政支农投入法律监管中确立监管标准和监管程序,确保国家财政支农投入监管行为是规范的。①

2. 经济性目标

维护国家财政支农投入资金运行的安全、稳定和高效,这是国家财政支农投入法律监管的目标之一。在国家财政支农投入中,由于资金量相当庞大,为了确保国家财政支农投入资金最终能够用在"刀刃"上,它在运行过程中的安全性、稳定性和高效性是需要充分考虑的。国家财政支农投入资金运行的安全、稳定是指采取合理的技术减少国家财政支农投入资金任意变化的频繁度,以免危及国家财政支农投入资金的使用和必要任务的实现。从最低限度上讲,国家财政支农投入资金运行要求有足够的秩序以确保国家财政支农投入资金使用主体基本需要的满足。国家财政支农投入资金运行的高效,是指国家财政支农投入资金运行的通畅、流转过程中得到合理

---

① 参见陈治《论民生财政的实践模式、路径选择与法治保障》,《法商研究》2013年第6期。

使用，避免浪费。①

维护国家财政支农投入资金运行的安全、稳定和高效，作为国家财政支农投入法律监管的目标，是指无论在立法还是执法过程中，都应当实现和保护国家财政支农投入资金运行的安全性、稳定性和高效性以及它们的相互协调，②从而增强国家财政支农投入资金使用主体对国家财政支农投入资金运行环境和秩序的信心，增强国家财政支农投入资金使用主体对农业和农村经济发展的信心，增强全社会对农村综合改革进程的信心，为实施乡村振兴战略创造稳定的大环境。

就具体操作而言，国家财政支农投入法律监管可以通过多种途径维护国家财政支农投入资金运行的安全、稳定和高效。首先，国家财政支农投入法律监管可以通过禁止财政部门的开户银行违规操作、所涉部门挪用资金，以保障国家财政支农投入资金的正常提供，严格执行预算，确保国家财政支农投入资金供应的基本稳定。某种国家财政支农投入行为，如果造成国家财政支农投入资金供给严重不足或中断，严重影响国家财政支农投入资金使用主体生产，又没有重大客观理由，一般应认定为扰乱国家财政支农投入秩序而予以禁止。

其次，国家财政支农投入法律监管对国家财政支农投入资金使用主体保护应给予特别的关注。国家财政支农投入行为是否不正当，应该首先根据其对国家财政支农投入资金使用主体的影响来认定。对国家财政支农投入资金使用主体利益的消极影响，可以表现为扭曲国家财政支农投入资金使用过程，影响资源配置效率，从而使一般国家财政支农投入资金使用主体作为整体不能获得由此产生的利益，也可以表现为在具体国家财政支农投入资金使用中使特定国家财政支农投入资金使用主体的选择机会减少，或不得不支付更高的成本，或在同样条件下接受较差的国家财政支农投入法律监管主体的服务。

---

① 参见单哲《健全完善财政支农资金运行机制的思考》，《中国财政》2010年第10期。

② 参见董斯成、黄兴国《强化财政资金安全监督管理的思考》，《财政监督》2016年第9期。

再次，国家财政支农投入法律监管应加强透明度和客观性，始终坚持公正、公开、公平的原则，促进国家财政支农投入资金运行的安全、稳定和高效。同时，把是否有违反公正、公开、公平的原则作为认定国家财政支农投入行为正当的一项重要标准。①

最后，对国家重大财政体制改革措施引起的国家财政支农投入资金行为或其变化，国家财政支农投入监管执法机关应从国家出台该措施的目的出发，在法律监管过程中体现财政改革措施对农民的关心，体现财政改革措施中所包含的内在秩序要求和对国家财政支农投入资金运行的安全、稳定和高效的要求，防止国家财政支农投入资金使用主体曲解政策目的或利用政策漏洞牟取私利，或者滥用财政改革措施许可的各种待遇，尽可能减少重大财政改革措施施行过程中可能诱发国家财政支农投入资金运行的不安全、不稳定和不高效。②

3. 社会性目标

其一，促进社会公平正义的实现。公平包括起点公平、过程公平和结果公平三个方面。较早提出社会公平概念的密尔将"社会公平"和"分配公平"视作同义词，即"社会应当平等地对待所有应当平等地获得这种平等待遇的人，也就是说，社会应当平等地对待所有应当绝对平等地获得这种平等待遇的人。这就是社会的和分配的正义所具有的最高的抽象标准"。③ 彼得·斯坦、约翰·香德认为："社会公平的现代概念是：每个社会成员，仅仅因为他是社会成员之一，就有权不仅享受其他成员所提供的个人生活所需，而且有权享受'每一个人都想得到而实际上确实对人类福利有益的'一切好处和机会。"也就是说，"一切社会成员都有权得到与他人相同的对待，而且，没有什么可以自圆其说的理论能使区分不同的人、使他们得到不同的物质

---

① 参见何军、胡亮《基于 DEA 模型的国家财政支农资金效率评价》，《生产力研究》2010 年第 8 期。

② 参见龙菊《对提高中国支农资金运行绩效的探讨》，《中国农学通报》2010 年第 22 期。

③ ［英］弗里德里希·冯·哈耶克：《法律、立法与自由》（下册），邓正来等译，中国大百科全书出版社 2000 年版，第 118 页。

利益及其他好处成为正当的事情"。由此可见，社会公平的基本原则包括两个方面："第一，在人类美好生活所必需的物质条件方面，它要求实现人类状况的平等，并且在个人能力允许的前提下实现工作和娱乐机会上的平等。第二，它要求采取一视同仁的普遍原则，以保证分配标的不会在第一方面的要求实现以后又被一部分人攫走。"[①] 在现代社会，由于实际上的不平等，特别是经济和教育方面的不平等，许多人无法享受平等分配的权利价值，而他们对社会资源分配享有的资格也徒具其表。因此，尽管一个社会在分配权利上是一视同仁的，即每个社会成员享有平等的权利，但这种正义规范越是实现其强制的普遍性，其一视同仁越彻底，权利就越缺乏实质的价值。可见，一个社会要实现真正的公正而不仅仅是形式上的公正，就不能只是停留在对权利一视同仁的平等分配上，它必须对社会利益按照某种原则分配，以弥补仅仅按照平等原则对权利分配的不足。否则，当一个社会存在相当数量根本无法实现自己权利价值的人时，那些平等的权利在实际上就成为某种特权。将促进社会公平正义的实现作为国家财政支农投入法律监管的目标，其具体操作如下。

首先，国家财政支农投入法律监管要确保国家财政支农投入资金使用主体各种具体的权利平等。如国家财政支农投入资金使用主体在资金使用上具有平等的权利，在保护资金使用利益上具有平等的诉讼权利等，它是社会公平的内在要求。也就是说，无论每个国家财政支农投入资金使用主体的资源、能力、运气和努力等因素有多大的差异，享有具体权利是平等的。只有国家财政支农投入资金使用主体平等地享有这些具体的权利，只有作为人，才能从最起码的底线意义上体现出对个体人缔结社会的基本贡献和对人的种属尊严的肯定，从最本质的意义上实现社会发展的基本宗旨，即以人为本位发展的基本理念，从最实效的意义上为社会的正常运转确立起必要的条件。[②]

---

① ［英］彼得·斯坦、约翰·香德：《西方社会的法律价值》，王献平译，中国法制出版社2004年版，第98页。

② 参见吴忠民《公正新论》，《中国社会科学》2000年第4期。

其次，国家财政支农投入法律监管强调国家财政支农投入资金使用主体的机会公平。机会是指社会成员发展的可能空间和余地。它的作用在于为每个社会成员的发展提供事前的保障机制。个人因先天的自然因素等可能会在参与能力等方面存有差异，但是首先应该保证所有成员机会的公正。一般来说，它包括两方面含义：一是共享机会，即从总体上看，每一个社会成员都应该有大致相同的基本发展机会；二是差别机会，即社会成员之间的发展机会不可能是完全相等的，应该在程度上有所差别。但机会在实际社会生活中主要表现为两个方面：一是都有平等的参与机会，主要体现在自由选择、资源利用等方面；二是都有获得平等的发展潜力、施展才干的机会，主要体现在接受教育、培训和获得信息等方面。[①] 国家财政支农投入法律监管可以使任何国家财政支农投入资金使用主体只要符合法定条件，均被纳入国家财政支农投入资金使用主体的保障范围。这种保障的程度越高，机会的公平性就表现得越充分。因此，每一个国家财政支农投入项目对于其范围内的国家财政支农投入资金使用主体而言，就是一种机会公平的保障。

最后，国家财政支农投入法律监管通过对国民收入再分配的监管，在一定程度上达到缩小国家财政支农投入资金使用主体发展结果的不公平。对于现有资源如何分配，就很直接地体现了社会公正。只有当每个国家财政支农投入资金使用主体都认为在这种分配制度中得到了公正对待时，他们才认同这种制度。正确的分配原则是，在平等基础上充分保障每一位农民的生存权与发展权，将其所得与贡献结合起来，这时社会正义就得到了有效的实现。分配公平是整个社会公平之本、之所在和最高层次，它充分体现了社会财富在分配上的合理性和平等性[②]，是国家财政支农投入资金使用主体评判社会公平与否和公平程度的直接与主要依据。同时，立足社会的整体利益，对于一次分配后的利益格局进行必要的调整，使国家财政支农投入资金使用主

[①] 参见吴忠民《公正新论》，《中国社会科学》2000 年第 4 期。
[②] 参见吴忠民《公正新论》，《中国社会科学》2000 年第 4 期。

第五章 中国财政支农投入法律监管的目标构建与实践路径

体普遍地得到由发展所带来的收益,进而使社会质量不断有所提高。公正的再分配有着重要的意义。一是可以使为数众多的已得到保护原则支援的那部分国家财政支农投入资金使用主体进一步改善自身状况,增强自身发展能力,使社会公共生活领域的范围和质量不断扩大与提高。二是可以使初次分配中出现的差距程度得到缩小,国家财政支农投入资金使用主体之间许多由物质利益而引发的冲突和矛盾也可以在不同程度上得到缓解,有些潜在的冲突和矛盾甚至可以被消除,从而确保国家财政支农投入秩序的正常。由此看来,建立完善的国家财政支农投入法律监管制度,确保国家财政支农投入资金使用主体权利,的确有利于缩小贫富差距,在一定程度上实现社会公平。

其二,促进农民的全面发展。"人的全面发展是指每个人和一切人都在客观和主观的各方面得到最大限度自由发展的状态。"[1] 由此可见,人的全面发展主要是指人的自由发展。这是因为,如果人对世界的改造不自主自为,人不可能全面发展。只有"人终于成为自己的社会结合的主人,从而也就成为自然界的主人,成为自己的主人——自由人"的时候,人的全面发展才能成为现实。[2] "人的全面发展必须以自由发展为内容。如果没有自由,人的全面发展就必然是虚假的、不现实的。"[3] "个人的全面发展,只有到了外部世界对个人才能的实际发展所起的推动作用为个人本身所驾驭的时候,才不再是理想、职责等,这也正是共产主义者所向往的。"[4] 爱自由是人的天性。爱尔维修说过:"所谓自由人,就是指不戴手铐脚镣,也不受监狱关押,也不会因为害怕惩罚而像奴隶一样只限于在其一个地域之内活动的人……不能像鹰隼那样飞翔、像鲸鱼那样遨游,这并不是不自由。"[5] 只要他人没有蓄意干涉他的活动,那他就是自由的。近代以

---

[1] 卓泽渊:《法的价值论》,法律出版社2006年版,第463页。
[2] 《马克思恩格斯选集》(第3卷),人民出版社1972年版,第443页。
[3] 卓泽渊:《法的价值论》,法律出版社2006年版,第464—465页。
[4] 《马克思恩格斯全集》(第3卷),人民出版社1960年版,第330页。
[5] [英]彼得·斯坦、约翰·香德:《西方社会的法律价值》,王献平译,中国法制出版社2004年版,第201页。

来的一些西方学者认为，自由分为两个方面：第一，自由就是不受他人的干预和限制，即所谓"免于……的自由"；第二，自由就是"自己依赖自己，自己决定自己"，即所谓"从事……的自由"。伯林把前一种意义的自由称作"消极自由"，把后一种意义的自由称作"积极自由"。这种划分被认为具有重大的意义，得到了广泛的承认。但不管消极自由和积极自由之间有何差别，自由的实质在于：一方面，它反映了主体的意志与客观必然性之间的某种统一性；另一方面，它反映了个人与社会之间的某种统一性。①

一般来说，消极自由目的在于划定个人自行其是的范围，防止人们互相伤害，因此，它需要的是秩序和法律。洛克指出："法律按其真正的含义而言，与其说是限制还不如说是指导一个自由而有智慧之人去追求他的正当……法律的目的不是废除或限制自由，而是保护和扩大自由。"② 马克思也认为："法律不是压制自由的措施，正如重力定律不是阻止运动的措施一样。"③ 积极自由以培养社会成员的能力和实现某种善为目标，它需要国家提供相应的资源和机会。就政府职能而言，消极自由意味着最小程度的国家干预，积极自由则要求国家在培养公民能力、提高社会参与程度和生活质量方面发挥更大的作用。正如英国学者彼得·斯坦、约翰·香德所指出的："在18世纪，得到人们普遍承认的国家的目的，除了维护社会内部公共程序和抵制外来侵略之外，就没有什么更多的内容了。而如今，人们要求国家为其公民做更多的事情。国家不应仅仅保证公民享有最起码的生存条件，它还应当以提供福利设施，防止压榨个人资源、破坏社会整体利益等，来提供人民的生活质量。"④ 实际上，积极自由的意义部分地蕴含在消极自由之中。如果承认消极自由，对公民培养独立自由

---

① 参见张文显《法哲学范畴研究》，中国政法大学出版社2003年版，第207页。
② [英]洛克：《政府论》（下篇），瞿菊农等译，商务印书馆1964年版，第35—36页。
③ 《马克思恩格斯全集》（第1卷），人民出版社1995年版，第176页。
④ [英]彼得·斯坦、约翰·香德：《西方社会的法律价值》，王献平译，中国法制出版社2004年版，第204页。

的能力所需要的条件提供支持是必要的,也就意味着国家有义务通过积极的行动为公民创造条件。在这个意义上,自由可以被描述为"一种条件,亦即型构一个目的、借助有组织的文化手段使该目的转变为行之有效的行动并对这种行动的结果充满乐趣所必要的和充分的条件"。①

国家财政支农投入资金使用主体,尤其是实际使用国家财政支农投入资金的农民,他们享有使用国家财政支农投入资金的权利是一种要求国家积极作为的权利,它包括国家财政支农投入资金支配权、使用权等内容。这些"新的'权利'要求国家应当关心个人的利益。这些权利是以伙伴关系的社会概念为基础的。个人的重要性超过了整个社会的福利。如果某人所需要的工作、教育、医疗等照顾得不到满足,就不能说他具有享有完全的典型自由的地位"。与消极自由相比,积极自由是国家财政支农投入资金使用主体权利的主导价值,以人为本和自我实现是国家财政支农投入资金使用主体权利中积极自由的应有之义。彼得·斯坦、约翰·香德指出:"'要'……的自由。这是指获得某种积极效果的能力。一个人,只有在他能够实现某种目的(不论是依靠自己的力量还是与他人合作)时,方能感到自己享有自由,方能感到自己是自己的主人。"积极自由在于为个人提供符合其能力的有益和建设性活动的机会,从而为"个人行动和选择的自由"创造前提条件。也就是说,积极自由是一种追求和实现目的的自由,是"通过达到某种积极的目的来发现自己真正的价值",② 它是以消极自由为前提而实现的积极条件。积极自由是通过意志、利益和行为等权利构成要素体现出来的。"权利实质上就是意志、利益和行为的有机组合体。"③ 抛开非规范性的利益因素,国家财政支农投入资金

---

① [英]博登海默:《法理学——法律哲学与法律方法》,邓正来译,中国政法大学出版社1999年版,第283页。
② [英]彼得·斯坦、约翰·香德:《西方社会的法律价值》,王献平译,中国法制出版社2004年版,第225页。
③ 程燎原、王人博:《赢得神圣——权利及其救济通论》,山东人民出版社1998年版,第22页。

使用主体权利实质上是意志自由和行为自由的统一体。意志自由是自由的内在状态,"是借助于对事物的认识来做出决定的能力"。"它主要表现在对规律的认识、偏好、行动目标、路线和方式的选择上。行动自由是自由的外在状态,是根据对客观规律的认识和目标选择而支配自己和外部世界的能力。它主要表现在对规律的控制、驾驭和利用上,表现在不受他人干涉和限制而作为的状态中。意志自由是行动自由的前提,行动自由是意志自由的现实化。因此,真正的自由是不断由意志自由转化为行动自由的一系列过程。"①

将促进农民的全面发展作为国家财政支农投入法律监管的目标,这是国家财政支农投入法律监管的最高目标。国家财政支农投入法律监管促进农民的全面发展,其实就是实现农民所享有的权利,即一个由意志自由转化为行动自由的过程。换言之,农民所享有的权利得到实现,一方面是农民个人在意志上有自由主张或拒绝国家对物质和文化生活积极促成及提供相应物质帮助或服务;另一方面,是在农民个人主张国家对物质和文化生活积极促成及提供相应物质帮助或服务时,该主张能够以农民的行动自由得到落实。②

第二节 中国财政支农投入法律监管的实践路径

一 中国财政支农投入法律监管实践路径的价值偏差

从中国财政支农投入法律监管现状来看,它是以政府监管机关为本位的监管模式,而不是以政府监管机关相对方为本位的监管模式。在这样的监管模式下,无疑突出政府监管机关在国家财政支农投入法律监管中的主导地位。这体现了一种"自上而下"的监管,其优势非常明显:一是监管力度大;二是监管具有权威性。不足也非常明

---

① 张文显:《法哲学范畴研究》,中国政法大学出版社2003年版,第208页。
② 参见杨华《论社会权的双重价值属性》,《长春工业大学学报》(社会科学版) 2007年第2期。

显,这是由其价值指向所决定的。中国财政支农投入法律监管在实践路径上的价值选择存在的缺陷如下。

(一) 监管权行使中便利于政府监管主体的价值

《宪法》第二十七条规定:"一切国家行政机关实行精简的原则,实行工作责任制,实行工作人员的培训和考核制度,不断提高工作质量和工作效率,反对官僚主义。一切国家机关和国家工作人员必须依靠人民的支持,经常保持同人民的密切联系,倾听人民的意见和建议,接受人民的监督,努力为人民服务。"这是关于国家机关职权行使价值的规定。依此规定,行政机关在职权行使中必须尽最大可能地便利于人民群众。具体到国家财政支农投入法律监管,就是政府监管机关必须便利于政府监管的相对方,即国家财政支农投入资金使用主体。该价值同时也应当成为国家财政支农投入法律监管的基本精神。

但是,从目前中国财政支农投入法律监管价值选择的情况看,则选择了另一种价值,即监管权行使中便利于政府监管主体。从国家财政支农投入法律监管所依据的程序规定来看,大多数程序是相对方在实现自身权益中必须遵循的,而不是政府监管主体在履行政府监管职能时自身应当遵循的。这主要表现在:政府监管相对方有些权益的实现不需要程序与环节,而一些国家财政支农投入法律监管所依据的规范文件中为政府监管相对方确立了相应的程序。如财政部发布的《政府采购运行规程暂行规定》第五条第二款规定:"因特殊原因,需要实行竞争性谈判、询价和单一来源等采购方式的,应当在采购活动开始前,报经同级财政部门批准。"这一程序规则毫无疑问便利了政府监管主体的职权行使,却妨碍了政府监管相对方权益的实现。还有一些国家财政支农投入法律监管所依据的规范文件中为政府监管相对方权利的实现设置了诸多环节。如财政部发布的《政府采购合同监督暂行办法》第九条第二款规定:"政府采购管理机关在审核时,采购机关应当对政府管理机关的询问及时作出答复。经审查符合规定的,政府采购管理机关方可办理政府采购资金的拨款手续。"政府管理机关的审核应当是书面材料的审核,而不是

"对人审核"。这种规定很显然是通过对政府监管相对方权益的限制,以实现政府监管主体对这一事态管理的方便。①

(二) 政府监管主体行政管制权保护的价值

政府管制往往是相对于自由竞争和市场机制而言的。一般来说,政府管制有两个根源:一是与封建国家有着密切的联系。在这样的国家形态下,政府起着主导作用,其专制权力对社会进行全面控制,干预社会生活的方方面面。二是与计划经济有着千丝万缕的联系。在实行计划经济的国家,政府既是经济活动规则的制定者,又是经济活动的裁判者,还是经济活动的介入者。但市场经济是不能过多依赖政府管制而健康发展的经济形态,如果政府对经济生活全面干预,市场机制就不可能形成,市场主体就不可能真正享有市场权利。② 因此,中国已经在相关的法律和政策性文件中确立了实现宏观调控的市场理念,明确肯定了政府管制手段使用过多会产生对市场机制的破坏作用。但这并非排斥政府对市场的适度监管。所谓"适度",即意味着政府监管不是也不能是政府管制。但目前中国财政支农投入法律监管并没有抛弃管制的价值取向。如财政部发布的《中央单位财政国库管理制度改革试点资金支付管理办法》第十七条规定:"预算单位的零余额账户印鉴卡必须按规定的格式和要求填写。印鉴卡内容如有变动,预算单位应及时通过一级预算单位向财政部提出变更申请,办理印鉴卡更换手续。"又如财政部发布的《政府采购管理暂行办法》第三十四条规定:"招标人应当自确定中标人之日起15天内,向财政部门提交招标情况的书面报告。"

(三) 以监管相对方为主要规制对象的价值

国家财政支农投入法律监管所依据的规范文件主要由国务院、财政部等机关制定。作为监管权运行的决策者,它既要担负着对财政支农投入事务监管的责任,又担负着对低层政府监管机关管理和监督的

---

① 参见程亚萍、胡伟《论我国政府采购监管立法的价值选择》,《社会科学》2006年第4期。

② 参见王锡锌《行政管制的精细化和人性化——美国〈管制灵活性法〉简述》,《行政法学研究》2008年第4期。

第五章 中国财政支农投入法律监管的目标构建与实践路径

责任。因此，这些高层级机关在制定国家财政支农投入监管行政法规和规章时，应当既从管理好政府财政支农投入监管事务出发，又从管理好政府监管主体及工作人员出发。

然而，目前中国财政支农投入法律监管所依据的规范文件在规制对象上以政府监管相对方为主，以政府监管机关为辅，尤其为政府监管相对方设定义务较多，而对政府监管机关设定义务和责任较少。如财政部发布的《政府采购货物和服务招标投标管理暂行办法》共有90条，其中的监管主体是财政部及地方政府采购管理机关，其他的招标人、投标人、评标委员会、政府采购业务代理机构等则是政府采购监管的相对方。其关于政府采购监管主体权利的规定有15条之多，而关于政府采购监管主体法律责任的规定仅有2个条文。政府采购监管相对方义务的条款也有数十条，有关法律责任的条款有12条。如第七十二条规定："采购人对应当实行集中采购的政府采购项目不委托集中采购机构进行招标的，或者委托不具备政府采购代理资格的中介机构办理政府采购招标事务的责令改正；拒不改正的，停止按预算向其支付资金，由其上级行政主管部门或者有关机关依法给予其直接负责的主管人员和其他直接责任人员处分。"笔者认为：政府采购招标投标作为一项事务，其中既有政府采购监管相对方的权利与义务，也有政府采购监管主体的权利与义务，作为调整此方面事务的行政规章应当将政府采购监管主体的权利和义务与政府采购监管相对方的权利和义务一致起来，而这一规章主要是规制政府采购监管相对方的。又如财政部发布的《中央预算单位银行账户管理暂行办法》共51个条文，对中央预算单位及其所开账户的银行这一政府监管相对方做了非常严格的义务性规定。第四十二条规定："监督检查机构在对中央预算单位银行账户实施监督检查时，受查单位和开户银行应如实提供有关银行账户的开立和管理情况，不得以任何理由或借口拖延、拒绝、阻挠；有关银行应如实提供受查单位银行账户的收付等情况，不得隐瞒。"而财政部作为这一事务管理的政府监管主体都是有关权利的规定，没有一项是相关义务和法律责任的规定。规制对象的失衡是中国财政

— 161 —

支农投入法律监管又一价值取向错位问题。

二 中国财政支农投入法律监管实践路径的选择

鉴于中国财政支农投入法律监管是在新时代社会日益成熟的背景下进行的，新时代社会在不断成长与发展，社会力量将不可忽视，它在国家财政支农投入方面发挥着重要的作用。加之实践路径上价值选择所存在的缺陷，中国财政支农投入法律监管实践路径的选择应是"自上而下"与"自下而上"监管的结合，尤其不能忽视"自下而上"监管。它根植于新时代社会，凭借新时代社会的力量，是一种自治性、群众性的监管，以保障农民权益为基点，克服"自上而下"监管的不足。

（一）加快国家财政支农投入监管法律体系建设，确保财政支农投入法律监管的权威性

近年来，虽然中国加紧制定财政支农投入法律监管所依据的规范文件，但存在体系上不完备、内容上缺乏衔接、针对性也不强、缺乏可操作性，导致财政支农投入法律监管权威性不突出等问题。目前，迫切需要制定和完善国家财政支农投入法律监管所依据的规范文件，提高国家财政支农投入法律监管的权威性。[①]

首先，制定《国家财政支农投入监管法》。《国家财政支农投入监管法》在国家财政支农投入监管法体系中处于母法地位，对各单行国家财政支农投入监管法、行政法规起到统领、指导和协调的作用。它一般规定国家财政支农投入监管领域最基本的问题，如国家财政支农投入监管的原则、监管权力的分配、监管机关之间的关系，以及国家财政支农投入决策、资金预算、审批、拨付、使用监管制度等，以体现其重要性和普适性。由于《国家财政支农投入监管法》与《宪法》有机衔接起来，为一些基本的国家财政支农投入监管事项提供了法律依据，与财政法定原则的要求不无二致，具有宪法性文件的特征，中国的《国家财政支农投入监管法》应该由全国人民代表大会

[①] 参见王惠《财政支农投资存在的问题及法律对策》，《江西社会科学》2009年第6期。

来制定，它的效力高于其他财政监管法律，对下位法起着统帅的作用。换言之，《国家财政支农投入监管法》一方面可以对国家财政支农投入监管基本制度"拾遗补缺"；另一方面，可以使与之相抵触的其他国家财政支农投入监管法条款无效，保证国家财政支农投入监管法制的一致性。同时，《国家财政支农投入监管法》可以起到整合国家财政支农投入监管法体系的作用，并使国家财政支农投入监管体系有更合理的结构和更高的效力。

其次，完善《宪法》规定。主要建立健全《宪法》中的预算条款，如规定全国人大审查和批准国家的预算（包括国家收支项目和社会保障预算）和预算执行情况的报告，并以法律的方式予以公布；全国人大常务会在全国人大闭会期间，审查和批准国民经济和社会发展计划在执行过程中所必须做出的部分调整方案和审查和批准国家预算在执行过程中所必须做出的部分调整方案，做到预算收支的平衡；国务院编制和执行国民经济和社会发展计划；编制和执行国家年度预算，超出预算拨款的支出和预算外支出需经财政部长依法定程序同意，但只有在不可预见和不得不需要的情况下才能同意。

最后，构建国家财政支农投入监管法规体系。一是以《宪法》《国家财政支农投入监管法》和《村民委员会组织法》为龙头。二是以《预算法》《会计法》《审计法》《注册会计师法》《政府采购法》《行政处罚法》《行政复议法》等法律为基础。三是以《财政违法行为处罚处分条例》《中央本级项目支出预算管理办法》《中央部门预算支出绩效考评管理办法》《中央单位国库管理制度改革试点资金支付管理办法》《中央预算单位银行账户管理暂行办法》《财政部对中央财政支出资金实施监督的暂行规定》《财政监察专员办事机构对中央财政专项支出资金实施监督的暂行办法》《财政部门实施会计监督办法》《财政部门内部监督检查暂行办法》等法规和规章为补充。

(二) 确立国家财政支农投入监管标准和程序，提高国家财政支农投入法律监管的机能①

一是确立国家财政支农投入监管标准。国家财政支农投入监管标准是国家财政支农投入监管的准绳和尺度。如果缺少标准，国家财政支农投入法律监管工作的质量将无法得到保证，亦无法确保国家财政支农投入资金使用主体机会之公平与监管效率。因此，应在国家财政支农投入监管制度中确立监管标准。从法律上看，所谓标准，《布莱克法律大词典》有两种解释："一是指由习惯、同意或权威所接受的作为正确的模式；二是测量可接受性、质量及精确度的水准。"② 这两种含义都可指涉我们探讨的领域，即监管标准的制定与实施。国家财政支农投入监管标准是国家财政支农投入监管制度的重要构成，有着积极的功能。其一，有助于保障国家财政支农投入资金使用主体机会公平的实现。一方面，由法律确定的监管标准得到监管相对方的认可，进而促成监管相对方信赖、放心接受监管，为国家财政支农投入资金使用主体创造了良好的环境；另一方面，为国家财政支农投入法律监管主体提供一个客观的指南和导向，进而在客观上确保符合标准的国家财政支农投入监管对国家财政支农投入资金使用主体机会公平之实现是有益的。其二，有助于提高国家财政支农投入监管的效率。首先，监管标准促进国家财政支农投入监管行为的统一与规范，降低了国家财政支农投入监管的成本。其次，监管标准为国家财政支农投入监管提供了客观依据，增加了国家财政支农投入法律监管主体的责任要求，这无疑有助于国家财政支农投入法律监管主体提高自身的监管质量。就本质而言，国家财政支农投入监管标准是一种认识，是精神对物质、意识对存在的一种反映，是国家财政支农投入法律监管主体与监管的对象和内容之间的现实联系。离开了标准，国家财政支农投入法律监管主体将难以正确履行监管的职责。因此，确定监管标准要坚持主

---

① 参见陈立诚《财政支出法建构：一个文献综述》，《重庆社会科学》2014年第9期。
② 鲁篱：《标准化与反垄断问题研究》，《中国法学》2003年第1期。

观性与客观性统一的原则，尤其要体现国家财政支农投入法律监管各主体的意思和利益，体现国家财政支农投入发展的规律和要求。目前，还应考虑国家财政支农投入政策因素。

二是规定国家财政支农投入监管程序。尽管现行的国家财政支农投入监管法律、法规和规章规定了监管的主体、范围及对象，但由于缺乏具体的程序规定，国家财政支农投入监管工作实质上无法有效进行。其主要表现在：一方面，难以保证国家财政支农投入资金使用主体机会的公平；另一方面，无法形成与维持国家财政支农投入秩序。这是因为，国家财政支农投入监管程序是国家财政支农投入监管的载体，是联结国家财政支农投入监管机关和社会现实的桥梁与纽带。离开了国家财政支农投入监管程序，国家财政支农投入监管将寸步难行。因此，对国家财政支农投入监管程序进行规定是非常必要的。

国家财政支农投入监管是为了适应国家财政支农投入监管的需要而产生的一种新程序规范，与普通诉讼程序有所不同。首先，两种程序涉及的事项性质不同。前者通常涉及政府权力的分配，保证国家财政支农投入资金使用主体的权利免受政府非法干预；后者一般调整的是平等主体之间的关系，至多涉及公民与行政机关之间的关系。其次，审查主体不同。前者是由财政等行政部门实施的，后者是由一般司法机关实施的。最后，审查的原则不同。前者可能实行对审原则，即当事人面对面的质证辩论，也可能采取书面审查原则；后者是采取对审原则。因此，在规定国家财政支农投入监管程序时，应抓住这些特点。其主要内容为：一方面是受理程序。受理程序可能因以下几种情况而产生：其一，国家财政支农投入监管机关的交付；其二，国家财政支农投入资金使用主体的提起；其三，因争议而提起。另一方面是听证程序。由于争议事关重大，因而监管主体做出裁决之前，应该充分听取有关当事人意见。听证制度就是依法由有关当事人在财政部门陈述辩论，以保证了解有关当事人的观点、看法或目的、意图的制度。首先，审查违法争议时，必须举行听证会。其次，监管主体应在听证会前至少一周将听证会的日期、地点以及内容通知当事人。收到参加听证会通知的有关当事人必须按时到会听证,否则将受到法律的处罚。最后,除非涉及敏感的问题,听证会一般公开举行,并提前一周左右将听证会的地点和内容刊登在某些主要报刊上。

(三) 扩大国家财政支农投入监管机构的监管范围和监管权限,建立健全国家财政支农投入监察员派驻制度,强化国家财政支农投入法律监管功能①

一是进一步扩大国家财政支农投入监管机构的监管范围。从一定意义上讲,国家财政支农投入监管范围与公共利益的维护是密不可分的。确定了多大的国家财政支农投入监管范围,也就意味着公共利益在多大的范围内得到维护。国家财政支农投入监管范围的扩大应满足以下条件:其一,特定性。必须是由国家财政支农投入监管对象所实施的行为。非国家财政支农投入监管的对象,如公民实施的行为不能纳入国家财政支农投入监管的范围。其二,公共管理性。国家财政支农投入监管范围中的内容是一种职责行为,是一国政府部门为实现与国家财政支农投入密切相关的政府职能和公共利益而做出的非私人行为。其三,法律性。国家财政支农投入监管范围中的内容将产生法律后果。国家财政支农投入监管对象的行为应该是一种法律行为,它应是履行法定义务或约定义务等。只有满足上述条件,才能有的放矢地对国家财政支农投入监管,并使监管因其集中更为有力,以维护公共利益。②

二是扩大国家财政支农投入监管机构的监管权限。国家财政支农投入监管机构的监管权限扩大固然关乎其职能的实现,更关乎满足政府职能实现与发挥之需。为了保证国家财政支农投入监管机构有效履行监管职能,必须具备以下权力:其一,特别调查权。它是财政部门

---

① 参见张胜、万小兵、周哲郑《关于强农惠农资金监管的思考》,《中国财政》2014年第9期。

② 参见王杰茹、岳军《论现代财政制度下的财政监督——基于法治和受托责任的二维视角》,《当代财经》2016年第8期。

在审查争议时，有权调阅相关文件和材料而做出决定的关键性权力。它有助于克服通过看材料、听汇报进行检查而不易弄清问题的弱点，更能够做到公正、准确、及时地解决问题。因此，应该赋予特别调查权。其二，事前审查权。它是国家财政支农投入资金预算草案在提交国务院审批之前送交财政部门，由其进行合法性审查的权力。事前审查的内容主要是国家财政支农投入资金预算是否合法等，这样可以及时发现错误，有利于国家财政支农投入资金预算草案在国务院和全国人民代表大会通过。

三是建立健全国家财政支农投入监察员派驻制度。它主要是向下级财政部门和国家财政支农投入重点建设项目派驻财政监察专员，并赋予一定的权力，实现对国家财政支农投入资金预算编制、预算执行、预算调整及决算的真实性、合法性、程序性和效益性的有效监管。[1]

（四）调整国家财政支农投入法律监管的重心，强化全过程监管

目前，中国对财政支农投入的法律监管重在事后，对事前、事中的监管不够，应调整财政支农投入法律监管的重心，把事前、事中的监管重视起来，与事后监管有机结合，以提高国家财政支农投入法律监管的效率。[2] 监管就是对被监管行为的过程监管，脱离了过程的监管，其实就不存在监管。换言之，脱离过程的监管只会是有名无实。国家财政支农投入是一个有序的过程，每一环节都离不开监管。事前监管是国家财政支农投入监管主体对国家财政支农投入监管对象所进行的国家财政支农投入活动之前的监管，实际作用在于减少事中和事后监管的盲目性以及防患于未然。其主要内容是对国家财政支农投入资金预算草案的监管。因为国家财政支农投入资金预算草案是国家财政支农投入的第一道关口，也是整个国家财政支农投入过程中一个非常关键的环节。一般来说，国家财政支农投入资金预算草案由农业部

---

[1] 参见宋立根、王志宽《创新财政监察派驻机制的有益探索》，《财政监督》2008年第21期。

[2] 参见姚吉《财政专项资金全过程监管实践探索》，《财政监督》2009年第7期。

门提出，报财政部门审核，只有被财政部门审核通过后才报国务院审批。财政部门在审查国家财政支农投入资金预算草案时，既要考虑国家财政支农投入资金的限额，还要考虑农业发展重点、布局、国家产业政策、国家财政支农投入资金使用主体的合理要求及社会效益等，从源头上控制盲目支农发展、农业重点项目重复建设等问题。其所实施的监管才是有效的监管。[①]

事实上，国家财政支农投入之所以需要法律监管，从根本上说，国家财政支农投入的法律监管就是需要国家财政支农投入法律监管主体防范不当的国家财政支农投入行为的发生，而非仅在不当国家财政支农投入行为发生之后去调查。因此，国家财政支农投入法律监管机制的立足点应该在于事前和事中的监管，而非事后的监管。事中的监管在于对不当国家财政支农投入资金使用行为进行监管，它是国家财政支农投入法律监管机制中不可或缺的一环。失去了事中监管，整个国家财政支农投入法律监管机制就会蜕变成一个归责机制。对不当国家财政支农投入资金使用行为监管的实效，取决于国家财政支农投入法律监管主体得到国家财政支农投入活动全面与真实信息的程度，而它们又取决于记录国家财政支农投入资金使用主体使用资金行为结果的资金使用系统和财政部门开户银行报告系统的完善程度以及面向国家财政支农投入法律监管主体的开放程度。因此，事中监管主要表现为国家财政支农投入法律监管主体对国家财政支农投入资金使用情况进行检查以及不当国家财政支农投入资金使用行为的制止。事后监管的主要任务是发现问题并追究责任。但发现问题远比追究责任更为困难，其原因在于国家财政支农投入的效果既受国家财政支农投入政策、资金使用主体使用资金程度的影响，又受国家财政支农投入法律监管水平等因素的影响，很难准确区分各种因素对国家财政支农投入效果影响的程度。因此，国家财政支农投入法律监管主体对国家财政支农投入行为的结果评价的方式，主要是国家财政支农投入资金利用

[①] 参见王延华、何维达《政府投资项目监管的对策措施研究》，《宏观经济管理》2013年第3期。

检查权和对特定事项的调查权。根据事后监管所形成的结论,对国家财政支农投入资金使用主体采取相应的法律措施。

(五)建立健全国家财政支农投入内部监管机制,夯实监管基础

国家财政支农投入内部监管是指财政部门中履行国家财政支农投入监管职责的机构及其检查人员,根据本部门决策层的授权,对财政部门内部设置的其他机构、业务单位开展的监管活动。虽然中国财政支农投入内部监管工作在不断加强,但还是存在薄弱的环节。其根本原因是没有建立起严密、规范、有效的内部监控体系。要完善国家财政支农投入内部监控体系,必须从以下几方面入手。①

一是建立科学、公开、透明的国家财政支农投入资金预算管理体制。首先,建立有效的国家财政支农投入预算编制准备与磋商机制,有农业部门和国家财政支农投入资金使用主体的参加,甚至有村民委员会代表的参与,细化国家财政支农投入资金预算流程,如提前国家财政支农投入资金预算编制时间、细化国家财政支农投入资金预算科目、全面实行国家财政支农投入资金预算项目专家评审制度等。其次,增加国家财政支农投入资金预算的透明度,应让更多民众知晓国家财政支农投入资金预算情况,行使他们的知情权。再次,引入科学的国家财政支农投入资金预算编制方法和考核制度,主要是在国家财政支农投入资金预算中遵循权责发生制原则、绩效预算等,建立对国家财政支农投入资金预算执行的业绩考核制度。复次,加强对国家财政支农投入资金预算编制和执行情况的监督检查,积极构建国家财政支农投入资金运行全过程的动态监管机制。最后,完善国家财政支农投入资金预算编制与执行制衡机制,提高国家财政支农投入资金预算编制的约束力。②

二是完善国库集中支付监管制度。首先,规范国家财政支农投入资金银行账户的设立、使用,对其设立和使用确立严格的标准,

---

① 参见王中飞《加强县乡财政支农资金使用管理的几点思考》,《农业经济》2013年第4期。

② 参见马蔡琛、苗珊《中国政府预算改革四十年回顾与前瞻——从"国家预算"到"预算国家"的探索》,《经济纵横》2018年第6期。

防止擅自设立和私自使用。其次，强化对国家财政支农投入资金的支付与使用的审核和稽核，明确国家财政支农投入资金支付与使用的条件和程序。最后，规范国家财政支农投入资金拨付审核程序和拨付方式，建立财政国库部门与中国人民银行国库部门和代理银行的国家财政支农投入资金监管信息系统、国库管理操作系统和现代化银行支付系统。[1]

三是完善政府采购监管制度。[2] 首先，建立采购项目立项制度，规范采购计划制订程序，强化采购之前的监管，减少盲目采购，科学规划国家财政支农投入资金的支出，提高资金的使用效率。其次，对供应商的资格条件和预审程序进行充分规定，在采购过程的早期剔除资格条件不适合履行合同的供应商，确保符合条件的供应商进入采购市场，做好初期监管工作，避免采购市场出现混乱。再次，规范采购方式，对各种采购方式的适用条件进行必要调整，强化公开招标的核心地位，形成相互融洽与配合的关系，以提高采购过程的透明度，减少暗中操作，预防腐败的发生。复次，调整政府采购监管的重心，应将事前、事中监管为主和事后监管为辅相结合，以提高政府采购监管效率。最后，加强集中采购机构的监管，即对集中采购机构的采购价格、节约资金效果、服务质量、信誉状况、有无违法行为等事项考核，并定期如实公布考核结果。

四是完善转移支付监管制度。首先，建立对转移支付基础数据的核实制度，明确转移支付的标准、规模和数额。其次，规定转移支付的程序和责任，确保转移的国家财政支农投入资金到位。最后，建立转移支付执行情况的考核制度，提高转移支付执行效率。[3]

五是加快财政部门内部监管方信息化建设，提高国家财政支农投入法律监管效能。通过"金财工程"的统一信息平台，逐步实现监

---

[1] 参见王瑛、王东伟《论建立国库集中支付监督制约机制》，《财政研究》2003 年第 9 期。

[2] 参见胡伟《我国政府采购监督制度之重构》，《甘肃政法学院学报》2005 年第 5 期。

[3] 参见高铭、陈康、王小朋《我国财政转移支付绩效和监督制度研究》，《现代管理科学》2017 年第 6 期。

督检查信息与业务管理信息共享，做到国家财政支农投入资金预算编制、执行和监管各相关主体之间信息的沟通与交流，实现网络监控，降低监管成本。

六是建立财政部门内部考核机制。通过制定完善的内部考核办法，如明确考核主体、考核内容、考核方式、考核指标等，结合监管成果，公开、公正地考核，增强内部工作人员的责任感，确立内部监管的权威性和威慑力。[①]

（六）加强国家财政支农投入法律监管主体之间的协调，形成监管合力

目前，中国财政支农投入法律监管主体之间的关系并没有理顺，尤其是财政部门与审计部门没有形成监管合力。因此，应采取必要的措施理顺国家财政支农投入法律监管主体之间的关系，明确各监管主体职责权限，建立各监管主体统一协调的监管机制。

首先，合理划分全国人民代表大会及其常委会、财政部门、审计部门在国家财政支农投入监管中的职责。一是强化全国人民代表大会及其常委会对国家财政支农投入预算编制、执行和决算的监督职能。虽然全国人民代表大会对国家财政支农投入资金预算的监督不是经常性监督，但是最高层次的监督，具有权威性。二是扩大财政部门对国家财政支农投入监管的职能，一方面，便于与全国人民代表大会及其常委会监督的配合，因为财政部门的监管更多的是微观监管，深入国家财政支农投入的各个环节，能够弥补全国人民代表大会及其常委会宏观监督的不足；另一方面，便于更系统、更严密地对国家财政支农投入进行监管。尽管全国人民代表大会及其常委会对国家财政支农投入的监督也贯穿全过程，但只是对国家财政支农投入资金预算的监督，这种监督是静态的、形式上的，而财政部门的监管贯穿国家财政支农投入的全过程，是作为执行主体的角色进行的，是动态的，也是实质意义的监管。它需要更多的职权去处理国家财政支农投入中的事

---

① 参见贺邦靖《国外财政监督借鉴》（财政监督丛书之三），经济科学出版社2008年版，第80—81页。

务。三是提高审计部门在国家财政支农投入中的监督地位。审计部门的监督是一种极具独立性和公正性的监督,应置于财政部门之上。当然,这也是许多国家通常的做法,即由全国人民代表大会及其常委会的领导,对全国人民代表大会及其常委会负责。这更能够发挥审计部门在国家财政支农投入中的监督作用。

其次,进一步明晰财政部门监管与审计部门监督在国家财政支农投入法律监管中的关系。国家财政支农投入法律监管的本质主体是国家,实施主体是财政部门。财政部门的监管是围绕国家财政支农投入支出监管展开的,它的作用方式更多表现在对国家财政支农投入资金运行的同步性监管上,即对国家财政支农投入预算、资金拨付、使用等环节所实施的规范化监管,与财政部门的职责密切相关。对其自身而言,是一种内部监管,是对财政权力的一种制约,也是一种有目的地预防和纠错的监管机制;在监管方式上,侧重事前、事中的监管。审计部门的监督是依据法律法规对国家财政支农投入活动的真实性、合法性、效益性进行审查、鉴证和评价的行为,它是对国家财政支农投入监管的再监督,一般是对国家财政支农投入资金运行结果实施的监督,属于事后的监督。基于两者各自的特点,必须重新确立财政部门监管与审计部门监督的关系。一是进一步明确两者的职责分工,审计部门的监督应专注国家财政支农投入高层次的事后监督,与全国人民代表大会及其常委会的监督有机结合起来,而财政部门专注国家财政支农投入日常事前、事中的监管,突出财政部门的管理职能。二是建立两者经常性的沟通机制,协调双方的工作计划、监管行为,优势互补,对国家财政支农投入进行有效监管。

(七) 构建国家财政支农投入社会监管模式

社会监管是指由非政府机构参与国家财政支农投入的监督,[①] 也就是社会中间层主体参与国家财政支农投入的监管。这种监管模式的优势是,更具效率性、公正性、适应性、可接受性、专业性、独立

---

① 参见曾祥华《食品安全监管主体的模式转换与法治化》,《西南政法大学学报》2009 年第 1 期。

性，降低国家财政支农投入监管的成本。当然，社会监管也存在不足，如有自己的利益追求，也可能出现一些异化现象。同时，国家财政支农投入资金使用主体通过诉讼等法律方式实现对监管主体的监督，加大监管主体机会主义行为的成本，也在一定程度上制约了监管主体的机会行为。还会出现"公地悲剧"。[①] 根据监管主体，可分为第三方监管模式和自我监管模式。[②] 其一，第三方监管模式是以"第三部门"为主体的监管，它所代表的则是介于公权力与私权之间的第三方，是独立于政府的具有组织性、专业性、非营利性的群众自治组织。"第三部门"在一定程度上代表了相关群体的公共利益，能更好地调整监管者与被监管者的利益冲突，促进第三方监管的国家财政支农投入监管行为与监管效益"正相关性"。由于第三方的介入，国家财政支农投入监管更具效率性、公正性、专业性、参与性和开放性，大大地降低了国家财政支农投入监管的行政成本和社会成本。其二，自我监管模式是对政府监管模式和第三方监管模式的有益补充，是现代村民自治对国家财政支农投入监管的时代要求。自我监管模式是由村民委员会及村民在政府的指导下通过一定的程序组成一定的组织形式，依据村规民约，就本区域范围的国家财政支农投入问题进行自我监管的一种模式。其意义在于通过自我监管达到对自身利益的保护，避免出现利益冲突，也有利于乡村振兴战略的实施与推进。

[①] 参见李长健、张锋《社会性监管：中国食品安全监管模式研究》，《广西大学学报》（哲学社会科学版）2006年第5期。

[②] 参见黄锡生、曹飞《中国环境监管模式的反思与重构》，《环境保护》2009年第4期。

第六章 中国财政支农投入法律监管的主体构设与机制

国家财政支农投入法律监管主体不仅是国家财政支农投入法律监管活动的发动者,而且是载体,也是国家财政支农投入法律监管机制的核心要素。国家财政支农投入法律监管主体基于财政权与公民财政权而设置。它有广义与狭义之分:狭义的国家财政支农投入法律监管主体包括国会或议会、司法机关、行政部门等;广义的监管主体除了包括国会或议会、司法机关、行政部门外,还包括社会中介机构、新闻媒体和公民。以国家财政支农投入法律监管主体为核心的监管机制,是基于国家财政权与公民财政权的合理配置而形成的,在不同的国家选择了不同的模式。对国家财政支农投入法律监管主体与机制进行探讨,有利于把握国家财政支农投入法律监管的机理。

第一节 中国财政支农投入法律监管主体构设

国家财政支农投入法律监管主体,是指有能力、有责任对国家财政支农投入进行监管的国家机关、社会组织和个人,不同的国家财政支农投入法律监管主体,在国家财政支农投入监管中具有不同的地位和作用。

一 国外财政支农投入法律监管主体构设的考察

各国的国家财政支农投入法律监管主体都是不同的,既没有统一的模式,也不是一成不变的。有的国家由议会或国会承担主要监督职责,有的国家是由财政部承担主要监管职责,也有的国家是由司法机关承担主要监督职责,还有的国家是由既不属于立法部门也不属于司法部门和行政部门的独立机构承担主要的监管职责。更多的国家是几个机构分别对国家财政支农投入实行监管。为了提高国家财政支农投入资金使用效率,充分发挥财政部门职能作用,各国财政部一般都执行或参与国家财政支农投入监管工作。但财政部并非等于一国的国家财政支农投入监管的主管机关。国家财政支农投入监管的主管机关是一国法律中规定的国家财政支农投入的最高监管机关,它可以是财政部,也可以是议会或国会、司法机关,或既不属于立法部门也不属于司法部门和行政部门的独立机构。

目前,世界各国财政支农投入监管的主管机关最为普遍的是议会或国会,这主要因为西方许多国家的议会或国会自产生就有着强大的财政监督权,密切关注政府的财政支出,而财政部作为政府部门,要受其他部门的制约,无法处于超脱的地位,其公正性遭到质疑。但是,国家财政支农投入监管的主管机关并非都直接执行国家财政支农投入监管职能,这是由各国国家财政支农投入发展的具体情况而定的。世界上主要国家的财政支农投入最高的监管机关大致有以下四类。[①]

一是议会或国会。它享有最高的国家财政支农投入监督权,审计组织隶属议会或国会,行使国家财政支农投入监督权。如英国议会掌握着国家财政支农投入预算控制监督权。对国家财政支农投入预算的执行和决算情况进行监督、审核,由议会中的公共资金委员会和决算委员会根据审计署提供的报告进行审核。审计署是执行国家财政支农投入监督的机构,它隶属议会,向议会负责,财政部内没有设立专门的监管。美国和加拿大国会也掌握着国家财政支农投入监督的最高权力,从国家财政支农投入预算的制定、审议到划拨、执行的各个阶段,国会及各专门委员会在各自的职权范围内进行监督。审计署隶属

[①] 参见陈渊鑫、肖云峰《国外财政监督与其他监督之间关系的比较及借鉴》,《财政监督》2009年第9期。

国会，对国会直接负责和报告工作。财政部和用款部门对国家财政支农投入预算执行情况、违法乱纪行为等进行日常监管。像这样的国家还有澳大利亚、新西兰、奥地利、芬兰、荷兰、挪威、阿根廷、捷克、匈牙利、乌克兰等。

二是司法机关，享有最高的国家财政支农投入监督权，财政部负责国家财政支农投入日常业务监管。如法国的审计法院是最高的国家财政支农投入监督机关，对国家财政支农投入纠纷具有最终裁决权，是最高层次的事后监督；财政监察总署负责对国家财政支农投入资金拨付、使用等进行监管。德国联邦审计院是国家财政支农投入最高的监督机构，它对国家财政支农投入预算的审计贯穿国家财政支农投入预算活动的全过程。意大利审计法院是最高权力的国家财政支农投入监督机构，它对国家财政支农投入的监督贯穿预算编制、预算执行、决算等活动。像这样的国家还有巴西、希腊和西班牙等。

三是政府部门，享有对国家财政支农投入监管的最高权力，对国家财政支农投入的资金运转情况进行监管。如瑞典政府设立了相对独立的国家审计办公室，在国家审计办公室之下又设立了年度审计司和效益审计司，分别负责对国家财政支农投入年度报告的公正性、真实性、公允性进行审计以及对国家财政支农投入资金的运营效果进行审计。同时，瑞典财政部设立了国家经济财政管理局，对国家财政支农投入预算支出项目的跟踪评估。瑞士联邦政府设立财政监控机构即财政监控局，也称审计机构，它是一个具有高度独立性的机构，主要对国家财政支农投入预算执行情况以及资金使用的合法性、效益性进行审计监管。韩国由财政经济院（相当于中国的财政部）负责国家财政支农投入监管，享有最高监管权。像这样的国家还有中国、埃及、肯尼亚、丹麦、墨西哥等。

四是独立监管机构，它享有对国家财政支农投入的最高监管权，既不属于立法部门，也不属于司法部门和行政部门，是一个独立的监管机构。如日本设立的会计检察院，隶属天皇，既不属于国会，也不属于内阁，与其他司法机构平行，对国家财政支农投入的预算编制、

第六章 中国财政支农投入法律监管的主体构设与机制

预算执行和决算、会计财务进行审计监督。

国家财政支农投入监管执行机关也有以下三类：第一类是国家财政支农投入的最高监管机关与监管执行机关完全分离，前者对后者授权，如美国、英国、加拿大、澳大利亚、新西兰、奥地利、芬兰、荷兰、挪威、阿根廷、捷克、匈牙利、乌克兰等国家；第二类是国家财政支农投入的最高监管机关与监管执行机关是同一个机关，如中国、埃及、肯尼亚、丹麦、墨西哥等国家；第三类是国家财政支农投入的最高监管机关与监管执行机关一起执行监管职能，如法国、德国、巴西、希腊和西班牙等国家。具体来说，国家财政支农投入法律监管主体的设置模式主要有以下三种：第一种是高度集中的单一国家财政支农投入法律监管主体，由议会或国会负责对国家财政支农投入进行监督。第二种是单线多头国家财政支农投入法律监管主体，国家财政支农投入监管权力集中于中央政府，但在中央一级又分别由两个或两个以上机构负责国家财政支农投入监管。这种多头监管模式通常是以财政部和审计署为主体开展工作的。第三种是多头国家财政支农投入法律监管主体设置模式，"多头"是指在一个国家有多个履行国家财政支农投入监管职能的机构，世界上实行这一国家财政支农投入监管设置模式的国家较多。

第一种模式具有如下优点：国家财政支农投入监管集中，监管法规统一，有助于克服其他体制下相互扯皮、推卸责任的弊端。第一种模式的不足：有可能使国家财政支农投入监管部门作风官僚化，监管任务过重，不利于提高国家财政支农投入监管人员的素质，不利于为国家财政支农投入资金使用主体提供更好的服务。第二种模式具有如下优点：适应各种机构和力量间相互制约与平衡的国家社会结构；确保国家财政支农投入统一监管和监管工作效率的提高；各国财政支农投入监管部门之间的协作是非常重要的。第二种模式的缺点：运行效率的关键是各监管部门间的合作，否则，难以运行；存在重复监管。第三种模式具有如下优点：适应国家财政支农投入监管机构很多而情况差别很大的国家；适应政治经济结构比较分散的联邦制国家；能较好地提高国家财政支农投入监管部门的工作效率；防止国家财政支农投入监管权力的过分集中,使国家财政支农投入监管专门化,提高对国家财政支农投入资金使用主体服务的能力。第三种模式也有不足:监管机构交叉重叠,国家财政支农投入监管法规不统一,影响国家财政支农投入资金使用主体的业务活动,加剧国家财政支农投入领域的矛盾与混乱,降低国家财政支农投入监管效率;为国家财政支农投入资金使用主体造成一个不平等的环境。[①]

从国外财政支农投入法律监管主体构设类型来看,不同监管类型国家有不同的特点。(1) 立法型监管国家。一是议会,处于国家财政支农投入监督核心地位;二是审计机关,隶属议会,独立于政府,实施对国家财政支农投入的事后审计,并对议会负责;三是财政部门,实现对国家财政支农投入预算和日常监管,主要是事前和事中监管。(2) 司法型监管国家。一是审计法院,它独立于议会和政府,工作既不受议会干预也不受政府干预,处于国家财政支农投入监管核心地位;二是议会,对国家财政支农投入预算进行监督;三是财政部,对国家财政支农投入资金的拨付、使用进行监管;四是社会中介机构的监督,如法国公共会计的监督。(3) 行政型监管国家。一是政府部门,包括财政部门和审计部门,有一些国家审计部门属于财政部门,如巴西、瑞士等,它们处于国家财政支农投入监管核心地位;二是议会,对国家财政支农投入预算进行监督。(4) 独立型监管国家。一是独立监管机构,既不属于立法部门,也不属于司法部门和行政部门,是一个独立的监管机构。如日本设立的会计检察院,隶属天皇,既不属于国会,也不属于内阁,与其他司法机构平行,处于国家财政支农投入监管核心地位;二是议会,对国家财政支农投入预算进行监督;三是财政部门,对国家财政支农投入进行日常监管。[②]

[①] 参见邓建军、胡涛《财政资金监督制衡的国际借鉴与启示》,《金融与经济》2015年第9期。

[②] 参见王秀芝《财政监督的国际经验及对我国的启示》,《经济问题探索》2012年第5期。

二 中国财政支农投入法律监管主体构设的困境及成因

（一）中国财政支农投入法律监管主体构设的困境

第一，地方政府监管不到位。中国财政支农投入法律监管机制在一定程度上忽视公众参与和乡镇政府及基层政府派出机构的监管。目前，中国绝大部分乡镇还没有建立专门的国家财政支农投入监管机构，也没有普遍开展财政支农投入法律监管工作。另外，财政部门、审计部门及农业、水利、建设、林业、科技等诸多部门在财政支农投入法律监管工作中由于各自的定位、目标等存在差异，各部门之间的分工不明、职能交叉或监管空白。

第二，村民委员会监督缺失。一方面，村民委员会作为国家财政支农投入监督机构的地位缺乏明确的法律规定，在监督国家财政支农投入事务时缺乏相应的权利和权力；另一方面，村民委员会为履行经济管理职能，对国家财政支农投入的监督工作限于提供相应的政策咨询，协助其他国家财政支农投入法律监管主体的工作，为国家财政支农投入资金使用主体提供有限的服务等。另外，村民委员会成员自身对国家财政支农投入监督意识不强，限制其在国家财政支农投入法律监管中发挥有效的作用。

第三，农民参与国家财政支农投入监督的程度过低。首先，农民缺乏相关国家财政支农投入监督信息和国家财政支农投入监督的知识，不了解自身与国家财政支农投入监督活动的关系。其次，农民不愿意参与国家财政支农投入监督。农业生产中，农民往往以追求农业经济效益为首要目标。同时，农民较差的维权意识影响其对国家财政支农投入监督的积极性。最后，农民对国家财政支农投入监督诉求不能实现。基层政府对国家财政支农投入监管的思维定式及作风，导致相当部分的农民无法表达自己对国家财政支农投入监督的诉求。

第四，社会中介机构和舆论监督匮乏。在国家不断扩大对农业财政投入的过程中，良好财政监管法律制度的创造需进一步壮大社会中介机构对国家财政支农投入监督的力量，促进国家财政支农投入监管社会力量发展，形成政府管制和社会调节良性互动的国家财政支农投入监管机制。但是,中国社会中介机构在促进整个社会对国家财政支农投入监督的方面做得很不够。社会舆论在当今社会发挥相当重要的作用,但舆论的作用也具有城乡二元性,国家财政支农投入监管信息不对称在农村普遍存在。

(二) 中国财政支农投入法律监管主体构设困境的成因

第一,城乡二元财政管理体制的束缚。首先,财政资源权益二元化。城乡二元结构下,农民的部分法定权利缺失严重或得不到保障,尤其是财政资源权益常常被忽视和侵犯,财政利益逐步被边缘化。其次,国家财政支农投入监管模式二元化。政府主导型国家财政支农投入监管模式致力于解决国家财政支农投入监管的统一性问题。同时,国家财政支农投入在产权上不够明晰,而产权制度是经济活动得以运行的基础,但国家财政支农投入在产权上的难以确定性通常使农民容易忽视国家财政支农投入监督,从而导致国家财政支农投入资金使用效率难以提高。具体而言,国家财政支农投入具有一定的"公共属性",一方面,国家财政支农投入在产权上没有明确的界限,农民在国家财政支农投入方面享有的权利时常遭受损害;另一方面,国家财政支农投入产权虚置,诱发各利益主体,如地方政府、农业企业及农民等为争夺财政资源而不顾财政资金使用效率,造成不必要的浪费。因此,国家财政支农投入在产权上的不明晰,势必会造成财政利益分配的不公正和国家财政支农投入监管权的不确切。

第二,国家财政支农投入监管中各主体责任不明确。在现代社会中,权力与责任是相随的。拥有一定的权力,就意味着必须承担与权力相对应的责任。国家财政支农投入资金的公共性和使用方式上的相互依存性特点,决定了国家财政支农投入监管不可能由某一个主体单独承担,必须由相关部门相互配合、互相协调。目前,中国财政支农投入监管协调制度缺乏,主要表现为中央缺乏综合性、权威性的协调机构,更不用说国家财政支农投入监管协调机构了。因此,明确国家财政支农投入监管主体,并对其权责利进行相应的配置尤为重要。但是,中国财政支农投入在产权上不明晰,不仅导致国家财政支农投入监管具体内容的不明确，更加无法确立国家财政支农投入各个监管主体在国家财政支农投入监管中所应负的责任。况且，法律责任的承担以法律规范的存在为前提，而中国关于国家财政支农投入监管所涉专门法律法规极少，即使有相应的政策支持，也因其缺乏具体可操作性，相关国家财政支农投入监管主体滥用权力而不承担相应的责任。

第三，国家财政支农投入监管成本高、效益低。根据成本与收益理论，在资源稀缺的情况下，经济活动总是追求利润的最大化。因此，国家财政支农投入监管必须在政府主管部门、村民委员会、农民及社会中介组织等的利益博弈中充分考量成本与收益的动态关系，减少监管成本，提高预期收益。国家财政支农投入资金使用主体的分散性、广泛性，国家财政支农投入监管的复杂性、手段的滞后性，都决定了国家财政支农投入监管的成本过高。因此，国家财政支农投入监管主体的积极性不是很高，直接导致国家财政支农投入监管效率低下。实践反复告诉我们，对共同利益的保护单纯依靠社会个体的力量难以取得良好的效果，必须求助于一种制度性的设置来发挥超出个体以外的力量的作用。运用国家强制力进行财政利益分配是重要的选择之一。首先，运用倾斜性制度保障农民财政权的实现，完善国家财政支农投入的法制化，促进财政资源的公正分配，进一步平衡城乡财政资源利益。其次，多样化安排国家财政支农投入的分配权、使用权，使财政资源的配置和使用逐渐趋于合理，充分调动多方面的积极性，防止国家财政支农投入资金被滥用，以便国家财政支农投入监管主体有效实施监管。

三 中国财政支农投入法律监管主体构设的出路

国家财政支农投入法律监管在于通过对危害国家财政支农投入行为的规制和国家财政支农投入风险的化解实现国家财政支农投入的目的。国家财政支农投入法律监管主体体系的构建，则是实现这一目的的必要条件。实践证明，一个系统完善的国家财政支农投入监管模式能极大地提高监管效率。依据中国财政支农投入的特殊性和重要性，有必要对政府部门、监察机关、全国人民代表大会及其常委会、村民委员会、农民和社会中介组织等法律监管主体进行定位（见图 6-1）。①

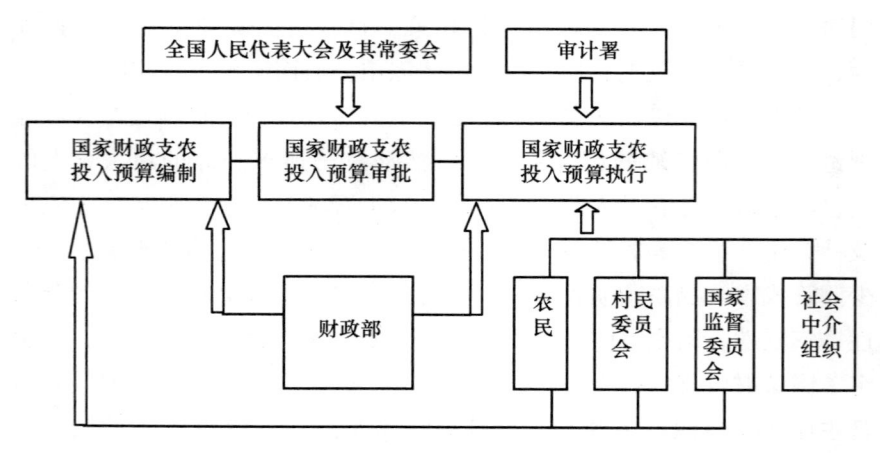

图 6-1 中国财政支农投入法律监管主体构设

（一）主导性主体：发挥主导性力量作用的政府部门和监察机关

政府作为代表国家行使权力的一方，对社会发展和社会公共利益的维护等有重要的作用，处于决策者的地位。政府部门在国家财政支农投入监管中的主导地位，意味着其肩负决定并引导国家财政支农投入监管发展方向的重大使命。目前，主要是审计部门、财政部门和监察部门。

审计部门是根据《审计法》的授权，对国家财政支农投入资金使用主体等被审计对象执行国家财政支农政策和相关法律法规的情况，及国家财政支农投入支出行为和有关活动的真实性、合法性与效益性进行审计的行政机关。它对国家财政支农投入监管的基本职能主要是对国家财政支农投入的预算执行情况和使用情况进行监管。具体来说，审计部门有权检查国家财政支农投入资金使用主体的会计资料，

---

① 参见马向荣《我国财政监督模式架构的过渡：行政型与立法型》，《改革》2008 年第 4 期。

以及国家财政支农投入资金支出的有关资料。同时，对在国家财政支农投入预算执行情况和使用情况予以审计过程中发现的问题，有权向被审计的单位及其当事人进行调查取证。而且，审计部门有权对国家财政支农投入资金使用的审计主体正在进行的违反国家规定的支出行为采取制止的措施。此外，审计部门认为国家财政支农投入资金使用主体有违反法律、法规和规章，应该得到纠正而没有纠正的，有权提请具有处理权限的机关依法做出处理。最后，审计部门有权向政府、有关部门以及社会公众通报或公布审计结果。

财政部门的监管是指国家财政机关根据《预算法》《会计法》《政府采购法》《招标投标法》等法律的授权，对国家财政支农投入资金使用主体执行国家财政支农政策、法律、法规、规章、财务制度、会计制度的情况，以及国家财政支农投入资金支出行为的合法性、合规性、真实性、完整性等事项实施监控的一种活动。它包括对国家财政支农投入的日常监管和专项监管。具体而言，有权检查国家财政支农投入资金使用主体的会计凭证、会计账簿、会计报表等会计资料，以及其他与国家财政支农投入资金使用有关的资料。同时，对在执行检查国家财政支农投入资金使用情况的过程中发现的问题，财政机关有权向国家财政支农投入资金使用主体以及相关当事人进行调查取证。必要时，经上级机关的批准，有权将其资料调至财政部门业务场所审阅。此外，财政机关有权对违反国家财政支农投入政策、法律、法规、规章的国家财政支农投入资金使用主体以及相关当事人给予相应的行政处罚、经济处罚。最后，财政机关有权对拒绝、阻碍检查和拒绝执行财政检查处理决定的国家财政支农投入资金使用主体的款项，采取提请有关部门暂停拨款、提请银行扣款入库等强制性手段。对国家财政支农投入资金使用主体发生的违法违规转移、隐匿以及非法取得的资金，经过制止无效的，财政机关可以提请法院予以封存。

监察机关是各级监察委员会行使国家监察职能的专责机关，它主要借助独立的监察权在财政领域开展工作，重点查处国家财政支农投入资金使用主体以及相关当事人的违法违纪行为。具体而言，在国家财政支农投入资金使用主体的监察活动中，向行政机关提出改进国家财政支农投入监管工作的建议，堵塞国家财政支农投入监管中的漏洞，避免和减少国家财政支农投入监管工作的失误，对违反法律法规的行政机关及其工作人员进行查处，依法进行纪律制裁，确保国家工作人员在国家财政支农投入监管中忠于职守、清正廉洁，保障国家财政支农投入资金使用主体的合法权益，创造良好的国家财政支农投入监管环境，进而提高国家财政支农投入监管部门的依法行政水平，达到国家财政支农投入监管的目的。

值得注意的是，各级支农涉农部门主要包括各级发改委、农业部门、扶贫办、农业综合开发部门、林业部门、水利部门、畜牧部门、农机部门、水产部门、气象部门、国土部门、交通部门、科技部门、劳动部门等。这些部门不同程度地参与国家财政支农投入资金的监管。如农业基本建设投资、支农生产类资金、农业综合开发资金、水利建设基金、农业科研推广资金、农村救济费、农村水土保持补助费、退耕还林资金、良种补贴资金、粮食直补资金、病虫害防治资金、动植物疫情防治资金、农业产业化资金、农民培训资金等，分属发改委、农业、扶贫、农业综合开发、林业、水利、畜牧、农机、水产、气象、国土、交通、科技、劳动等部门监管（见表6-1）。

表6-1　　　　　　　　　支农涉农部门

部门	具体负责	部门	具体负责
国家发改委	制订财政支农投入计划，下达、分配和管理财政支农投入资金	财政部	审核所有财政支农投入预算，拨付、分配、管理财政支农投入资金
农业部	对农业基本建设投资资金、支农生产类资金、农业综合开发资金、农业机械化资金等进行管理	科技部	对农业科技成果转化资金、农业科研推广资金、农业科技扶贫资金等进行分配、管理

续表

部门	具体负责	部门	具体负责
水利部	对农业水利基本设施建设资金进行管理	国家扶贫办	对财政扶贫资金进行管理
国家林业局	对农业生态工程建设资金进行管理	国防办	对农业特大防汛抗旱资金、农业水利建设应急度汛资金进行管理
中国气象局	对农业气象资金进行分配、管理	国土资源部	对农业水土保持资金、农业土地复垦和整理资金进行管理
全国供销总社、中储棉公司	对棉花补贴资金进行管理	国家粮食局、中储粮公司	对政策性粮食补贴资金进行管理

中国政府主导型的国家财政支农投入监管模式，对国家财政支农投入问题的解决成效卓著，但仍存在难以全面监管的情况，因此，此种模式与中国农民权益保护有点不兼容。加强基层政府对国家财政支农投入的监管意义重大，不仅要完善基层财政、农业等部门的职能，强化上级对下级执法的监管，更要发挥乡镇政府的国家财政支农投入监管职能。

（二）最高效力性主体——发挥最高效力性力量作用的全国人民代表大会及其常委会

全国人民代表大会对国家财政支农投入的监督是最高权力机关的监督。根据《宪法》第五十七条规定："中华人民共和国全国人民代表大会是最高国家权力机关。它的常设机关是全国人民代表大会常务委员会。"第六十二条第十项规定："全国人民代表大会行使……审查和批准国家的预算和预算执行情况的报告。"第六十七条规定："全国人民代表大会常务委员……在全国人民代表大会闭会期间，审查和批准国民经济和社会发展计划、国家预算在执行过程中所必须作的部分调整方案。"由此可见，全国人民代表大会及其常委会对国家财政支农投入的监督具有明显的优势：其一，监督的至上性。全国人民代表大会及其常委会对国家财政支农投入的监督与其他国家机关、社会组织的监管相比，是最高层次的监督，具有权威性和最高的约束力。其二，监督的法定性。全国人民代表大会及其常委会审查批准的国家财政支农投入预算的执行，具有法律的规定性和权威性。经过全国人民代表大会及其常委会审查批准的国家财政支农投入预算和部分调整的方案必须切实执行，非经法定程序，不得变更。其三，监督的规范性。全国人民代表大会及其常委会对国家财政支农投入的监督依照法定程序进行，且由集体来行使职权。

（三）最终监督主体——发挥最终监督作用的人民法院和人民检察院

人民法院是中国法定的审判机关，它与其他国家机关一起共同执行着人民民主专政的职能。任何其他组织和个人均不能享有审判权，只能由人民法院专有。人民法院的任务是审判刑事案件、民事案件以及经济案件和行政案件，通过审判活动惩办一切犯罪分子，解决民事纠纷、经济纠纷。因此，国家财政支农投入中所发生的犯罪行为以及纠纷，完全可以通过人民法院的审判得到彻底的解决，保护了国家的利益、农民的权益，保障了国家财政支农投入活动的顺利进行。人民法院以审判的方式对国家财政支农投入监督是把好最后一道关，有效减少和预防了国家财政支农投入中犯罪行为的发生和纠纷的产生。人民检察院是中国专门执行法律监督的国家机关，它通过行使检察权对各级国家机关、国家机关工作人员和公民是否遵守宪法与法律实行监督，以保障宪法和法律的统一实施。由于国家财政支农投入中的公共利益不同于私人利益，在许多情况下并不能得到公民个人或社会团体的关注和支持，即使公民个人或社会团体愿意监督，也可能因监督能力的欠缺、影响力和干预力有限等最终未进行有效监督，导致国家财政支农投入中公共利益无人维护，出现大肆侵害的现象。在这种情况下，检察机关是合适的监督者。因为检察机关作为国家财政支农投入中公益利益的监督者行使监督权既是自身的权力又是自身的职责。同时，检察机关作为国家法律监督机关相对于行政机关地位比较超脱，有利于对国家财政支农投入中公共利益的维护。

(四) 基础性主体——发挥基础性力量作用的村民委员会

村民委员会是在原生产大队的基础上构建的基层群众性自治组织。《村民委员会组织法》第二条第一款规定:"村民委员会是村民自我管理、自我教育、自我服务的基层群众性自治组织。"这里开宗明义地将村民委员会确定为带有普适性的群众性自治组织。同时,《村民委员会组织法》第二条第二款规定:"村民委员会办理本村的公共事务和公益事业,调解民间纠纷,协助维护社会治安,向人民政府反映村民的意见、要求和提出建议。"第五条第三款规定:"村民委员会依照法律规定,管理本村属于村农民集体所有的土地和其他财产,教育村民合理利用自然资源,保护和改善生态环境。"在此,村民委员会又具有管理职权。但是,目前村民委员会没有发挥在国家财政支农投入中的监督作用。农民在参与国家财政支农投入监管过程中对组织严重依赖,客观上需要一个贴近农民,能够代表农民利益、带领农民对国家财政支农投入进行监督的基层组织,利用农村现有的基层组织即村民委员会进行国家财政支农投入监督正满足了这一需求。况且,村民委员会作为基层群众性自治组织,是基层政府与农民的联系纽带,具有贴近农民、了解国家财政支农投入环境、管理灵活的优势,理应发挥组织农民实施国家财政支农投入监管的基础性作用。

(五) 自律性主体——发挥自律性力量作用的村民会议和农民

村民会议是《村民委员会组织法》组织的最高权力机构,是村民集体讨论决定涉及全村村民利益问题的一种组织形式。依照《村民委员会组织法》的规定,村民会议职权包括:一是推选产生村民选举委员会成员;二是罢免村民委员会成员;三是审议村民委员会的工作报告,评议村民委员会成员的工作;四是决定村民委员会依法提请讨论的事项;五是制定和修改《村民委员会组织法》章程、村规民约等。从总体上看,村民会议应与各级人民代表大会相类似,是全村的最高议事、决策权力机构。村民委员会应类似于各级政府那样的机构,是村民会议的执行机构。当然,这不是简单的类比,因为村民委员会是依据《村民委员会组织法》形成的代表村民利益的群众组织,它不具备强制性的行政权力，这是自治的本质所在。《村民委员会组织法》规定村民委员会设立人民调解、治安保卫、公共卫生等委员会。村民会议这种最高议事决策和权力机构也可以设立选举罢免委员会、村民理财委员会、民主监督委员会等，这样村民会议就可以有效地监督村民委员会的工作。由此可见，村民会议在国家财政支农投入监管中发挥重要的作用。

中国部分财政支农投入资金存在违规使用和低效率使用的问题，这不仅威胁着农业、农村经济的发展，也损害了农民的生存权和发展权。国家财政支农投入是为了解决农业发展水平不高、农村发展滞后、农民生活条件艰苦的问题，所有这些问题的解决能够使农民更好地生存和发展。因此，农民参与国家财政支农投入监管是必然的，更是保障农民权益的需要，是实现社会正义的必然条件。虽然政府部门或者村民委员会对国家财政支农投入监管的积极参与推动了国家财政支农投入监管工作的开展，但政府部门或是村民委员会有自身的偏好，在缺乏外在监督与约束的情况下，可能基于自身利益而怠于履行相应的职责，甚至做出危害国家财政支农投入的决策。所以，农民必须发挥有效的监督作用，不仅要加强自律，提高国家财政支农投入监督意识和维权意识，积极主动参与国家财政支农投入监管，还要对基层政府、村民委员会等其他主体的监管工作进行监督，切实维护和保障自身的合法权益。

（六）辅助性主体——发挥辅助性力量作用的会计师事务所及其注册会计师

国家财政支农投入是加快农村发展、改善农民民生的重大举措，为整个国家经济发展打下了坚实的基础，应该是整个社会的共同任务。作为社会力量代表的社会中间层理应辅助政府加强对国家财政支农投入的监管。但社会中间层力量还不够强大，参与国家财政支农投入监管的职能也比较匮乏。因此，对国家财政支农投入问题关注不多。这是因为，人们普遍认为，国家财政支农投入是一种公共支出行为，它是由政府实施的，也应依靠政府来监管。所以，社会中间层力量及民众参与国家财政支农投入的监管就不多。但是，随着国家财政支农投入的不断增加，因数额的庞大和分配的复杂性，也会引发一些问题，同时，政府的监管可能难以完全满足实际的需要。在这种情况下，对国家财政支农投入监管就需要社会中间层力量及广大社会民众的参与。况且，国家财政支农投入问题具有广泛的社会性的特点，决定着国家财政支农投入中问题的解决必须依靠社会组织和社会民众的共同参与，通过社会舆论和社会组织和社会民众的监督，可以减少国家财政支农投入中的信息不对称，对国家财政支农投入中的违规者施加强大的压力，使其规范自己的行为。

对国家财政支农投入监管起到辅助性作用的主体主要是会计师事务所及其注册会计师。会计师事务所是依法设立并承办注册会计师业务的机构。注册会计师是依法取得注册会计师证书并接受委托从事审计、会计咨询和会计服务业务的执业人员。根据《注册会计师法》以及其他相关法律、法规的规定，会计师事务所及其注册会计师可以接受国家财政支农投入监管机关的委托，对国家财政支农投入资金的使用行为和有关活动的真实性、合法性和效益性进行审计。这种社会监督行为维护了国家财政支农投入中的社会公共利益和农民的合法权益，促进了国家财政支农投入的健康发展。具体而言，会计师事务所及其注册会计师接受国家财政支农投入监管机关的委托，对国家财政支农投入资金使用主体的会计报表以及与会计报表内容相关的资料的真实性、合法性和效益性进行审查，并根据审查结果出具审计报告，这种审计报告具有法律效力。会计师事务所及其注册会计师在开展对国家财政支农投入资金使用主体的审计活动过程中，有权查阅他们的会计报表以及与会计报表内容相关的资料，查看他们的业务现场和相关设施，在办理审查、验证等审计业务中发现与国家法律、法规和规章相抵触，存在核算不实的重要事项及内容使利害关系人产生重大误解等方面的问题，有权在出具的审计报告中予以反映或指明。对于国家财政支农投入资金使用主体提供的会计报表以及与会计报表内容相关的资料不实，或者不提供，以及提出不合理的要求情况下，有权拒绝出具审计报告。

第二节　中国财政支农投入法律监管机制

国家财政支农投入法律监管机制是财政运行机制的重要组成部分。它是指国家财政支农投入监管内在的运作方式及各组成要件之间的互相作用和关系。国家财政支农投入法律监管机制内生于财政管理体系，其主要功能是以国家财政支农投入法律监管目标为基础，对影响国家财政支农投入活动的各种因素通过监督与控制的手段，调节和制约国家财政支农投入资金分配、拨付、使用行为，使其按照一定的方式有序运行。

一　国外财政支农投入法律监管机制的考察

随着各国财政支农投入的增多，在监管上形成诸多模式，从总体上看，有三种机制。[①]

第一，以美国、英国为代表的分权制衡的财政支农投入法律监管机制（见图6-2）。这种机制是通过对国家财政支农投入所涉机构的职能重组，将国家财政支农投入预算编制权、预算执行权和预算监管权相分离，建立起国家财政支农投入预算权力的制衡机制。一般来说，财政部门只负责预算编制，不负责预算的具体执行，预算的执行由国库及其支付机构完成。预算的监督主要由国会或议会、审计署共同承担。与此同时，建立了国家财政支农投入监管机关与国家财政支农投入预算编制部门、预算执行部门之间的反馈机制。也就是说，国家财政支农投入监管机关根据预算部门在编制国家财政支农投入预算的过程中所反馈的问题，确定监管的范围和重点，以实现对国家财政支农投入预算编制全过程的监管。预算编制部门根据国家财政支农投入监管机关反馈的监管结果，调整与矫正国家财政支农投入预算编制。

[①] 参见岳军、王杰茹《论现代财政制度下的财政监督机制构建》，《经济研究参考》2016年第32期。

第六章　中国财政支农投入法律监管的主体构设与机制

```
                    ┌─────────────────┐
                    │ 国家财政支农投入 │
                    │ 法律监管机制     │
                    └────────┬────────┘
          ┌──────────────────┼──────────────────┐
┌─────────┴────────┐ ┌───────┴──────────┐ ┌─────┴──────────┐
│ 国家财政支农投入 │ │ 国家财政支农投入 │ │国家财政支农投入│
│ 预算编制权       │ │ 预算执行权       │ │ 预算监督权     │
└─────────┬────────┘ └───────┬──────────┘ └─────┬──────────┘
     ┌────┴────┐     ┌───────┼────────┐         │
   ┌─┴──┐  ┌───┴┐  ┌─┴──┐ ┌──┴─┐ ┌────┴─┐    ┌──┴──┐
   │农业│  │预算│  │国库│ │国库│ │其他   │    │专门 │
   │部门│  │部门│  │部门│ │支付│ │资金   │    │监管 │
   │    │  │    │  │    │ │机构│ │管理   │    │机构 │
   │    │  │    │  │    │ │    │ │部门   │    │     │
   └────┘  └────┘  └────┘ └────┘ └──────┘    └─────┘
```

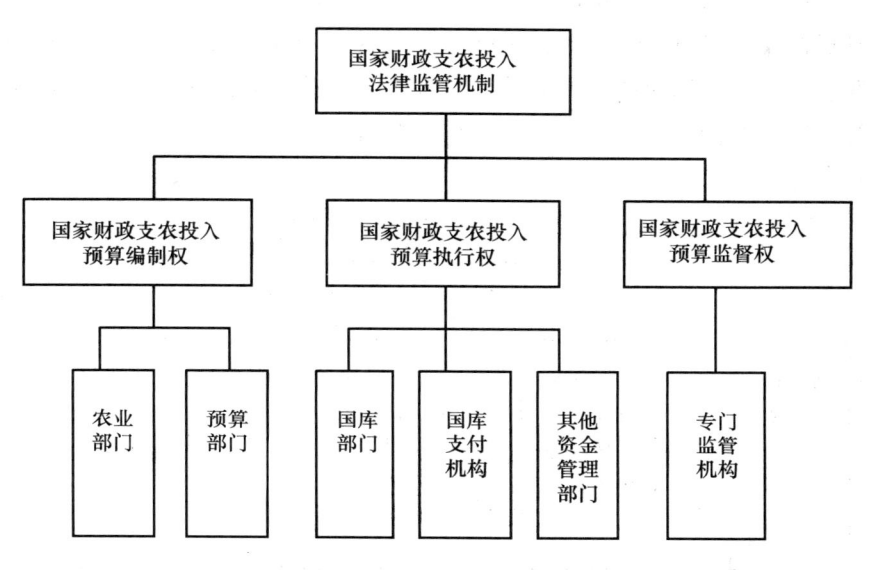

图 6-2　英国、美国分权制衡财政支农投入法律监管机制

此外，国家财政支农投入监管机关根据预算执行部门在国家财政支农投入预算执行过程中所反馈的问题，确定监管范围和重点环节，以实现对国家财政支农投入预算执行的全过程监管。预算执行部门根据国家财政支农投入监管机关反馈的结果，对预算执行进行调整和纠偏。不过，国家财政支农投入预算编制部门与国家财政支农投入预算执行部门之间也建立了信息反馈机制。换言之，国家财政支农投入预算编制部门对国家财政支农投入预算执行部门是否按计划执行预算进行监督。预算执行部门根据国家财政支农投入预算编制部门反馈的监督结果，对预算执行进行调整和纠偏。同时，国家财政支农投入预算执行部门对国家财政支农投入预算编制的合理性进行监督。预算执行部门根据国家财政支农投入预算编制部门反馈的监督结果，对预算编制进行调整和纠偏。这种监管模式的特点为：一是明确了各国财政支农投入参与部门的职责和权限，相互作用与制衡。二是强调国家财政支农投入监管机关参与预算编制、执行的职能作用，注重各部门的相互协调与配合以及信息共享。

第二，以法国、德国为代表的对资金流控制财政支农投入法律监管机制（见图6-3）。这种机制是按照国家财政支农投入监管体制和职能分工，以国家财政支农投入资金的分配及流向控制为重点进行监管，以规范国家财政支农投入资金分配行为，防范国家财政支农投入

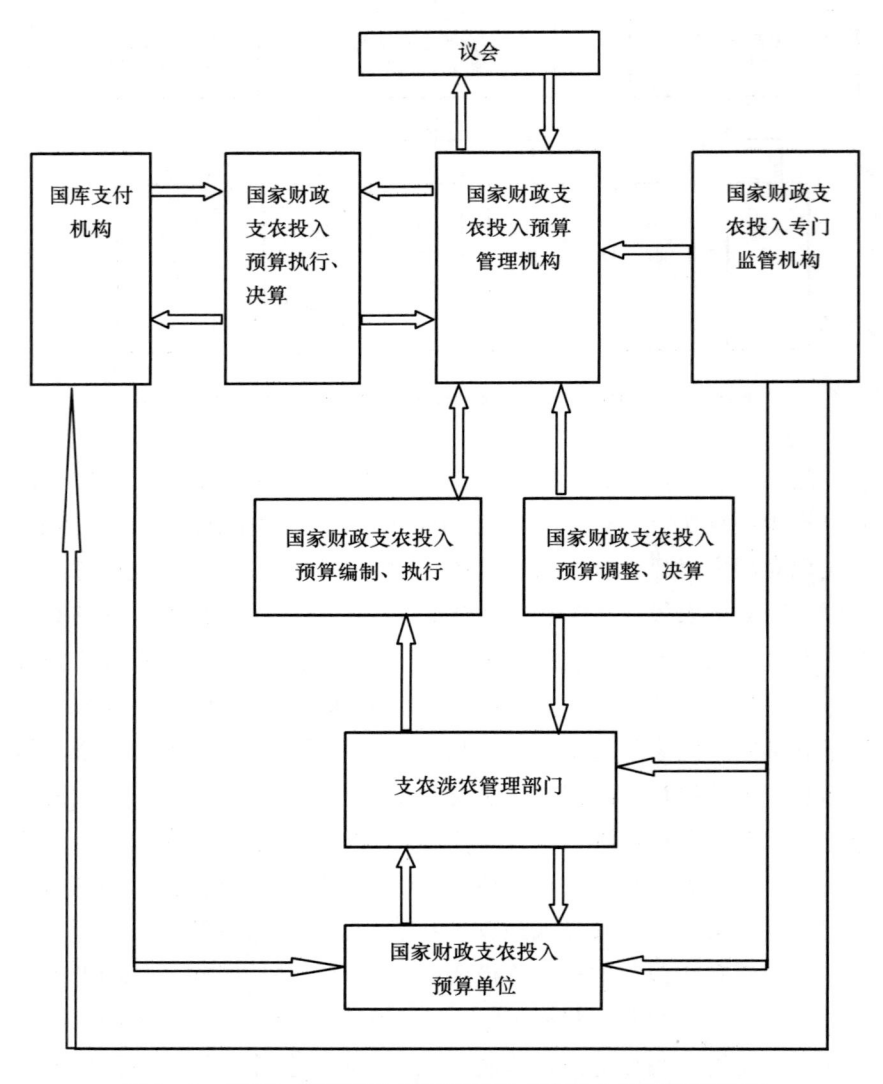

图6-3 法国、德国资金流控制财政支农投入法律监管机制

资金运行风险。其控制的基础是国家财政支农投入的决策监管、预算监管、资金运行的监管。具体而言，通过建立国家财政支农投入决策程序和决策的调整、评价、提出机制，以提高国家财政支农投入决策的规范性和有限性。同时，通过对国家财政支农投入预算编制、预算执行的监管，杜绝国家财政支农投入预算编制、执行的随意性。此外，通过对国家财政支农投入预算额度分配、拨付、使用全过程的监管，防止国家财政支农投入资金的浪费。这种监管模式的特点为：一是以国家财政支农投入资金分配和流向为重点，梳理出资金运行的风险，并加以控制，也就是将监管融入国家财政支农投入决策、预算、拨付、使用的全过程。二是国家财政支农投入各类监管主体相对独立，职责明确。

第三，以瑞典、瑞士为代表的循环财政支农投入法律监管机制（见图6-4）。这种机制是通过对国家财政支农投入的事前监管、事中监管和事后监管，建立起国家财政支农投入监管责任明确、层次清晰的循环监管系统，使国家财政支农投入活动的每一个环节得到有效的监管。具体而言，包括三个层次，一是日常监管，这也是一种自我监管，从源头上保证国家财政支农投入资金运动的合法性与合理性。它主要是建立一套完整的监控体系，如预算编制、审核、执行、监督相分离，预算额度分配的管理、使用、拨付相对独立，并形成责任体系。二是专职监管，这是第二层次的监管，是由国家财政支农投入专门监管机关进行的，涵盖国家财政支农投入预算编制、执行、拨付、使用、决算、评估等的全过程。三是外部监管，这是第三层次的监管，主要解决第一层次监管与第二层次监管的协调问题，形成监管合力。通常来说，第一层次监管与第二层次监管也有失灵的时候，它们需要外部监管发挥作用，如通过舆论监督、社会中介组织的监管，消除第一层次监管与第二层次监管失灵的问题。这种监管模式的特点通过国家财政支农投入参与机构内部的自我监管与国家财政支农投入专门监管机关的监管相结合，同时结合外部的专门监管，三个层次的监管相统一，从而实现整体有效的监管。

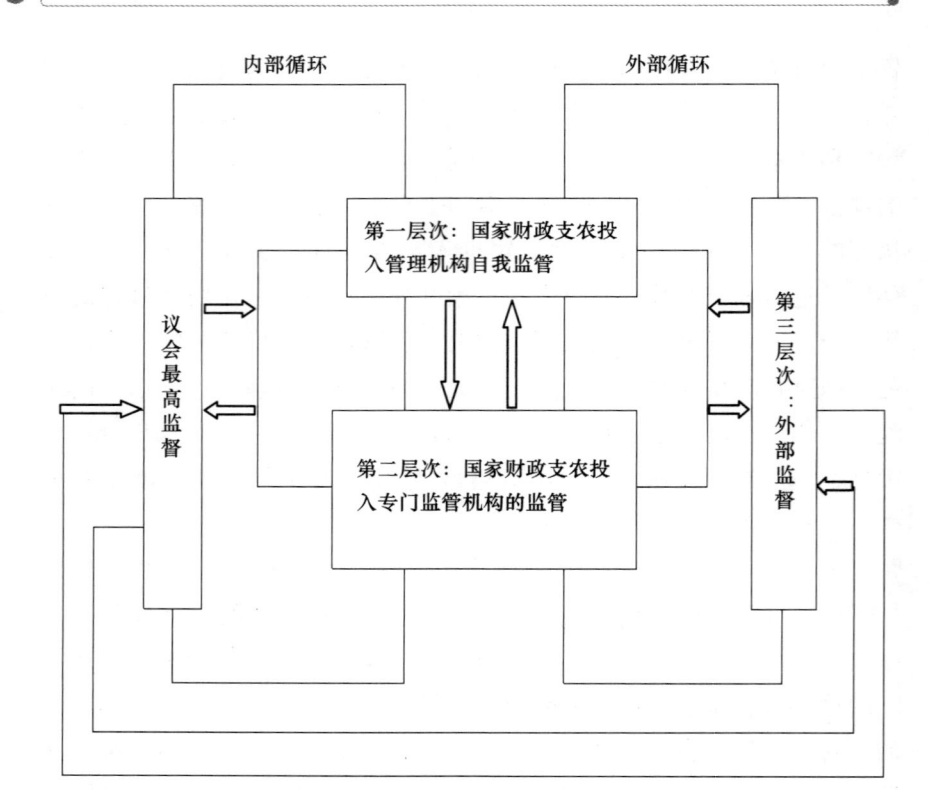

图 6-4 瑞典、瑞士的循环财政支农投入法律监管机制

二 中国财政支农投入法律监管机制的形成基础与基本构成

（一）中国财政支农投入法律监管机制的形成基础

国家财政支农投入法律监管机制的形成，不仅有赖于严密的制度设计，更有赖于国家财政权与公民财政权的配置，它们打下了坚实的基础。

1. 国家财政权与公民财政权的配置

由于财政本来是公共的，因此，公共性是其特质。[①] 但财政作为一个历史范畴，与国家的产生和发展形影相随，没有国家也就没有财

[①] 财政是以公共权力进行的资源配置，其公共性是由公共权力的性质所决定的。财政的公共性表现为财政目的的公共性、财政活动范围的公共性以及财政运作机制的公共性。参见焦建国《民主财政论：财政制度变迁分析》，《社会科学辑刊》2002 年第 3 期。

政。反之，没有财政，国家也很难存续。① 从这个角度来看，一个国家的民主发育最有可能从财政领域开始，这也被英国的民主历程所证明。虽然财政利益存在多重性和复杂性，使得财政民主理念转化为具体制度异常艰难，但以权利构造方式将民主财政制度化不失为一种最佳选择。这种财政民主的权利化构造，不仅使财政民主在法律上具有正当性，而且激发了民众对财政权利追求的热情，唤醒了民众维护财政权利的意识，并促使国家机关在行使财政权的过程中对公民财政权的尊重。这在当今社会已达成共识。但公民财政权作为一种类型化的权利，在宪法中通常只是一种概括性和原则性的规定，更多的规定体现在财政法体系中，并通过具体的制度发挥着作用。虽然中国与其他国家在政治、经济、文化和法制传统等方面有所不同，但在财政民主权利构造的内在逻辑以及权利体系的形成上并无二致。② 财政是一种以国家为主体的经济行为，它是政府集中一部分国民收入用于实现政府职能和满足公共需要的收支活动，以达到优化资源配置、公平分配及经济稳定和发展的目标。③ 但财政目标的实现是离不开国家财政权作用的。换言之，必须依赖国家通过财政权的运行来创立财政法、执行财政法以及在公民财政权受到侵害时提供救济，在财政法治环境下，实现财政目标。与此同时，国家财政权又离不开公民财政权的制约与监督，否则会被滥用而导致财政目标落空。因此，公民财政权必须与国家财政权相配置，其表征如下。

（1）公民财政权在财政活动中处于主导地位。财政作为国家为满足社会公共需要而从事的一种经济收支活动，尽管以公共权力为根本，但财政的公共性决定了必须基于公众意志、公共决策，体现社会绝大多数人的偏好。④ 由此看来，财政实际上是公民理性的集体选择

---

① 参见胡伟、程亚萍《财政权之法理探究》，《现代法学》2011年第1期。

② See Ron A. Bouchard, Balancing Public and Private Interests in the Commercialization of Public Funded Medical Research: Is There a Role for Compulsory Government Royalty Fees? 13 B. U. J. Sci. & Tech. L. 120 (2007).

③ 参见段治平主编《财政与税收》，清华大学出版社、北京交通大学出版社2008年版，第3页。

④ 参见焦建国《民主财政论：财政制度变迁分析》，《社会科学辑刊》2002年第3期。

过程，因此，在财政上让公民广泛参与是极其重要的。同时，让公民广泛参与财政活动的益处就在于能够体现公民各方的利益，使其真实而及时地表达自己的利益诉求。但由于公民在经济活动中的理性有限，这就使得在财政问题上由全体公民共同达成"一致的同意"变得不可能，况且，有众多的人参加谈判，而各人又心怀目的和动机，难以达到利益上的一致，谈判根本无法进行等。这些缺陷导致交易成本过高。在这种情况下，最经济也是最通行的办法，就是通过立法机关进行财政立法或授权于政府制定财政法规和部门规章的方式来解决财政所涉及的公共利益的分配问题。也就是说，以公民各方利益代表为核心，通过协调达成各方可以接受的结果，并由财政法律、法规和部门规章加以确认，消除可能出现的财政利益冲突。由此看来，公民财政权在财政活动中处于主导地位。

尽管国家财政权是一种积极的干预权，它具体表现为国家采取各种财政手段和措施，积极、主动地对社会经济各方面进行干预，通过授权、禁止、促进等各种方式对财政收入行为和财政支出行为进行调节，以确保财政目标的实现。如财政法的制定、财政政策的确定、税收制度、政府预算制度、国库集中支付制度、政府采购制度、财政转移支付制度、财政平衡制度、公债制度、财政调控制度的确立以及财政的司法救济等，显示了国家财政权介入社会经济生活的各个方面。但在财政活动中仍是公民财政权起到主导性的作用，这是因为，公权力的合法性必须基于人民的"同意"，这是人民主权的基本要义。尽管财政是实现"取之于民，用之于民"，但必须得到人民的同意，是人民主权在财政领域的具体体现。换言之，国家的财政收入与财政支出必须以"人民同意"为原则，未经人民自己或其代表同意，绝不能对财政收入的种类、方式以及财政支出的范围、方式和结构进行变动。① 国家通过赋税等形式取得了满足国家职能需要和社会需求的财政权，而一切权力包括国家财政权均来源于人民，也应归属于人民。公民既是财政的受益人，又是财

---

① 参见胡伟、程亚萍《财政权之法理探究》，《现代法学》2011年第1期。

政的最终决定者。① 布坎南认为，在民主社会的财政制度中，公民至少应该拥有对财政决策的"潜在的选择权力"，"在任何时候都作为一个潜在的参与者，而不管他是否参与"，财政决策应当是"立宪的一致同意"。② 就财政上的民主性而言，每个人都有权参与到对自己东西的分配过程中，即"把每一个人自己的东西分配给每一个人"。③ 所以，人民或其代表在关于财政法律的制定过程中是不可或缺的，他们必然参与到财政立法中，参与到决定自己权利义务的规则制定中。人民同意财政法律的过程，就是财政立法中民主发挥作用的过程，这是公民主权者地位的最高表现。从根本上讲，国家财政权来源于人民的授权，政府及其财政部门只是国家财政权的行使者，作为"纳税人"的社会公众才是财政权的真正享有者。这是因为，"纳税人"在与国家达成合意的前提下，将自己的一部分财产让渡给国家以构成财政收入，满足国家提供公共产品的需要，即公民向国家缴纳税费——让渡其财产的一部分是为了能够更好地享有自然权利（自由、平等、财产、安全等权利），以及在自然权利受到侵犯时可以寻求国家的公力救济。④

（2）公民财政权对国家财政权的制约。从宪治的角度来看，国家与公民之间的利益博弈是其产生与发展的基础。因此，公民权利与国家权力的对立是宪治的基本出发点。由此看来，在财政领域，公民权利与国家权力的关系集中表现为私有财产权与国家财政权的冲突和协调。⑤ 较普通公民而言，国家处于强势地位，如果宪法不赋予公民财政权，就难以形成对国家财政权的制衡。这是因为，国家财政权与所有公权力一样，具有较强的单边攻击性、本能扩张性等，容易在参与

---

① 参见廖钦福《财政民主原则的虚幻与崩落——以促进经济发展目的之立法为例》，《月旦财经法杂志》2010年第6期。
② ［美］布坎南：《民主过程中的财政》，唐寿宁译，上海三联书店1992年版，第95页。
③ ［英］霍布斯：《利维坦》，黎思复、黎廷弼译，商务印书馆1985年版，第193页。
④ 参见管永昊、李静秋《税收法定主义的逻辑及其在我国的实现》，《当代经济研究》2007年第11期。
⑤ 参见刘剑文《宪政与中国财政民主》，《法治论坛》2008年第11期。

公民与社会组织财产权分割中超越财政法定职权对财政相对人造成不应有的损害。[①] 所以，为了使国家对公民财产的汲取限制在合法、合理的范围，必须对国家财政权的行使进行积极的规范和控制，以防范超越规范的限度而对公民利益造成损害。在制约国家财政权的诸多方式中，公民财政权对国家财政权的制约是最根本的。这符合人民主权原则。同时，财政作为一种经济收支活动，它固有的特点决定了仅靠国家财政权的干预来实现财政目标不仅是非常困难的，而且也是非常危险的。事实上，各国宪法以宣示性条款规定了公民享有财政权利，也确立了国家财政权。虽然国家财政权在财政活动中发挥了重要的作用，但与其他经济活动相比，以公共权力为主导的财政资源配置活动有自己的特殊性。

一是存在高度经济、政治背景与决策风险。首先，财政是一种经济行为或经济现象，时常牵涉复杂的经济问题，在因果关系的把握上也显得十分困难，因此，难以给出一个肯定性答案作为责任承担或采取相应对策的依据。其次，财政与政治密切相关。其原因在于财政是一种国家或政府的经济行为，含有上层建筑的性质，不能仅仅作为经济基础看待。[②] 由于这种高度专业的经济学背景，以及与政治的密切关系，财政决策的风险陡增，似乎现在所做出的任何决定在将来均有可能被证明是错误的，导致国家财政权在行使时为了满足短期利益或躲避不可避免的风险而偏离正确的轨道，使公民权益受到损害。尽管财政决策既要受到经济上不确定因素的影响，也要受到政治上不确定因素的影响，但财政决策并不能就此而停止，是要永远进行下去的。因此，在财政决策中引入公民财政权，由公民广泛参与，不仅可以提高财政决策的民主性、科学性，而且可以阻却国家财政权行使时不至滑入不正确轨道，通过公民财政权形成对国家财政权的一股制约力量，避免出现财政决策失误而导致财政秩序混乱。

二是存在主体之间的利益冲突与决策权衡。财政主要包括财政收

[①] 参见全承相、李玮《政府财政权及其控制》，《求索》2009 年第 4 期。
[②] 参见张馨《财政属性与范围问题回顾》，《财经论丛》2002 年第 3 期。

入和财政支出两个方面。通常财政收入不仅直接涉及国家财政权与私人财产权的冲突与协调，而且涉及公共领域和私人领域、政府和市场的互动。财政支出是一种授益性行为，直接涉及财政利益的分配。因此，财政与许多主体的利益攸关，如收不收税、怎样收税、收多少税，以及支不支出、如何支出、支出规模多大，都将引发各种主体之间的利益冲突。这种主体之间的利益冲突，既可能发生在国家与法人和自然人之间，也可能发生在法人与自然人之间，以及法人与法人、自然人与自然人之间，还可能发生在各种利益集团之间、当代人与后代人之间。财政涉及如此众多的主体之间的利益冲突，在财政决策过程中，必须做出利益衡量或采取协调性措施，防范各种利益冲突影响到社会稳定，但不可避免地会出现对某一方面的利益把握不准或考虑不周到的情况。况且，"政府作为政策制定者也是理性经济人，都在追求自己的最大利益，由于选民无力支付相对昂贵的政治信息成本，在投票上可能会理性不足，这样选出的政府往往会为代表特殊利益集团的政策制定者所操纵，由此滋生种种弊端，政府也背离公共利益代理人的角色"。[1] 因此，在财政决策中由于公民财政权的介入，更多的民众参与财政决策是非常必要的。它既能够做到充分表达不同的财政利益诉求，寻求到财政利益共存的方式，使各种财政利益达到平衡，以减少社会冲突，又能够做到国家财政权处于公民财政权的约束之下，从而防止国家财政权被滥用。当然，国家财政权处于公民财政权的约束之下是由国家财政权从属于公民权利的性质所决定的。国家财政权在财政活动中往往表现为国家机关及其工作人员的财政职权。所以，对国家财政权的制约，就是对国家机关及其工作人员的财政职权予以监督和控制，使这些财政职权服务于公民财政权，这有利于财政目标的实现。

（3）公民财政权与国家财政权的合理配置。虽然公民财政权与国家财政权有对立的一面，但也有统一的一面，它们统一的基础是公共财政利益。公共财政利益是由个体的财政利益和社会成员的共同财政

---

[1] 刘剑文主编：《民主视野下的财政法治》，北京大学出版社2006年版，第124页。

利益构成的，在宪法上通过公民财政权和国家财政权的形式外化出来。换言之，从根本上讲，公民财政权和国家财政权都是公共财政利益的宪法表现。[①] 因此，它们"完全是同质的东西，只不过体现着这一整体利益的不同部分，具有不同的外化形式和角色功能而已"[②]。正是因为公民财政权和国家财政权具有统一的基础，二者在财政目标的实现上能够相互配合。从客观上看，财政目标的实现离不开公民财政权与国家财政权的配合。由于两者在财政目标实现的过程中发挥的作用有所不同，通常是公民财政权处于主导地位，国家财政权处于次要地位。因此，两种权利（力）在设置上存在主次之分。以下从财政行政权运行加以阐释。

第一，从现实来看，中国在财政法中均规定了由享有财政行政权的财政行政机关对全国的财政工作进行统一的管理，而且，财政行政机关所行使的财政行政权涉及财政的方方面面，并通过各种具体的财政行政行为表现出来。尽管如此，仍不能说财政行政权在财政法中的落实远超出公民财政权，且具有广泛性。中国宪法第二条规定："中华人民共和国的一切权利属于人民。人民行使国家权力的机关是全国人民代表大会和地方各级人民代表大会。人民依照法律规定，通过各种途径和形式，管理国家事务，管理经济和文化事业，管理社会事务。"由此看来，公民享有决定与管理国家财政事务的权利，而且宪法规定为公民财政权在财政法中的落实提供了强有力的依据和有益的指引，使公民财政权在财政法及其他法律中得到广泛的具体化。由于各国经济、文化、民主进程以及国情的差异，因此，在财政法中对公民财政权的确立存在一定程度的不同。如中国关于公民财政权的规定大多分散于不同的法律法规中。对于公民财政知情权，在 21 世纪初期修改的《税收征收管理法》中规定了公民对与切身利益相关的税收信息可以通过一定的程序和方式知悉。随着民主思想在中国财政法中的不断深入，公民财政权在某些方面开始具体化。如在《政府采购

[①] 参见胡伟、程亚萍《财政权之法理探究》，《现代法学》2011 年第 1 期。
[②] 参见童之伟《公民权利国家权力对立统一关系论纲》，《中国法学》1995 年第 6 期。

第六章 中国财政支农投入法律监管的主体构设与机制

法》中就将公民财政权在政府采购活动中加以具体落实。特别是2007年国务院颁布的《政府信息公开条例》，对公民财政知情权在财政收支、各类专项资金管理和使用中的实现做出了可操作性的规定。财政行政权是公民财政权的衍生物，它始终契合公民财政权。同时，财政法也为财政行政权确定了边界与范围，如果超出这个边界与范围，就是对公民财政权的侵犯。诚如哈耶克所说："依据规则管理国家的政府，其主要目标是告诉人们什么是他们的责任范围，他们必须把他们的生活约束在这一范围内；依据行政命令管理国家的政府，它的目标是摊派具体的义务。"[1]

第二，在财政决策上，公民财政权和财政行政权所起的作用大不相同。虽然财政决策最终由财政行政权起决定作用，但并不意味着公民财政权处于次要的位置。事实上，中国在不断扩大公民参与财政决策的领域，如在财政立法中都规定了财政立法听证制度，并规定了公民参与财政立法听证的权利。即使最终形成的财政立法听证报告书（表）由财政机关批准，也是建立在民意的基础之上，是人民同意的结果。否则，政府的财政决策难以落实，也无法提供令公民满意的公共产品。布坎南认为，公共产品的提供不应由国家享有唯一或最终的话语权，归根到底应由人民决定。个人选择国家为公民提供公共产品的数量，并选定他们所愿意为之支付的对价及其方式。在最终阶段或层次上，个人总是要选择他的资源如何被集体使用和政府预算的适度规模，且对这一预算在各类项目上的分配做出决定。只有某种由国家提供的公共需要被全体国民所认可，人民才有义务为该公共需要承担相应的资金供给。由此看来，财政的最终决定权应当属于国民全体。[2]因此，财政行政权在财政决策中并不处于主导地位。不过，不能由此否定财政行政权的作用，它仍然能够为公民财政权提供相应的保障。这是因为，公民财政权作为财政民主权利，它有可能出现怠于行使的

---

[1] [英]哈耶克：《个人主义与经济秩序》，邓正来译，北京经济学院出版社1991年版，第18页。

[2] 参见刘剑文主编《民主视野下的财政法治》，北京大学出版社2006年版，第142页。

情况，这就为财政目标实现带来不确定性，需要财政行政权加以克服，为公民积极、主动地行使财政权利创造条件。

2. 公民财政权与国家财政权运行之契合

在财政活动中，公民财政权与国家财政权有着密切的关系，尤其在运行上，两者有着契合的关系。

（1）公民财政知情权是财政民主权利构造的基础性权利。正如前面所述，从某种程度上讲，公民财政知情权"是其他权利得以正确行使的先决性权利，只有知情权得到充分行使，当事人追求的其他权利才有可能充分实现"。[①] 在这种情况下，公民财产权的保护离不开财政知情权。同时，财政利益的维护也有赖于财政知情权。由于财政具有公共性的特质，在财政行政程序上不仅应加强财政行政机关之间以及财政行政机关与公民之间的沟通，而且应加强财政行政机关与公民之间的协商，通过涵摄程序理性的方式提升财政行政的正当性，克服财政行政在事实基础上的弱点。为了实现这个目标，中国在法律中确立公民财政决策参与权时，别无二致地均先行确定公民财政知情权。尤其是在政府做出重大财政决策过程中，财政知情权发挥着举足轻重的作用，因为它有赖公民恰当地、有深度地参与到重大财政决策活动中去。只有公民既全面又准确地了解这方面的信息，还很清楚政府在此方面的意图以及正在采取和即将采取的措施，才能有针对性地参与重大财政决策。如果没有充分的财政信息作为支撑，即使公民参与了重大财政决策也无所适从，且难以发挥应有的作用。"事实上，得到良好信息沟通的公民可能以一种更有见识的方式有效地参与到所有的民主过程中。它还可以打破专家和普通公民之间的沟通屏障，将政府官员非神秘化，并使公民更多地对有争议的问题实现真正的政治参与"。[②] 由此看来，只有对公民财政知情权予以充分的保障，才能形成对财政本质共同的认识，以及对政府为了实现财政目标所采取措施的认可，

[①] 陈炎光：《知情权的法理》，载徐显明主编《人权研究》（第2卷），山东人民出版社2002年版，第268页。

[②] 朱谦：《环境民主权利构造之路径选择》，《南京社会科学》2007年第5期。

这样社会才能以该财政目标为依托而发展下去。当然,政府对财政信息的公开,其着眼点并不仅仅在于让公众知悉相关财政信息,而是通过财政信息公开的方式吸引更多的公众参与到财政决策中来,与政府一道实现财政目标。同时,政府将财政信息公开,能够在政府和公众之间建立沟通的桥梁,既有利于增进政府与公民之间的相互理解,又避免由于在财政方面认识的不同而产生冲突,引发社会问题。

(2)公民财政决策参与权同国家对财政法律、政策制定及政府财政行政行为相契合。一是公民财政立法和财政政策制定决策参与权同国家制定财政法律、政策相契合。以往人们普遍认为政府的不当财政支出是造成财政危机的主要原因,因此,财政法非常重视对政府财政支出行为的干预和限制。但是,随着财政危机的不断出现,人们发现与政府财政支出行为相比,国家财政决策行为的失当所带来的财政影响更加可怕。因为国家的财政活动尤其是政府的财政抽象行为(如制定财政法规和财政政策)恰恰是财政危机产生的根源,这也是许多国家将政府制定财政法规和财政政策等行为纳入财政法治轨道的重要原因。在20世纪初,中国为了应对财政法规和财政政策制定中所存在的困境,就确定了协商民主的模式,让社会公众就有争议的财政法规和财政政策制定参与协商讨论。通过社会公众之间自由而平等地就集体性的问题、目标和行动进行沟通、对话、交流和辩论,最终形成公共理性,以促进决策的正当性与合法性,[①] 并做出一系列的书面建议。这种文件会以直接或间接的方式传递到财政法规和财政政策制定程序中。[②] 这种在国家制定财政法和财政政策的过程中引入公民参与,不仅能够防止强势群体利用其优势攫取更多的不合理的财政资源,而且能够防止强势群体利用优势阻碍弱势群体对财政利益的表达和最终实现。这是因为这些强势群体往往比弱势群体更具人力和财力对财政立法和财政政策的制定施加影响。所以,通过确立公民财政立法和财政

[①] 参见戴激涛《协商机制在预算审议中的引入:财政民主之程序构造》,《苏州大学学报》(哲学社会科学版)2010年第6期。

[②] 参见朱谦《环境民主权利构造之路径选择》,《南京社会科学》2007年第5期。

政策制定决策参与权并由其行使,为弱势群体对财政利益的表达和实现提供了专门的通道,有利于国家在制定财政法和财政政策过程中更多地考虑弱势群体的财政利益诉求,使财政法和财政政策的制定符合正义与公平价值诉求。约翰·克莱顿·托马斯从政策制定的角度认为:"如果公共管理者花较多的时间吸引较多的相关公民参与政策的制定,那么,就会因为决策赢得广泛的支持而加速决策执行的进程。相反,如果公共管理者为了节省时间而将相关公民排斥在政策制定之外,那么,就会延缓政策执行的速度,因为,那些被排斥在决策之外的公民就会抵制政策,从而拖延了执行的进程。"[①] 其实,对于财政法和财政政策的制定也是如此。

二是公民财政行政决策参与权同政府财政行政行为相契合。国家作为向公众提供公共产品的重要主体,其执行主体是政府,因此,政府享有财政行政权,并在财政的具体活动中处于重要地位。布坎南说过:"随着政府规模的扩大,决策权日益从选举产生的立法者手中转移到非经选举的官僚手中。"[②] 这就使得政府拥有的财政行政权在财政的具体活动中发挥突出作用成为常态和必然。为了提升政府财政行政的效率性、科学性以及可接受性,降低政府财政行政的风险,在财政行政过程中引入公民财政行政决策参与权将是明智的选择。并且,这种公民参与权利的行使贯穿整个财政行政权运行过程之中。现代财政行政是政府对国家财政收支分配进行组织、实施和监管的机制和手段。它主要由财政管理体制、政府预算、政府决算、预算会计和政府审计等部分构成,这些部分相互联系、相互作用,共同组成一个完整的系统,为国家行政管理总体功能的发挥提供保证。从现代财政行政过程看,它是一种以预算为指导的资金运动管理过程,包含着一定的治理性和救济性,体现了法律对财政行政行为进行控制的理念。[③] 财政行政

---

① [美]约翰·克莱顿·托马斯:《公共决策中的公民参与:公共管理者的新技能和新策略》,孙柏瑛译,中国人民大学出版社2005年版,第125页。
② [美]詹姆斯·布坎南:《公共财政》,赵锡军等译,中国财政经济出版社1991年版,第100页。
③ 参见刘萍、王炜、李红星《行政管理学》,经济科学出版社2008年版,第300页。

行为是财政行政机关基于财政行政权的合法行为，它是财政机关对特定的人和事件所做的具体行为，遵循依法行政原则，即做到以下四方面：一是"不得与法律相抵触"；二是"非有法律根据不得侵害人民权利或使人民负担义务"；三是"非有法律根据不得为特定人设定权利或为特定人免除此法所课之义务"；四是"法律任行政权以自由裁量时，其裁量亦须合于法律"。[①] 因此，财政行政行为具有确定力、拘束力和执行力，它包括财政绩效评价行为、财政许可行为、财政奖励行为、财政强制行为、财政登记行为以及纠纷处理行为等。这些财政行政行为的实施均与财政利益密切相关，因此，都有可能在实施过程中有公民财政行政决策参与权的介入，以确保这些行为的正当性与合法性。

（3）公民财政监督权与政府财政资金使用和财政事务行为相契合。一是公民财政资金使用监督权与政府财政资金使用行为相契合。在传统的财政法理论中，尽管财政的概念将"收入"与"使用"割裂开来，未一并使用，但客观上，如果不将财政的概念拓展到财政资金的使用以及与财政资金取得的关系上来，公民权利就难以在法律上得到有效的保护。这是因为，传统的财政概念对那些利用公民所缴纳的税费来侵害公民权利的行为不能起到任何约束作用。如果能把财政资金的取得与使用作为整体来把握，财政概念才能符合现代财政法的本质要求。从实质上看，公民对财政资金使用的监督依据的是宪法赋予的主权享有者的地位。在财政法律关系中，公民将自己拥有的财产部分地让渡给国家，以换取无法通过市场交易而获得的公共产品。但为了确保公众让渡给国家的财产真正用之于民，满足公民对公共产品的需求，公民应该对国家财政资金的支出享有知情权、质询权、批评建议权，甚至程序法上的权利。由此看来，在政府对财政资金使用过程中引入公民财政资金使用监督权，不仅是应该的，而且可以确保国家在使用财政资金的范围、方向上是正确的。

二是公民财政事务监督权与政府财政事务行为相契合。"财政事务"是财政收支法律关系中的概念，它是指财政行政人员在财政收支

---

① 郑玉波：《法学绪论》，三民书局股份有限公司2006年版，第181页。

过程中的具体行为。财政行政人员虽然行使的是人民所赋予的权力，但权力存在很大的"危险性"。正如孟德斯鸠所认为的，一切有权力的人都容易滥用权力，把权力用到极限，一直到遇有界限的地方为止。如果权力不被限制，必然导致政府腐败，摧毁人民的自由与权利。① 因此，应对财政行政人员行使的权力予以监督。然而，许多情况下，对财政行政人员行使权力的监督，主要是财政内部监督，也就是依靠财政主管机关自上而下的监督。这种监督模式并不是很有效，因为很可能出现财政主管机关的监督失灵。这时就需要引入公民财政事务监督权，克服财政主管机关的监督不足。同时，日常生活中也存在大量的对公民权利侵害的具体财政行为，如财政机关对公民实施不正当或违法的具体财政行政行为，还有财政机关对财政行政权怠于行使或者故意免除公民财政义务的行为。对于直接给公民权益带来损害的具体财政行政行为，公民可以依照行政法和行政诉讼法的规定进行行政复议或提起诉讼来保护自己的权益。但对于财政机关怠于行使财政行政权或故意免除公民财政义务的行为，除了通过财政公益诉讼之外，还必须通过有效的监督加以遏制。因此，引入公民财政监督权，不仅可以防止国家财政收入的减少，而且可以对已履行财政义务的公民的合法权益和国家财政利益起到保护作用。

（4）公民财政救济权与国家财政司法行为相契合。财政秩序的混乱既与政府违反财政法规有关，也与政府在财政行政过程中的不当行为有关。虽然公民可以通过行使财政立法和财政政策制定决策或财政行政决策参与权在一定程度上预防财政秩序混乱的出现，但对政府违反财政法规行为的产生并不能完全防止，尤其是对财政行政机关怠于行使财政行政权给公共财政利益造成损害的行为更加难以防范。在这种情况下，公民只有对财政行政机关的财政危害行为提起财政公益诉讼，即对侵犯公共财政利益的行为，以及不符合财政法规和滥用财政权的行为，任何公民只要愿意，均可以向法院提起诉讼。这样借助财政司法的力量达到对侵犯公共财政利益以及不符合财政法规和滥用财

---

① 参见张文显《二十世纪西方法哲学思潮研究》，法律出版社1996年版，第46页。

政权的行为制止的作用，是对公民财政救济权的行使，使其发挥应有功能。根据财政行为的性质，可以将财政公益诉讼分为两大类：其一，财政民事公益诉讼，它是指在很难确定受害人的情况下，公民为了维护公共财政利益对实施侵害人提起停止侵权、赔偿受害人损失的诉讼。其二，财政行政公益诉讼，它是指公民认为财政行政机关侵害了公共财政利益而向法院提起的诉讼，不仅包括针对财政行政机关的具体财政行政行为中的非财政行政自由裁量权行为的诉讼，而且包括针对财政行政机关的抽象行政行为的司法审查诉讼。这种公民财政救济权的行使，既维护了正常的财政秩序，也使财政民主落到实处，还有利于财政行政机关与公民共谋财政事业的发展。

（二）中国财政支农投入法律监管机制的基本构成

1. 国家财政支农投入预算编制、执行和监督的互相协调与制衡机制

国家财政支农投入中基本形成预算编制权、执行权和监督权相分离的格局。为了厘清这三种权力行使的边界，并相互制衡，还应该做到：其一，根据预算编制、执行和监督互相协调和制衡的原则，划清国家财政支农投入监管主体的职责，做到权责清晰、相互配合、相互监督。其二，根据国家财政支农投入监管主体的性质和职责范围，赋予相应的权力。如赋予政府监管部门检查权、处罚权、强制执行权和建议权；赋予村民自治组织、会计师事务所、农民和其他专业人士知情权、参与权、监督权、建议权等，使其对预算编制权、执行权进行制约。

2. 国家财政支农投入前、投入中和投入后的监管机制

为了高效、科学地对国家财政支农投入进行监管，必须建立全方位、全过程且体现国家财政支农投入监管特色的机制。一是建立国家财政支农投入事前监管机制。主要是对国家财政支农投入资金的分配决策、预算、程序进行监督，重点进行国家财政支农投入资金拨付前审查，使国家财政支农投入资金支出行为规范化、操作程序化与透明化。二是建立国家财政支农投入事中监管机制。主要是对国家财政支农投入资金预算执行、拨付、使用予以日常监管，重点进行国家财政支农投入资金拨付后检查、使用后检查，尤其是对资金使用实行内部

监管追踪问效检查，建立国家财政支农投入资金大额用款项目档案库，将资金监管延伸到资金运行和效益评估各个环节，充分发挥村民自治组织、会计师事务所及其注册会计师的监督功能，增强国家财政支农投入监管的约束力。三是建立国家财政支农投入事后监管机制。主要是对国家财政支农投入资金决算和使用绩效进行监管，对违法使用国家财政支农投入资金的行为进行责任追究等。

3. 国家财政支农投入监管内部机制

国家财政支农投入监管机制是一项系统工程，为了使其发挥稳定和长效的作用，必须对国家财政支农投入监管内部进行控制。一是建立国家财政支农投入监督检查、复核、处理相对分开的内部控制机制。在国家财政支农投入内部监督检查、复核两个环节上形成相互协调与制约，避免出现内部监督检查人员既当裁判又当运动员的情况，确保监督检查的公正性。二是建立国家财政支农投入监管公开透明机制。在国家财政支农投入监管中，不仅做到公开检查项目、检查程序，而且做到公开评价报告、检查结果、处理结果，从而使国家财政支农投入监管行为处于制度约束和群众的监督之下。三是建立国家财政支农投入监管处理机制。成立以财政部门为主的国家财政支农投入监管处理决策机构，对国家财政支农投入监管机关查出的违法和违规行为予以处理，并对违法违规单位和责任人提出处理意见。

三 拓补中国财政支农投入法律监管机制的必要性与原则

国家财政支农投入法律监管机制是确保国家财政支农投入良性运行的有效方式，是国家财政支农投入监管长远发展的重要保障。中国已基本上构建了财政支农投入法律监管机制，但正如前面所述，存在许多问题。在实施乡村振兴战略的背景下，完善中国财政支农投入法律监管机制迫在眉睫。[1]

---

[1] 参见赵鸣骥、丁丽丽、郑启辉《重心下移关口前置 构建支农资金监管防线》，《中国财政》2012年第19期。

第六章 中国财政支农投入法律监管的主体构设与机制

（一）拓补中国财政支农投入法律监管机制的必要性

第一，有利于实现国家财政支农投入监管的规范化、科学化和系统化。国家财政支农投入法律监管机制是财政监管不可或缺的部分。要实现财政监管的规范化、科学化和系统化，就必须从国家财政支农投入法律监管入手，构建规范化、科学化和系统化的监管机制，满足财政监管发展大局的需要。只有融入财政监管，服从和服务于财政监管规范化、科学化和系统化的目标，国家财政支农投入监管才存在根基并充满活力。国家财政支农投入法律监管机制构建的目的，是通过建立权责一致、协调运行、良性互动和高效的机制，促进国家财政支农投入预算编制、执行和监管相互协调与制衡的国家财政支农投入运行机制的建立。这是实现国家财政支农投入法律监管机制规范化、科学化和系统化的重要措施与保障。

第二，有利于促进国家财政支农投入监管的全面、协调发展。自20世纪90年代以来中国进行了政府机构和财税制度的改革，国家财政支农投入不断增加。尤其是实施乡村振兴战略以来，中央政府加大了对农村财政投入的监管。从大局来看，财政部门充分履行对国家财政支农投入监管的职责，在确保农村财政政策执行、推进农村财政改革、整顿和规范国家财政支农投入秩序、查处国家财政支农投入中严重违规违纪问题、保障国家财政支农投入正常运行以及监管措施顺利实施等方面做了大量工作，发挥了重要作用。在这个过程中，国家财政支农投入法律监管的理念、内容、方式等也发生了相当大的变化，实现国家财政支农投入监管从单纯的检查型向检查与管理有机结合的模式过渡。但与国家财政支农投入法律监管全面、协调的要求相比，仍存在检查与管理结合不够、监管层次和质量低下、效率有待提高、监管过程不平衡的问题。要解决这些问题，必须建立健全国家财政支农投入法律监管机制，把国家财政支农投入法律监管的每个环节和组成部分予以分解、科学认识，真正做到把握其精要，充分设计到国家财政支农投入运行过程中，才能促进国家财政支农投入法律监管的全面、协调发展。

第三，有利于把握国家财政支农投入监管的规律，提高国家财政支农投入监管的功效。国家财政支农投入监管的实践表明，各类监管主体对国家财政支农投入监管的规律缺乏充分认识，影响了国家财政支农投入监管的整体功效。在中国财政支农投入监管方式单一和陈旧、以事后检查为主、监管内容比较散乱、监管随意性大、缺乏计划性的情况下，国家财政支农投入监管效能未得到很好的发挥，整体功效低下，尤其是国家财政支农投入监管成果的利用受到一定的限制，使国家财政支农投入监管无法在原有基础上有质的提高。作为推进国家财政支农投入健康发展的主要手段，国家财政支农投入监管必须解决自身问题，按照发展规律，加强国家财政支农投入法律监管机制的构建，提高国家财政支农投入监管的功效。[①]

（二）拓补中国财政支农投入法律监管机制所遵循的原则

1. 适度监管的原则

所谓"适度"，即意味着国家财政支农投入法律监管不是也不能是国家财政支农投入的管制。换言之，适度监管要求国家财政支农投入监管主体应当遵循国家财政支农投入发展的客观规律，其监管行为不能干涉国家财政支农投入各方当事人的权利（权力），而要通过制度和规则使国家财政支农投入各当事人积极、合法参与国家财政支农投入活动，让国家财政支农投入获得良性的发展。只有当国家财政支农投入当事人出现不正当行为时，才对其采取某些强制措施。因此，在完善国家财政支农投入法律监管机制时，要注意以下几个问题。[②]

其一，明确国家财政支农投入监管主体的职责权限以及适当的授权。这是科学、适度监管的前提。国家财政支农投入监管主体只有在法律适当的授权范围内行使职权，才能有效防止职权滥用，对其具体监管行为进行更为理性科学的决策，确保国家财政支农投入监管程序和实体合法，并达到最佳的效果。

其二，国家财政支农投入监管不能排除市场在一定范围内的作

---

① 参见李振标、郑传芳《财政农业投入监管模式优化设计研究》，《福建论坛》（人文社会科学版）2013年第9期。

② 参见许可、肖宇《私募投资基金的适度监管体制探析》，《西南民族大学学报》（人文社科版）2016年第8期。

第六章 中国财政支农投入法律监管的主体构设与机制

用。这是适度监管的核心。它要求国家财政支农投入监管主体充分尊重国家财政支农投入规律的调节作用，不能违背规律的力量，更不能人为设置障碍。只要没有规律不发挥作用等情况发生，国家财政支农投入监管主体不应主动介入。为实现国家财政支农投入稳健发展，保护国家财政支农投入各方当事人的利益，需要确定恰当的监管范围，并赋予国家财政支农投入监管主体相适应的权力。

其三，国家财政支农投入监管主体不应直接监管国家财政支农投入各方当事人的微观活动。国家财政支农投入监管主体不是实际的资金使用者，不能企图对国家财政支农投入各方当事人的活动进行微观管理，而应对国家财政支农投入各方当事人设置正当的活动模式，并使之制度化、法律化，使国家财政支农投入各方当事人对其国家财政支农投入资金使用行为的正当性有一个比较准确的把握。这样既可以避免对国家财政支农投入各方当事人权益的侵犯，又能做到管而不死、活而不乱，使国家财政支农投入各方当事人正当参与国家财政支农投入活动。

适度监管还内含依法监管和合理监管之意。依法监管是国家财政支农投入监管主体必须依据法律法规行使监管权。具体包括：其一，国家财政支农投入监管主体法律地位的确定及其监管权力的取得有赖法律的明确规定。其二，国家财政支农投入监管主体应在法律授权的范围内行使监管职权，不得逾越权限，不得违背法律，不得侵犯国家财政支农投入监管相对方的合法权益。合理监管是指随着国家财政支农投入的迅猛发展，立法机关已很难有足够的时间和必要的专业知识来制定适应国家财政支农投入快速发展的所有规范体系，因此，有必要赋予国家财政支农投入监管主体一定的自由裁量权。但国家财政支农投入监管主体的这种自由裁量权的行使也应依法加以限制，否则，就有被滥用的可能。所谓合理监管，是指要合理运用国家财政支农投入监管中的这种自由裁量权：其一，国家财政支农投入监管行为（包括自由裁量权的行使）应符合国家财政支农投入监管的目的或宗旨。其二，国家财政支农投入监管行为只能采取合理的步骤和方式，程序适当。其三，国家财政支农投入监管行为的内容合法，并合乎情理，易于为被监管人所理解。

2. 既独立又合作监管的原则

国家财政支农投入法律监管是多主体参与的法律机制，首先，必须从法律上明确国家财政支农投入监管各主体的职责和享有的监管权。如果国家财政支农投入的一个监管主体，无论从财力、人事安排还是决策上，均受制于其他监管主体，它的独立性是不存在的，势必产生监管主体之间的依赖性，使国家财政支农投入监管流于形式，也不会产生监管的权威性，约束性大大削弱。因此，建立国家财政支农投入法律监管机制时，要明确国家财政支农投入监管主体的法律地位，赋予相应的职权，并自觉接受其他监管主体的监督。此外，确立有效的手段保障国家财政支农投入监管主体独立行使监管权，且对违法干预其他监管主体的行为追究法律责任。其次，必须强调国家财政支农投入监管主体的合作。因为国家财政支农投入监管涉及范围广泛，单一的监管主体不足以担当此任，需要众多监管主体之间的合作，以面对复杂的国家财政支农投入情形。并且，不同的国家财政支农投入监管主体的监管功能不同，也需要互相补充，共同完成对国家财政支农投入监管的艰巨任务。目前，中国已有较多的监管主体，但互相之间缺乏配合，形成多头监管的局面，产生了许多冲突和矛盾。因此，建立国家财政支农投入法律监管机制时，应成立国家财政支农投入监管委员会，使其独立于财政部门，发挥协同各监管主体的作用，形成一股合力，促进国家财政支农投入资金的公平、合理和有效使用。

3. 保护农民权益的原则

它应是建立国家财政支农投入法律监管机制所遵循的一项基本原则。在国家财政支农投入过程中，农民是不可或缺的参与主体，也是最终利益的获得者和享受者。但其承担着诸多风险，如国家财政支农投入资金分配不当的风险，拨付延迟或挪用、截留的风险，使用不当或贪污的风险，以及监管主体不履行或不适当履行职责的风险等。这些风险均给农民带来利益上的损害。因此，建立国家财政支农投入法律监管机制时必须遵循此原则。

要维护农民的利益，就必须要求：其一，保证国家财政支农投入资金的公平分配。公平分配是要保证国家财政支农投入资金在分配决策、分配程序中能够按照农民的预期实现国家财政支农投入资金的合理安排，让每一位农民切实感受到公平对待，保护农民合法权益。其二，保证国家财政支农投入资金使用的有效性。有效性就是国家财政支农投入资金被公平、合理使用，而没有被浪费掉，使国家财政支农投入资金使用效益最大化。此外，有效性的另一个作用是保护国家财政支农投入资金使用者的选择权和国家财政支农投入管理者的选择权，让国家财政支农投入资金使用者可以顺畅、合理行使选择权来表达对国家财政支农投入管理者信任与否。其三，保证国家财政支农投入资金的安全性。安全性就是保护国家财政支农投入资金使用者利益的安全，这是国家财政支农投入法律监管机制的核心。总之，建立国家财政支农投入法监管机制时，应以保护农民权益为重点。

4. 大胆借鉴国外先进经验与中国实际情况相结合的原则

国家财政支农投入作为一种财政政策，这是农业自身特性所决定的。任何一个国家都不能回避农业发展的滞后性，因此，对农业发展的大力支持成为常态化的选择。这些支持性的财政政策必然包含一些共同的特征。自美国建立了对国家财政支农投入法律监管机制后，英国、德国、法国、瑞典等国家也先后建立了国家财政支农投入法律监管机制。目前，世界上已有许多国家建立了国家财政支农投入法律监管机制，其中有大量发展中国家，如泰国、巴基斯坦、印度等。借鉴这些国家建立国家财政支农投入法律监管机制方面的成功经验，对完善中国财政支农投入法律监管机制并更好地利用国家财政支农投入监管这种手段，无疑有着重要的意义。另外，国家财政支农投入发展与一个国家的国情有着极大的关系。中国是一个农业大国，国家对农业投入不断加大，但又存在突出的农村和农民问题，因此，在建立国家财政支农投入法律监管机制时，既要大胆借鉴国外的先进经验，又要考虑中国的实际情况。

四 建立健全中国财政支农投入法律监管机制的对策

从中国财政支农投入法律监管机制运行情况来看，通常侧重国家财政支农投入资金分配的监管，对国家财政支农投入决策、资金使用以及使用效果的监管不够，难以确保国家财政支农投入资金规范、安全、高效地运行。在完善中国财政支农投入法律监管机制的过程中（见图6-5），应逐步建立规范的国家财政支农投入监管制度，涵盖国家财政支农投入决策、项目立项、预算、资金拨付、使用等全过程，实现全过程、无缝隙的跟踪管理监控，切实提高国家财政支农投入资金的使用效益，促进农业、农村经济发展和农民增收。具体分析见第七章的内容。

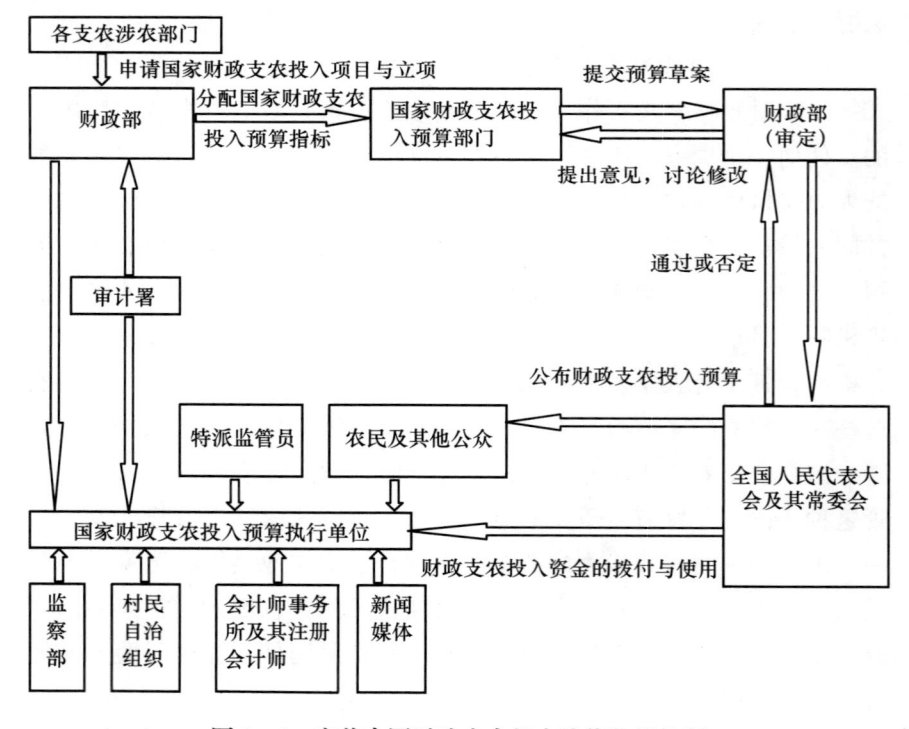

图6-5 完善中国财政支农投入法律监管机制

第七章　中国财政支农投入法律监管的制度体系构建

国家财政支农投入是一项系统工程，涉及许多环节。从总体上看，包括国家财政支农投入决策、预算、资金的拨付和使用，以及绩效考核等。但从国家财政支农投入前后顺序来看，它分为投入前、投入中、投入后三个环节，也包含着国家财政支农投入的具体操作程序。国家财政支农投入前，包括国家财政支农投入决策、预算编制、审批等；国家财政支农投入中，包括国家财政支农投入预算的执行与调整、资金的拨付与使用等；国家财政支农投入后，包括国家财政支农投入决算、绩效考核等。所有这些环节均离不开法律监管。对国家财政支农投入法律监管的研究，必须探讨国家财政支农投入法律监管的制度体系构建，有利于把握国家财政支农投入法律监管的实质。

第一节　构建中国财政支农投入前的监管制度

国家财政支农投入前的监管主要关注对国家财政支农投入规模、结构、项目审定等投入决策与支农预算计划的编制和调整等合理性、效益性的审核评估上，当然也涉及国家财政支农投入计划与决策程序、决策方式合规性的检查。这种事前监管除了与第一层级的立法机构——人大和专业审计委员会对国家财政支农投入预算、决算的审批有关外，同样与第二层级的财政部门、支农涉农部门通过对支农预算制定、支农涉农部门用款计划、项目、项目实施方案的审定有关。通过事前监管，提出科学合理的决策意见，最终实现国家财政支农投入计划、预测和决策的准确性、合理性与可行性。

一　建立健全中国财政支农投入决策监管制度

自中国大力实施乡村振兴战略以来，国家不断加大对农业的投入。前期的投入决策是否科学、准确，不仅关乎社会正义的实现，而且关乎对农业投入的成败和整体效益。从社会契约论的角度来看，国家财政支农投入存在委托—代理关系，公民将自己财产的一部分让渡给国家，成为国家的财政收入，国家将财政收入委托给政府去管理，政府又委托相关部门去管理，这其中就包括国家财政支农投入的部分。在这种多重代理关系中，政府部门如果不对财政支农投入进行科学与民主决策，从而避免逆向选择和道德风险影响的可能，就无法很好地反映社会民众的意愿以及广大农民的意愿。尤其是农民的意愿，它与国家财政支农投入决策息息相关，决定着国家财政支农投入决策是否成功与正当。同时，国家财政支农投入资金庞大，如果政府部门囿于自身利益，就可能会导致"政府失灵"现象的产生。因此，有必要对国家财政支农投入的决策程序，以及决策人及其行为进行监管。[①]

（一）中国财政支农投入决策监管存在的问题

由于中国目前对财政支农投入决策监管制度的构建相对滞后，从而导致国家财政支农投入决策机制存在如下问题：

其一，国家财政支农投入决策程序的科学性有待提升。这不仅表现在有些财政支农投入项目未经过科学论证和按照一定的决策程序确定就开始实施，而且表现在有些财政支农投入项目的基础工作和准备工作完成得不太充分，有仓促上马之嫌，造成盲目建设的现象出现。甚至有些地方只热衷于对国家财政支农投入项目的申报，争取国家财政的支农投入，根本不管项目是否可行和合理；有时也出现先拨款后立项，只管国家财政支农投入，不管国家财政支农投入所产生的效

---

① 参见闫杰、朱美玲《财政农业投入决策机制的完善与创新》，《浙江金融》2009年第8期。

果，造成国家财政对农业支出的浪费。此外，国家财政支农投入决策程序的不科学还表现在实施步骤不太清晰和有度；责任和要求也不够明确和具体，同时，调控不太得当，反馈及时性不强，造成国家财政支农投入决策偏离了科学化的要求。

其二，国家财政支农投入项目立项与计划的系统性有待提高。由于在不同的时期，农村的建设和农业的发展有不同的需求，这就导致国家财政支农投入的各个项目立项以及计划的安排在时间上不一，所要达到的目标也不一，使国家财政支农投入项目立项与计划在前后统一规划难以有效达成，从而造成国家财政支农投入项目立项与计划在整体上缺乏系统性，因此，国家财政支农投入项目立项与计划的实施难以统一，亦会出现国家财政支农投入项目立项与计划的交叉和重叠，影响对国家财政支农投入的科学决策，不利于国家财政支农投入前期工作的很好准备。

其三，国家财政支农投入项目立项与计划安排的质量有待提高。其主要原因在于国家财政支农投入项目立项与计划可行性研究流于形式，不能够起到为后面工作进行指导的作用。具体而言，在可行性研究方面：一是结论缺乏可靠性。目前，中国财政支农投入项目立项与计划中，存在各组成部分缺乏逻辑联系的问题，往往是一些无用资料的堆砌。二是可行性分析不够透彻，论证也不充分。由于对国家财政支农投入项目立项与计划的前期工作做得不够深入，也就是对有关基础数据调查不够深入，因此，对国家财政支农投入项目立项与计划的必要性论述不完全、分析不具体，投资估算不符合实际，效益分析不够合理等，使得可行性研究报告难以达到深度质量要求。三是缺乏农民的评价。由于国家财政支农投入关涉农民的利益，由农民对国家财政支农投入项目立项与计划进行评估是十分重要的。目前，在对国家财政支农投入项目进行立项以及计划的制订过程中缺乏农民的评价，使国家财政支农投入项目的立项与计划的制订脱离了农民的需要，无法产生应有的社会效益。四是可行性研究报告不规范。表现在对国家财政支农投入项目进行立项以及计划制订的要求不熟悉，导致所编制的可研报告不符合要求。

(二) 建立健全国家财政支农投入决策监管制度

1. 建立健全国家财政支农投入决策程序的合规性监管制度

从管理学的角度来看,决策分为程序化决策和非程序化决策。前者又称常规性决策,是指对重复出现的日常管理问题所做的决策。这类决策有先例可循,能按已规定的程序、处理方法和标准进行决策。它多属于日常的业务决策和可以规范化的技术决策。后者是指对管理中新颖的问题所做的决策。这种决策没有常规可循,虽然可以参照过去类似情况的做法,但需要按新的情况重新研究,进行决策。它多属于战略决策和一些新的战术决策,这种决策在很大程度上依赖决策者政治、经济、技术的才智和经验。[①] 对于国家财政支农投入决策而言,更倾向于程序化决策,理由如下。[②]

其一,国家财政支农投入存在周期性的变化,但仍是一种常规经济现象。虽然国家财政支农投入与国民经济发展有着密切的关系,当国民经济发展顺畅的时候,其财政收入稳定增加,对农业的财政支持力度会加大;当国民经济发展放缓或低迷时,其财政收入相对减少,对农业的财政支持力度会削弱,这是国家财政支农投入出现的波动,具有不稳定性。这种不稳定是由国民经济在其发展过程中的不均衡性导致的。但这是一种常规性的经济现象,它的周期性、重复性、常规性体现出经济波动规律,能够被人们所认识和把握,可以提出应对性的调控措施。由此可见,国家财政支农投入虽然针对的是易变的国民经济形势,但其规律也是存在的,并能够被人们所运用,含有程序化决策的重复性和稳定性要素。

其二,国家财政支农投入决策依据具有一定的稳定性。由于国民经济发展具有规律性,因此,国家财政支农投入也具有规律性,这种规律是可以被人们掌握和运用的。事实上,从国家财政支农投入决策的依据来看,它具有一定的稳定性。因为国家在制定财政支农投入政

---

① 参见王玉斌《论决策者的素质要求、决策方法和决策程序》,《领导科学》2010年第17期。
② 参见戴建华《行政决策的程序价值及其制度设计》,《云南社会科学》2012年第4期。

策时，通常会对历史上的财政支农投入政策和数据进行研究，归纳出大量有价值的参考资料，然后根据这些资料来规划未来财政支农投入政策，做出科学合理的国家财政支农投入决策。显然，这些资料具有一定的规律性及稳定性。当然，对于中国而言，经过 40 多年的探索，社会主义市场经济体制已经建立，市场经济的观念已深入人心，国家财政支农投入决策正走上正轨，具备了规范的、按程序进行决策的条件。将国家财政支农投入决策定位为程序化决策，合乎中国国情。

其三，强调国家财政支农投入决策具有程序化决策的属性，有利于实现国家财政支农投入决策与政治的相对分离。国家财政支农投入决策与一般的企业管理决策是不同的，它带有浓厚的政治性。这是因为，国家财政支农投入决策者本身就是政治主体，存在政治企图或利益。同时，国家财政支农投入决策对农民的利益影响甚广，这本身就是一个重大的政治问题。将国家财政支农投入决策作为程序化决策对待，可以使决策者的判断范围降至最小，这本身就是对决策者约束的有效途径。因为程序化的决策必须依据法律规定的程序规则进行，使国家财政支农投入决策的技术性与政治性相对分离，以保证其科学性。在中国的法治化进程中，强调这一点不仅非常重要，而且更具紧迫性。因此，应对国家财政支农投入决策的程序进行明确规定，加强对国家财政支农投入决策程序合规性的监管，避免出现"一年预算，预算一年"和"拍脑袋"决策的现象，减少国家财政支农投入决策失误，提高国家财政支农投入决策效率。[1]

2. 建立健全国家财政支农投入项目立项与计划的监管制度

国家财政支农投入项目立项与计划是国家财政支农投入资金运行的起点，必须建立起国家财政支农投入项目立项与计划的事前审核制度。其重点审核内容如下。[2]

其一，国家财政支农投入项目立项建议书。它是根据国务院已审

---

[1] 参见朱海波《地方政府重大行政决策程序立法及其完善》，《广东社会科学》2013 年第 4 期。

[2] 参见郁俊莉、朱玲玲《推进地方政府投资项目建设管理机制创新——以濮阳市为例》，《学习论坛》2015 年第 8 期。

批的支农发展规划,提出有可能实施的项目,进行论证研究后编制而成。编制国家财政支农投入项目立项建议书是为了建议和推荐项目。其主要作用是对拟立项的项目进行初步说明,论述项目建设的必要性、条件的可行性及获得社会、经济效益的可能性,为国家财政支农投入决策部门选择确定项目提供依据,为可行性研究提供依据。

其二,国家财政支农投入项目立项与计划的可行性研究。它是对拟立项项目进行全面的技术和经济的分析与论证,是国家财政支农投入资金前期工作的重要内容和环节。国家财政支农投入项目立项建议书被上级主管部门批准后,根据批文要求,组织开展可行性研究,编制可行性研究文件。国家财政支农投入项目立项与计划的可行性研究任务,就是根据国家财政支农发展要求,通过调查、研究与拟立项项目有关的资料,对拟立项项目投资建设的必要性、经济上的合理性、技术上的适用性及先进性、建设条件上的可能性和可行性等进行全面分析、论证,做出多方案的比选,推荐最佳的国家财政支农投入项目立项方案,供国家财政支农投入决策部门予以决策与审批。国家财政支农投入项目立项与计划的可行性研究,是为了明确拟立项的项目与计划在技术和经济上是必要的、合理的和可行的,并对社会效益、经济效益等进行全面分析论证,落实各项立项项目建设条件。

其三,国家财政支农投入项目立项的评估。它是国家财政支农投入项目立项的关键环节,是决定项目能否立项的重要步骤。国家财政支农投入项目立项的评估有两个任务:一是对国家财政支农投入项目立项可行性研究报告的可靠程序做出评价;二是从农业发展的角度,全面、系统地检查国家财政支农投入项目立项涉及的各个方面,判断其可行性和合理性。国家财政支农投入项目立项的评估,通常是对拟立项的项目的经济、组织、财务等进行论证,对可行性研究报告进行审查、评估。评估要特别注重国家财政支农投入拟立项的项目总规模、布局是否合理,项目实施是否适合当地条件,执行计划的进度是否切实可行,是否能达到预计目标,投入资金估算是否正确,有无保证项目很好实施的组织、监管机制等。总之,要确保国家财政支农投入项目立项和计划与实施乡村振兴战略和农业的快速发展,以及实现社会正义的目标相一致。①

3. 建立健全国家财政支农投入决策者及其行为监管制度

国家财政支农投入决策,从管理学的角度来看,它是指对国家财政支农投入做出决定,是国家为了实现社会正义的目标,根据农业发展现状和客观条件,采用科学的方法和手段,从所有可供选择的方案中找出一个最满意的方案进行实施,直至目标的实现。② 简言之,国家财政支农投入决策是一个已知目标和方案的排序与选择过程,也就是说,已经知道国家财政支农投入该"做什么",现在要解决的问题是"怎么去做"或"怎么才能做得更好"。一般将国家财政支农投入决策作为一个过程来看待,既识别问题,确定决策标准和决策标准权重,又拟订备选方案,分析方案,选择最佳方案,实施方案,评价决策效果等。③ 这其中发挥重要作用的还是决策者。但国家财政支农投入决策者的理性是有限的。

康德认为,人是属于智能世界中理性的生物,不但可以做出合乎普通法则的选择,而且可以做出违背普通法则的选择,是可以自治的、有自觉意识的、抽象的带有类(群体)特征的、超越个体的人,也是完全地追求利益、精于计算的人,还是可以充分认识自己的一切利益的人。由此看来,人是有理性的,是理性的存在物。但是,"人不完全是理性的。作为类的人往往缺乏一种个体理性,其个体意识所表现出来的往往是群体意识。并且,这种意识往往是在群体中占有霸权的那部分人的意识。不仅如此,这个时候的个体不仅与平时所表现的个体不同,而且易于受群体暗示而失去理性"。④ "孤立的个人可能是一个有教养的人,但在群体中,他变成了一个野蛮人,即一个行为

---

① 参见何长见等《中国农业项目监测评价体系研究》,中国农业科技出版社2001年版,第40页。

② 参见方志耕《决策理论与方法》,科学出版社2009年版,第1页。

③ 参见[美]斯蒂芬·罗宾斯、大卫·德森左《管理学原理》,毛蕴诗译,东北财经大学出版社2004年版,第107页。

④ 徐涤宇、潘泊:《私法自治的变迁与民法中"人"的深化》,《华东政法学院学报》2004年第6期。

受本能所支配的人。"① 所以，理性人在认知上不是至上性的，他的认识是有限的。因此，在国家财政支农投入决策中，作为有限理性的决策者不可能是"先知先觉"，对国家财政支农投入决策所有预案及其实施后果的知晓是有限的，通常只能追求最满意而非最优方案。这就是著名经济和管理学家西蒙（Simon）在自己称为有限理性决策模型（bounded rationality model）中所存在的现象。②

与此同时，正是因为国家财政支农投入决策者具有有限理性，其会趋利避害，追求个人利益的最大化。这就是经济学上所称的"理性人假设"的主要内涵。从市场层面讲，追求个人利益最大化无可厚非，但在国家财政支农投入决策中则有不当的一面，具体表现包括：其一，倘若国家财政支农投入决策者囿于部门利益，对国家财政支农投入进行选择性决策，这与国家提供公共产品和维护公共利益是背道而驰的。毕竟国家财政支农投入决策是公共决策，涉及的是广大农民的共同利益；其二，倘若国家财政支农投入决策者不按自身承诺行事，就会出现政策"时间不一致性"的现象。具言之，当国家财政支农投入决策者对外宣布了国家从财政上支持农业发展的政策，而且该政策完全符合广大农民的利益需求。但在实施过程中，遭遇到不少的困难与阻力，而使国家财政支农投入决策者不按照原来的承诺行事，走上了另外相异的道路，从而使农民对国家财政支农投入的信赖降低。其三，倘若国家财政支农投入决策者出现懈怠情况或因疏忽而不积极作为，均可能导致国家财政支农投入所体现出的公共利益而被局部利益所取代。

鉴于国家财政支农投入决策者存在有限理性，对其监管是十分必要的。其一，倘若对国家财政支农投入决策者进行监管，能够在更大程度上形成以公共理性的形式对国家财政支农投入进行统一性决策，克服国家财政支农投入决策者因个体的有限理性而出现决策的失误，

---

① ［法］古斯塔夫·勒庞：《乌合之众：大众心理研究》，冯克利译，中央编译出版社2000年版，第22页。
② 参见岳成浩、成婧《危机能管理吗？——基于西蒙决策理论的视角》，《中国行政管理》2016年第2期。

发挥公共理性在国家财政支农投入决策中的作用。其二，倘若对国家财政支农投入决策者进行监管，能够确保国家财政支农投入决策者充分利用专业知识予以大胆决策，排除各种外在因素的干扰，以不徇私利的方式，保持在国家财政支农投入决策中的独立性。因此，完全有必要建立健全国家财政支农投入决策人及其行为监管的制度。

二　建立健全国家财政支农投入预算监管制度

长期以来，中国财政支农投入监管重事后，轻事前、事中，尤其是轻视事前的监管。对于国家财政支农投入预算监管而言，就是重视对国家财政支农投入预算执行结果的监管，而轻忽对国家财政支农投入预算编制和执行的监管，特别是对国家财政支农投入预算编制监管的不足，导致国家财政支农投入立项项目与计划因预算的不够准确而难以有效实现，也出现了较多追加预算的现象。因此，建立健全国家财政支农投入预算监管制度非常必要。

（一）建立健全国家财政支农投入预算信息公开监督制度

根据国际货币基金组织发布的《财政透明度良好做法守则——原则宣言》，通常将财政透明度的内容概括为四个方面：一是角色定位与责任明确；二是公开的预算程序；三是信息向公众公开；四是完整性的保证。这四个方面完全可以涵盖财政政策的透明度问题。国家财政支农投入预算也应注意透明度，有利于稳定和引导公众对国家财政支农投入的预期，进而提高其有效性。具体而言：[1] 其一，公众对国家财政支农投入运行结果和过程的认知是不可能完全的，国家财政支农投入预算透明度的提高，有利于降低公众获取国家财政支农投入信息的难度，降低公众预测的误差。其二，国家财政支农投入预算部门对国家财政支农投入预算传导机制的评估，能够加速公众对国家财政支农投入预算的认知过程，并对国家财政支农投入预算做出准确的反馈，实现国家财政支农投入预算的有效传导。其三，提高国家财政支农投入预算的透明度，也有利于公众与国家财政支农投入预算部门进

---

[1] 参见王晟《我国财政信息公开制度构建研究》，《政治学研究》2011年第1期。

行有效沟通，增强对国家财政支农投入预算部门的信任度，增强公众预期的稳定性。由此看来，国家财政支农投入预算的透明度，一方面能够克服国家财政支农投入预算者与其他国家财政支农投入参与者的信息不对称，以稳定其预期，从而增强国家财政支农投入的有效性；另一方面，有利于公众对国家财政支农投入预算的监督，预防预算者的因素导致国家财政支农投入有效性不足。[①] 因此，基于国家财政支农投入预算的透明度，应建立完善的国家财政支农投入预算信息公开监督制度。

目前，中国在财政支农投入预算信息公开监督制度构建方面存在不足，主要缘于对国家财政支农投入预算信息公开监督不够重视，从而导致此方面制度建设的迟缓，使对国家财政支农投入预算信息公开监督不够有力。当然，也不能因为国家财政支农投入预算信息公开制度不完善，就不对国家财政支农投入预算信息公开监督制度进行拓补。而应积极推动国家财政支农投入预算信息公开监督制度建设，尤其要解决好国家财政支农投入预算决策自主权、公众知情权与监督权的关系。作为财政活动的国家财政支农投入预算，它既是一个经济问题，又是一个政治与法律的问题，前者主要追求效率，后者主要追求民主理财，同时，也离不开公众的监督。为了实现国家财政支农投入预算信息公开的完整性、真实性，这里存在着效率与民主的矛盾，必须通过制度的设计使国家财政支农投入预算信息公开限定在一定范围内，使预算决策自主权、知情权、监督权达到一种和谐与平衡的状态。这是我们在国家财政支农投入预算信息公开监督制度构建中应解决的问题。[②]

一是确立国家财政支农投入预算信息公开监督的范围。关于国家财政支农投入预算信息公开监督的范围主要包括两个方面：其一，国家财政支农投入预算者对哪些信息负有公开的义务；其二，对有义务

---

① 参见李燕《财政信息公开透明是预算监督管理的基础》，《财政研究》2010年第6期。

② 参见嵇明《推进财政信息公开的研究思考》，《财政研究》2011年第5期。

公开的信息，国家财政支农投入预算者需要公开到什么程度。目前，中国《预算法》和《预算法实施条例》中未对预算信息公开进行规定，只是2007年国务院出台的《政府信息公开条例》中简单规定了预算信息公开的内容，2020年财政部发布的《政府信息公开实施办法》中对预算信息公开进行了较为细致的规定。可见，中国并没有对预算信息公开进行专门性规定。这使得国家财政支农投入预算信息公开监督实践出现以下问题：其一，在国家财政支农投入预算编制准备阶段，是否需要编制和公布预算前报告；其二，在国家财政支农投入预算编制阶段，尚未公开的预算草案应包括哪些信息才算完整；其三，在国家财政支农投入预算审批阶段，是否公开预算审议批准的具体过程；其四，经人大批准后的国家财政支农投入预算公开内容应具体到什么程度。但根据国际货币基金组织的《财政透明度良好做法守则——原则宣言》的规定，国家财政支农投入预算信息公开的内容，主要包括国家财政支农投入预算目标、预算程序以及预算依据。这些都可以作为确定中国财政支农投入预算信息公开监督范围的参考。

二是确立国家财政支农投入预算信息公开监督的对象。国家财政支农投入预算从本质上讲是一种立法决策，因为预算"是按法定程序编制、审查和批准的政府年度财政收支计划"。[1] 所以，国家财政支农投入预算本身就是一种法律活动，是一种年度立法。它的特殊性主要表现在监督对象不仅包括编制国家财政支农投入预算的行政机关，而且包括审批国家财政支农投入预算的立法机关。后者既是督促政府向人大和公众披露国家财政支农投入预算信息的监督者，又是向公众公开人大掌握国家财政支农投入预算信息的被监督者。对全国人大的监督方面，重点在对全国人大代表的监督上，而不是全国人大自身。根据中国《宪法》和《选举法》的规定，全国人大代表是人民选出并代表自己利益的代表，首要的任务就是反映普通民众的诉求。在国家财政支农投入决策上，全国人大代表要履行自己的职责。对于怠于履行职责或者不履行职责的人大代表，可以罢免，以确保国家财政支

---

[1] 刘剑文、熊伟：《财政税收法》，法律出版社2007年版，第112页。

农投入预算能够反映大众乃至农民的呼声。

三是确立国家财政支农投入预算信息公开监督的内容。从《财政透明度良好行为守则——原则宣言》来看，第4条专门规定了如何通过规范会计制度、内外部监督来确保公开数据的真实性。经济合作与发展组织（OECD）《预算透明度最佳做法》第3条也专门规定了如何从会计政策、内部控制及内稽核制度、审计和公众、国会的监督等方面来确保报告品质和完整性。由此可见，对国家财政支农投入预算信息公开的监督内容主要涉及其数据真实性的监督。对国家财政支农投入预算信息真实性的认定，必须符合以下标准：其一，国家财政支农投入预算的预测与更新信息应反映最新的国家财政支农投入趋势、重要的国家财政支农投入宏观动态以及明确的国家财政支农投入预算承诺；其二，国家财政支农投入年度预算应说明编制和报告的预算数据的会计基础，确保国家财政支农投入预算报告数据的内在一致性，并根据其他来源的相关数据进行核对，重新修正历史的国家财政支农投入预算数据；其三，对国家财政支农投入数据分类的变动应进行说明。在国家财政支农投入预算信息公开的问题上，之所以强调对国家财政支农投入预算信息真实性的监督，是因为国家财政支农投入预算要与国家财政支农投入决算相对应，同时，与各种国家财政支农投入说明和执行报告相对应，否则无法对国家财政支农投入预算予以解释和检验。①

（二）建立健全国家财政支农投入预算听证制度

财政民主是民主在财政领域的具体化，它是国家财政支农投入预算的预设前提，是国家财政支农投入预算合法性的当然内涵。20世纪以来，在人们不懈的斗争中，民主逐渐作为普适的价值被世界上绝大多数人所接受。但无论是直接民主还是代议制民主，它的游戏规则是基于多数原则。这是民主政治活动的一项基本原则，它不仅是实现

---

① 参见李学《数据质量、大数据执行机制与财政信息公开制度建设》，《学术研究》2019年第3期。

第七章 中国财政支农投入法律监管的制度体系构建

公民权利平等的前提，而且是政治权力制衡的重要机制。① 多数原则按照达尔的界定，即"当在不同的备选方案之间进行挑选时，为较多数人所偏好的方案被选中"。② 但多数原则不是绝对多数原则，即"任何既定人群中的多数就代表全体，对全体拥有绝对的权利"。如果实行绝对多数原则，将产生零和的结果，会使某一次的博弈结果成为永远的输赢。③ 多数原则是 18 世纪美国《独立宣言》起草人杰斐逊提出来的，是为了解决由人权与人民主权之间的紧张所引发的"少数人的权利与大多数人的意志"的争论问题。④ 他认为多数原则是人民主权原则的一种体现。服从多数的决定是"每一个人类社会的自然法则"。"就维护我们的自由来说，人民是唯一可靠的靠山。归根到底，我的原则是大多数人的意志应该起主导作用。"⑤ 由此可以看出，"在预算编制中引入听证程序，吸收以纳税人为主要成分的利害关系人参与到税收用途的计划中来，是维护利害关系人利益的应有之义，是保证民主参与的具体方案之一"。⑥ 这正是对预算参与性基本原理的恰当表达，目前已成为世界的潮流。1946 年，美国《行政程序法》第 553 条规定，制定法规，原则上要通知利害关系人，并给予其参与法规制定的机会；公民对法规的制定可以请愿的方式表达愿望。日本的《行政程序法》第六章专章规定征求公众意见的程序等。

对于国家财政支农投入预算的参与性而言，它的益处为：其一，国家财政支农投入预算的参与性能够确保国家财政支农投入预算信息来源的充足。国家财政支农投入预算更多表现为一种公共决策，它是由部门预算参与者根据自身所掌握的系统化知识对国家财政支农投入

---

① 参见牛子宏《多数原则与民主发展》，《理论导刊》2009 年第 10 期。

② [美] 罗伯特·达尔：《民主理论的前言》，顾昕、朱丹译，生活·读书·新知三联书店 1999 年版，第 51 页。

③ 参见李智《多数原则的合法性证明》，《南京社会科学》2008 年第 9 期。

④ [美] 沃浓·路易·帕灵顿：《美国思想史》，陈永国等译，吉林人民出版社 2002 年版，第 283 页。

⑤ [美] 杰斐逊：《资产阶级政治家关于人权、自由、平等、博爱言论选录》，朱光潜译，世界知识出版社 1963 年版，第 65—67 页。

⑥ 王霞：《论预算听证——兼谈〈预算法〉的修改》，《前沿》2007 年第 3 期。

进行判断。其获取信息的广度和深度并不十分足够，难以准确预测国家财政支农投入活动结果及鉴别国家财政支农投入政策的实效。为了克服此方面的弱点，就应赋予社会公众尤其是农民参与国家财政支农投入预算的权利权，这就能够准确向国家财政支农投入部门预算的参与者提供具体的经验性知识和各种有益的建议，使得国家财政支农投入部门预算的参与者能够了解社会公众尤其是广大的农民对国家财政支农投入预算的态度，从而更加准确地衡量国家财政支农投入预算的绩效。其二，对国家财政支农投入预算参与的过程是一个与公众尤其是广泛农民沟通的过程，也是一个达成共识的过程。它不仅能够表达公众对国家财政支农投入预算的建议，使国家财政支农投入预算者不易忽视或者故意遗漏农民的利益，而且能够加强公众对国家财政支农投入政策内涵的深度理解，从而提高国家财政支农投入预算质量和公众对国家财政支农投入预算的可接受度。2003 年以来，中国财政支农投入预算呈现有效性不足的特征，其重要原因之一在于：公众尤其是农民对国家财政支农投入预算的参与性不够，国家财政支农投入预算没有很好反映农民的利益。其三，国家财政支农投入预算的参与性也赋予了公众对国家财政支农投入预算者的监督功能。知情是公众参与权行使的前提，国家财政支农投入预算参与必然对国家财政支农投入预算信息公开构成一定的压力，使国家财政支农投入预算过程更加透明，有利于控制国家财政支农投入预算者肆意决策。同时，有效地遏制因部门利益或个人利益导致的国家财政支农投入预算失误。可见，对国家财政支农投入预算的参与，能够为国家财政支农投入预算的质量提供有力保障。①

　　参与国家财政支农投入预算最有效的措施是构建听证制度。当然，它也是对国家财政支农投入预算进行监督最为有效的武器。所谓国家财政支农投入预算公开听证，是指国家财政支农投入预算者就关系农民切身利益且争议较大的预算决策，选择具有充分代表

---

① 参见寇铁军、胡俊杰《完善保障公民财政支出监督权相关制度的建议》，《经济研究参考》2014 年第 54 期。

性的公众或农民,通过对话或协商,达成一致与合作的公众参与形式。它是将审判程序引入国家财政支农投入预算程序的结果,是一种正式的、法定的规则制定程序。从本质上讲,国家财政支农投入预算公开听证形式是一种深度参与的方式,不过,在不同国家,它实施的效果是不相同的。如在美国,根据《联邦行政程序法》的规定,国家财政支农投入预算公开听证是正式规则制定的必经程序,其他法律规定政府必须根据国家财政支农投入预算听证的记录制定规则,不能利用国家财政支农投入预算听证之外的证据来制定规则,法院会对国家财政支农投入预算听证记录进行严格审查。在日本,国家财政支农投入预算公开听证制度的运行效果要比美国弱很多。日本财政支农投入预算听证会的内容以及会议纪要等文件基本上无法影响法律案审议的方向,也无法成为国家财政支农投入预算的根本依据。其根本的原因是国家财政支农投入预算听证会往往受到强大的社会利益集团的影响,参与国家财政支农投入预算听证会的成员没有中立的立场,很难充分反映民意。尽管如此,国家财政支农投入预算听证还是有存在的价值。它是公众参与国家财政支农投入预算决策的重要形式之一。通过国家财政支农投入预算听证,能够从国家财政支农投入预算决策可能涉及的利害关系双方中获取信息,协调各种矛盾,有利于达成国家财政支农投入预算决策的民主和有效,这种意义是十分重大的。①

不过,国家财政支农投入预算听证制度在中国立法上一直是空白。虽然2000年的《立法法》明确规定了立法听证制度,但其适用范围非常狭窄,只限于法律、法规和规章,对预算决策是否适用听证程序没有明确规定。中国《预算法》及《预算法实施条例》也没有涉及预算听证,只是一些地方有所规定。如重庆财政局出台了《重庆市财政局预算追加听证会制度》,建立了预算追加听证制度。又如2008年上海闵行区人大常委会开始了预算项目初审听证会的实践。由此看来,预算听证立法已经明显落后于实践。因此,应完

---

① 参见贾西津《听证制度的民主限度和正当程序》,《开放时代》2007年第1期。

善《预算法》及《预算法实施条例》,明确规定预算听证制度,这为国家财政支农投入预算听证制度的构建打下坚实的基础。① 在国家财政支农投入预算听证制度构建中,一方面,要确定好国家财政支农投入预算听证启动标准。著名的公共参与专家 Ernest Gellhorn 在其名篇《行政程序中的公众参与》中,提出了争议议题的性质或类型、申请者代表的利益、利益代表人的代表性、利益代表人代表的能力、参与的效果五个行政听证启动的判断标准。② 该标准同样适用于国家财政支农投入预算听证。另一方面,要确定好国家财政支农投入预算听证陈述人。与一般的立法听证相比,国家财政支农投入预算听证对听证陈述人的要求比较高,不仅要求具有一定的代表性,因为任何公民都是国家财政支农投入预算听证的利害关系人,尤其是广大的农民;而且要求具备一定的专业素养。因为听证组织者要听取不同的意见,归纳不同的观点等。所以,设计财政支农投入预算听证制度时必须特别注意。此外,在框架上要着重安排国家财政支农投入预算编制指示的听证、预算编制的听证以及预算审批和执行的听证等核心内容。③

(三) 建立健全国家财政支农投入预算编制与审批监管制度

从广义上看,国家财政支农投入预算是指编制、批准、执行、决算的公布与评价等环节。它是国家财政支农投入工作的核心,决定了国家财政支农投入资金的分配和使用流向,是一个利益矛盾最为集中的地方。同时,国家财政支农投入预算也是一种权力的表现,它是由国家财政支农投入预算部门来行使的,如果不对其约束,必然会滋生腐败。其中,对国家财政支农投入预算编制与审批的监管尤为重要。

1. 完善中国财政支农投入预算编制监管制度

从国家财政支农投入预算编制实践来看,预算编制部门仍然实行

---

① 参见岳军、王杰茹《公共治理、现代财政制度与法治财政》,《当代财经》2015年第11期。

② See Ernest Gellhorn, "Public Participation in Administrative Proceedings", *Yale Law Journal*, Vol. 81, 1972, p. 359.

③ 参见徐孟洲《财税法律制度改革与完善》,法律出版社2009年版,第110—111页。

第七章　中国财政支农投入法律监管的制度体系构建

的是"二上二下"的基本模式，也就是由各支农涉农部门编制预算，财政部门只是在各支农涉农部门上报预算的基础上，根据财力状况做出一个总预算。虽然这种预算模式给予各支农涉农部门足够的编制预算的权力，但实质上造成以各支农涉农部门意见为主的局面，而使财政部门无法全面掌握支农涉农部门的预算资源、预算需求。再加上财政部门与各支农涉农部门存在严重的信息不对称，就更难以准确了解各涉农部门真正需要多少资金，这也会产生道德风险和逆向选择的问题。① 同时，在各涉农部门内部存在预算分配的"随意性"。由于实行"二上二下"的预算流程，在国家财政支农投入一级支农涉农单位预算获得批准后，一级预算涉农单位还会在内部对资金进行重新分配，致使基层涉农部门的申报数与批复数通常不一。这种内部再分配的"随意性"会滋生预算编制的虚假。此外，国家财政支农投入预算编制还是采取"基数加增长"的增量预算，虽然实行的是零基预算，但实际中难以做到。由此看来，建立完善的财政支农投入预算编制监管制度非常必要。②

目前，为了确保国家财政支农投入预算编制的质量，严格遵循国家财政支农投入项目申报、项目储备、项目审核、项目支出预算编制的基本程序，对国家财政支农投入预算编制的方法、程序和实施方案进行检查，发现其编制过程是否合理，但仅有这些措施是不够的，还应完善相关制度。一是建立财政部门对国家财政支农投入预算编制再审核制度。一方面，是对国家财政支农投入预算编制机构是否按照规定程序予以编制预算进行监管，主要包括是否由国家财政支农投入预算单位申报而不是由国家财政支农投入监管机构直接核算预算，或者是国家财政支农投入预算单位申报后没有将初审意见通知国家财政支农投入预算单位并进行再申报；另一方面，是对国家财政支农投入监管机构的初审意见和国家财政支农投入预算编制机构的复审意见进行

---

① 参见李军国、宗宇翔《财政支农资金整合存在问题及因素探析》，《中国财政》2016 年第 8 期。

② 参见孙光国、王文慧《预算控制导向的政府交易成本规范：一个监管框架》，《改革》2014 年第 10 期。

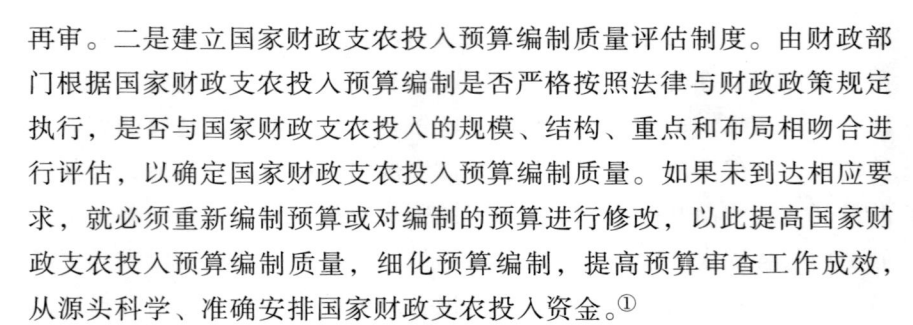

再审。二是建立国家财政支农投入预算编制质量评估制度。由财政部门根据国家财政支农投入预算编制是否严格按照法律与财政政策规定执行,是否与国家财政支农投入的规模、结构、重点和布局相吻合进行评估,以确定国家财政支农投入预算编制质量。如果未到达相应要求,就必须重新编制预算或对编制的预算进行修改,以此提高国家财政支农投入预算编制质量,细化预算编制,提高预算审查工作成效,从源头科学、准确安排国家财政支农投入资金。①

2. 建立健全农民对国家财政支农投入预算编制参与的制度

自中国实施乡村振兴战略以来,虽然国家从财政上加大了对农业的投入,并且这种投入有不断增大的趋势,但有效性呈现明显的不足。除了农民是农业发展的根本性力量外,即使有各种类型的公司或企业参与其中,也不能替代农民在农业发展中的主体性地位。因此,他们的需求决定了农业发展的重心,两者有着十分密切的关系。农民真正的需求在国家财政支农投入预算中未得到很好的体现,有时导致农民对国家财政支农投入不积极配合。一方面,造成国家财政支农投入政策在中观层面传导不畅;另一方面,造成国家财政支农投入效率不高,没有达到应有的效果。目前中国国家财政支农投入预算编制的最大特点在于,由各支农涉农部门编制预算,财政部门只是在各支农涉农部门上报预算的基础上,根据财力状况而做出一个总预算,完全是由政府部门直接完成的,农民在其中参与的程度并不太高。究其原因在于:各支农涉农部门、财政部门与农民之间制度化的沟通机制较为薄弱,并没有充分激发出农民广泛参与的热诚,从而一方面导致农民对自身利益的表达不够全面;另一方面导致各支农涉农部门在未完全掌握农民需求情况下分配国家财政支农投入资金,使国家财政支农投入资金的用途没有很好满足农民的诉求。

在这种情况下,建立健全支农涉农部门、财政部门与农民之间制度化的沟通机制,保障农民对国家财政支农投入预算编制的参与权是

---

① 参见龚巧莉《对提高部门预算编制质量的几点思考——基于审计署公告的数据》,《会计之友》2009 年第 11 期。

非常重要的。这既可以对国家财政支农投入预算编制的合法性和合规性进行监督，又可以确保国家财政支农投入预算编制有利于国家财政支农投入资金的有效利用。当然，要实现农民对国家财政支农投入预算编制的参与，必须依赖村民自治组织，尤其要发挥村民会议的作用。村民会议是村民自治组织的最高权力机构，是村民集体讨论决定涉及全村村民利益问题的一种组织形式。依照《村民委员会组织法》的规定，村民会议职权包括：一是推选产生村民选举委员会成员；二是罢免村民委员会成员；三是审议村民委员会的工作报告，评议村民委员会成员的工作；四是决定村民委员会依法提请讨论的事项；五是可以制定和修改村民自治章程、村规民约等。由此可见，村民会议不仅是一种会议机制，也是一种村民自治组织系统中最高的议事决策机构。村民通过参加村民会议，充分表达自己的真实意愿，讨论决定涉及全村村民利益的重大问题，从而实现对本村各项政治、经济、社会事务的管理，行使当家做主的权利。所以，通过村民会议对本村的农业发展规划进行广泛的讨论，形成成熟的意见，做出具体的国家财政支农投入的项目计划书，以及提出相应的资金支持的匡算，由村民自治组织以书面形式向乡镇一级政府提交，然后由乡镇一级政府汇总再提交给县一级政府，使其成为国家财政支农投入预算编制的根本基础。各省级地方和中央支农涉农部门根据基层所提交的方案再提出自己年度支农发展的建议数，报送财政部。财政部根据农村发展计划指标，参考上报的建议数，拟定支农投入预算控制指标，经国务院批准后下达。①

随后，各省级地方和中央支农涉农部门依国务院要求，布置所属部门编制预算方案，汇总后再报财政部。但财政部要将国家财政支农投入预算编制方案对外公布，听取农民的意见。农民通过村民会议广泛讨论，提出中肯的建议，财政部根据各级政府主管部门送交的农民的建议，对国家财政支农投入预算编制方案进行修改，与村民自治组

---

① 参见陶庆、汪阳《村民对公共预算的政治嵌入与基层治理重构——H村"村民财务监督委员会"的深度观察》，《人民论坛·学术前沿》2014年第2期。

织不断交换意见，形成总预算方案。最后，财政部审核上报的预算草案，形成国家预算草案，报经国务院提请全国人民代表大会全体会议审批。从上述国家财政支农投入预算编制流程来看，农民在"二上二下"的预算流程中完全表达了自己的意见和建议，行使了国家财政支农投入预算编制参与权，很显然，对实现国家财政支农投入预算编制的监督十分有利。①

3. 完善中国财政支农投入预算审批监管制度

一般来说，全国人民代表大会对国家财政支农投入预算的监管是一种立法监管，它是由立法权派生出来的，具有法律效力，是为了全面保证《宪法》《农业法》《预算法》《会计法》《审计法》《注册会计师法》《预算法实施细则》等相关法律法规的顺利实施，依据法定程序，对与财政支农投入相关的综合管理部门、支农涉农部门及其工作人员是否按国家政策及法律法规的要求进行财政支农投入决策行为实施监管。全国人民代表大会及其常委会对国家财政支农投入预算的监管内容主要包括：根据《预算法》《农业法》《预算法实施细则》等法律法规的要求，结合各地的农业发展规划，通过全国人民代表大会审查和批准国家财政支农投入预算及其执行情况的报告；监督国家财政支农投入预算的执行；审查和批准国家财政支农投入预算的调整方案；审查和批准国家财政支农投入决算；撤销国家财政支农投入预算、决算的不适当命令和决定。尤其对国家财政支农投入预算的审查监督，其注意力集中在依法监督检查财政部门对国家财政支农投入的规模、结构和重点的决策程序、方法，以及预算编制的有效性、合理性和预算审批程序的合法性上。审核国家财政支农投入预算编制，应将国家财政支农投入预算的规模是否参照最优规模制定，结构是否参照了优化排序确定作为重点。这是全国人民代表大会进行国家财政支农投入预算审核的一个核心。全国人民代表大会主要是把握国家财政支农投入预算编制、决策的执行关，制定不违反国家法律、适应农业

---

① 参见孙彩红《地方人大监督的公民参与维度》，《广西社会科学》2018年第11期。

发展需要的国家财政农业投入政策和监管制度,并拥有解释权。①

但目前全国人大审议国家财政支农投入预算的时间比较短,而且存在着信息不对称的状况。因此,很难对国家财政支农投入预算逐项审查,只能予以总体性和一般性审查,存在流于形式之嫌。同时,《预算法》不仅没有规定全国人大对国家财政支农投入预算审批通过的标准,而且没有规定国家财政支农投入预算被否决的法律后果。这导致全国人大对国家财政支农投入预算监督的弱化。为了扭转这一局面,必须建立健全全国人民代表大会对国家财政支农投入预算的监管制度。

一是延长国家财政支农投入预算编制时间,规范国家财政支农投入预算编制程序,适当提前国家财政支农投入预算编制时间,这样才能确保对国家财政支农投入预算编制的细化,以质量取胜,提高国家财政支农投入预算的科学性、准确性和透明度。

二是在全国人民代表大会财经委员会下面设立专门的国家财政支农投入预算审查委员会。尽管在全国人民代表大会财经委员会中设立了预算委员会,为加强预算审查起到积极的作用,但国家财政支农投入预算的审查具有一定的复杂性和专业性,需要有相关农业知识背景的高素质人才加入,以应对国家财政支农投入预算的复杂性和专业性。况且,中国是农业大国,对国家财政支农投入预算的科学安排是非常重要的,对国家财政支农投入预算的审查则是重要的一环。因此,在全国人民代表大会财经委员会下面设立专门的国家财政支农投入预算审查委员会是必要的。首先,由专门的国家财政支农投入预算审查委员会进行一读,对国家财政支农投入部门预算的具体项目进行详细审查,就国家财政支农投入部门预算予以咨询、听证。其次,预算委员会要听取全国人民代表大会农业委员会对国家财政支农投入预算安排的意见,最终形成一读初审意见。全国人民代表大会常委会对国家财政支农投入部门预算和预算委员会的一读初审意见进行二读,通过后递交到全国人民代表大会进入三读程序。可见,在全国人民代

---

① 参见胡伟《论完善实现中国财政民主的法律机制》,《政治学研究》2014 年第 2 期。

表大会财经委员会下面设立专门的国家财政支农投入预算审查委员会起到对国家财政支农投入预算安排把关的作用。①

三是完善国家财政支农投入预算审查程序，使国家财政支农投入预算审查真正落到实处。为了尽可能全面把握和了解国家财政支农投入预算草案的实质内容，应增加国家财政支农投入预算审查辩论程序，将一般性审查改为逐项审查并逐项表决，实行三读制。

四是明确规定国家财政支农投入预算被否决的法律责任，督促国家财政支农投入预算编制机关认真履行职责。随着中国民主与法治的不断完善，以及全国人民代表大会代表参政议政能力的提高，对国家财政支农投入预算草案的否决是可能发生的，并由此承担法律上的责任。这有利于国家财政支农投入预算编制部门对其工作的重视，增强责任感。②

第二节 构建中国财政支农投入中的监管制度

国家财政支农投入中的监管主要是对国家财政支农投入预算执行和资金运行进行日常监管。具体而言，就是对国家财政支农投入预算执行、预算调整，以及资金拨付、使用的监管。在这一过程中，对不符合国家财政支农投入规定和操作程序、依据不充分、用途不恰当或不明确的国家财政支农投入资金项目，有权要求退回重新办理，对正在实施的违反法律法规的国家财政支农投入资金运作行为，有权责令或通知相关部门和人员立即停止等。通过国家财政支农投入中的监管，可以确保国家财政支农投入资金的安全、有效运行。

一 建立健全中国财政支农投入预算执行监管制度

虽然中国非常重视对财政支农投入预算的执行，但国家财政支农

---

① 参见冯昀《建立以人大为核心的财政监督机制的探讨》，《财政监督》2010年第9期。

② 参见徐孟洲《财税法律制度改革与完善》，法律出版社2009年版，第109页。

投入预算的权威性和强制性并没有完全建立起来，随意调整财政支农投入预算的现象比较普遍，造成国家财政支农投入预算与决算存在一定的差距。其原因在于：一方面，是国家财政支农投入预算编制的科学论证不够充分，在编制上难以做到十分精确，致使国家财政支农投入预算执行过程中经常发生调整；另一方面，是国家财政支农投入预算执行主体依法执行没有完全做到位，而且法律责任的追究不太彻底。因此，国家财政支农投入预算的权威性和强制性总是不被人们所尊重。

(一) 建立健全国家财政支农投入预算执行报告审查制度

世界上许多国家的议会或国会对国家财政支农投入预算执行的监督除了审批预算调整外，还通过听取和审查国家财政支农投入预算执行报告的方式，加强对国家财政支农投入预算执行的监督。通常来说，国家财政支农投入预算执行报告有两种：一种是国家财政支农投入预算执行阶段的预算执行报告，主要包括需要经过立法机关审批的报告和自行公开的报告；另一种是国家财政支农投入预算决算阶段的预算执行报告。这里重点探讨的是第一种。根据国际货币基金组织的《财政透明度良好做法守则——原则宣言》，建议政府部门应向立法机关提供有关预算执行报告，至少每个季度提供一次。在该报告中全面分析预算执行情况，还要对目前财政年度的预算执行结果进行最新预测，并要求及时提供报告。[①] 中国《预算法》第八十六条规定："国务院和县级以上地方各级政府应当在每年六月至九月期间向本级人民代表大会常务委员会报告预算执行情况。"可见，对国家财政支农投入预算执行进行报告有着法律上的依据。但对国家财政支农投入预算日常执行报告的公开并没有相关的规定，导致难以监管国家财政支农投入预算日常执行。因此，要建立健全国家财政支农投入预算执行报告审查制度，首先要建立政府及有关部门国家财政支农投入预算日常执行报表报告向人大报送和社会公开的制度，主要包括对国家财政支

---

① 参见国际货币基金组织《财政透明度良好做法守则——原则宣言》，人民出版社2001年版，第76页。

农投入预算日常执行情况及有关分析资料的规定,以及对国家财政支农投入预算日常执行报表报告名称、内容,向人大报送和社会公开的程序等进行规定。

(二)完善审计部门对国家财政支农投入预算执行监管的制度

除了立法机关对国家财政支农投入预算执行进行监督外,审计部门也能对国家财政支农投入预算执行进行监管。如美国国会向各涉农行政部门派驻监察代表,对所驻部门执行国家财政支农投入预算活动进行监管。监察代表每半年向国会提交一份监察报告,列举所驻部门国家财政支农投入预算执行存在的问题,如舞弊、浪费、低效和滥用职权等,并提出改进意见,如有特殊情况,随时向国会提交特别报告。德国设立了联邦审计院,对国家财政支农投入预算执行情况进行审计,通常是根据财政审计院的审计结论,召集财政部、审计院及有关部门代表审核。由此可见,美国的审计监管是立法型审计监管模式,审计部门隶属国会,能够依靠国会的力量对国家财政支农投入预算执行进行监管,不受其他部门的干预,尤其不受行政部门的干预。德国的审计监管是司法型审计监管模式,审计部门不隶属议会和行政部门,具有一定的司法功能。[1]

中国的审计监管是行政型审计监管模式,审计部门隶属国务院的领导。在这种体制下,开展财政监管应与财政部门进行配合。因此,对国家财政支农投入预算执行予以审计时,就离不开财政部门的参与。不过,当财政部门与审计部门在财政监管方面的权责难以厘清,既会影响到审计部门独立开展专业性的审计活动又会影响到审计部门监管的效率。同时,也会受到国务院其他相关部门的牵扯,从而导致审计部门对国家财政支农投入预算执行的审计监管作用不彰。因此,要健全审计部门对国家财政支农投入预算执行监管的制度,首先要完善审计部门的设置,如在全国人民代表大会财经委员会中设立审计委员会,对审计署进行业务指导和监督,或者审计署的署长由副总理兼

---

[1] 参见王淑杰《政府预算的立法监督模式研究》,中国财政经济出版社2008年版,第175—178页。

任，这样均能提高审计部门的相对独立性和权威性，有利于审计部门对国家财政支农投入预算执行进行监管。其次，构建财政部门与审计部门相互监督的机制。尽管通过在全国人民代表大会财经委员会中设立审计委员会，对审计署进行业务指导和监督，或者审计署的署长由副总理兼任，可以提升审计署的地位，但它毕竟还是行政部门，仍离不开其他部门的监督。财政部门是预算编制、执行之主体，与审计部门有着天然的关系，两个部门之间相互监督是非常必要的，同时，财政部门也是审计部门最为恰当的监督者。这样有利于审计部门强化监督，真正负起责任，将极大推动对国家财政支农投入预算执行的监管。①

二 建立健全中国财政支农投入资金的拨付与使用监管制度

从微观上看，国家财政支农投入预算执行是对已匡算好的国家财政支农投入资金的拨付、使用。中国非常重视国家财政支农投入资金的拨付、使用，不仅积极推进国库集中支付和政府采购制度，而且对国家财政支农投入资金的监管一直延伸到国家财政支农投入资金的使用主体，实现对国家财政支农投入资金拨付、使用的全过程监管，做到国家财政支农投入资金在哪里，监管就跟踪到哪里。但是，在一些地方基层，仍存在着国家财政支农投入资金被截留、克扣、挤占、挪用、低效率使用的现象。同时，国家财政支农投入资金运行的安全性与高效性也有待提升。原因在于：国家财政支农投入资金的拨付与使用监管制度还存在着一定的疏失，而且在监控路线上，仅注重从国家财政支农投入资金使用主体到国库支付中心再到财政部门的逐级申报路线，而轻忽了从财政部门到国库集中支付中心再到国家财政支农投入资金使用主体的逐级下达路线，这些因素导致对国家财政支农投入资金的拨付与使用的监管不够严密。因此，应以国家财政支农投入资金运行的安全与高效为日常监管的中心目标，在监控路线上，把从国家财政支农投入资金使用主体到国库支付中心再到财政部门的逐级申

---

① 参见曾凡证《加强人大对预算执行监督的路径》，《法学》2017年第12期。

报路线与从财政部门到国库集中支付中心再到国家财政支农投入资金使用主体的逐级下达路线有机结合起来,以建立健全国家财政支农投入资金的拨付、使用监管制度。

(一) 完善国库集中支付及其监管制度

2004年以前,中国财政支农投入资金一直采取分散支付的方式。通常是由财政部门根据支农涉农部门的申请,按期按计划拨给支农涉农部门,再由支农涉农部门按照隶属关系,逐一转拨到基层用款主体,由基层支农涉农用款主体分散使用资金。这种分散付款方式,导致各农口部门、涉农单位重复且分散地在银行设置账户,财政部门根本难以掌握国家财政支农投入资金的最终流量和流向,缺乏对国家财政支农投入资金拨付与使用过程的有效监管,最终导致国家财政支农投入资金被克扣、截留、挤占、挪用、贪污等现象的发生,以及国家财政支农投入资金使用效率低下。2000年之后,中国开始进行国库集中支付制度的改革,仅限于粮库建设资金,到2004年年底,已扩大到140个中央部门(一级预算单位)、2624个基层预算单位的全部财政拨款。[①] 这里就包括国家财政支农投入资金。所谓国库集中支付制度,在国外又称国库单一账户制度,是指将所有的政府性财政资金全部集中到国库单一账户,并规定所有的财政支出应由国库直接支付。它是一种现代国库管理制度。在国库集中支付制度下,政府所有财政资金的使用都由各部门根据预算自主决定,然后,由财政部门核定准予支出。财政资金将通过国库单一账户直接拨付给商品和劳务的供应商。国库集中支付制的实行是中国财政资金运作方式的根本性改革,是预算执行机制和财政支出的制度性创新。[②]

实行国库集中支付制度改革以后,国家财政支农投入资金不再通过支农涉农部门层层下拨,而是按照法定程序通过国库单一账户体系直接支付到收款人即商品和劳务的供应者或基层国家财政支农投入资

---

① 参见徐春武《关于进一步深化国库集中支付制度改革的思考》,《财政研究》2005年第6期。

② 参见黄智高《国库集中支付制度:一种现实的选择》,《当代财经》2004年第3期。

金使用者手中。在这种新的机制下，国家财政支农投入预算单位必须按照单位预算、项目进度、用款计划和规定程序使用国家财政支农投入资金，强化了预算的执行和约束性。同时，国家财政支农投入资金通过国库单一账户体系直接支付，能够及时、准确、安全地到达收款人或用款者手中。这不仅减少了中间支付环节和运行成本，而且提高了资金运行速度、运行质量和运行安全，还有利于财政等部门对国家财政支农投入资金拨付与使用的情况进行监管。这是因为，国库集中支付制度摒弃了传统的通过层层审核对国家财政支农投入资金拨付与使用的监管模式，而是通过建立动态监控系统实施实时的监管。如关于国家财政支农投入资金的支付人、支付金额、用途、科目、收款人、支付方式、支付时间等重要信息都在系统的自动监控之下，发现问题及时处理，构建了一种新的国家财政支农投入资金拨付和使用的监管体系。[1]

但在国家财政支农投入资金实行国库集中支付制的过程中也存在一些问题。其一，支付方式缺乏明确规定，不仅导致国库监督不足，而且导致大量国家财政支农投入资金滞留在代理银行。其二，支付程序过于复杂。目前，国家财政支农投入资金从发生到使用者手中要经过许多环节，如在政府采购项目支付上，要经过业务处室、政府采购单位、国库三家的审核通过后才能使用，资金到账较慢。另外，由于国家财政支农投入资金的种类多，在国库单一账户体系中需要设置的清算账户多，造成清算环节多。其三，国库支付执行机构的职能尚未发挥出来，使国家财政支农投入资金支付迟缓。其四，国库集中支付信息管理系统有待改进，不能及时、有效地对国家财政支农投入资金的拨付与使用进行监控。其五，国库集中支付监管机制弱化，存在滥用支付方式和不遵循支付程序的行为，使国家财政支农投入资金的支付出现腐败。[2] 为了解决上述问题，一方面，要完善支付方式和支付

---

[1] 参见徐春武《关于进一步深化国库集中支付制度改革的思考》，《财政研究》2005年第6期。

[2] 参见徐章容、高绍福《国库集中支付制度存在的问题与对策》，《财会通讯》2009年第5期。

程序的制度安排；另一方面，要完善国库集中支付监管制度。

一是明确规定国家财政支农投入资金通过国库单一账户体系支付，并以直接支付为主，以授权支付为辅。在国家财政支农投入资金通过国库单一账户体系支付中，直接支付优越性明显，它是国家财政支农投入资金支付的主渠道。尤其是促进农业生产的补贴，它是完全补贴给农民的，因此，应进一步完善"一卡通"发放制度。这种制度是建立在以农村信用社、农村商业银行、农村合作银行等金融机构为支付桥梁，充分发挥这些金融机构的地域优势，以及服务"三农"优势的基础上，形成财政—金融—农民"一条线"的资金运行轨迹。凡是可以直接补贴农民的，均实行"一卡通"发放制度，即农村信用社、农村商业银行、农村合作银行等金融机构按照财政部门提供的清册，发给农民一本专用银行卡或存折，直接将补贴资金打入农民专用账户。农民需要资金时，可凭专用银行卡或存折直接兑取，十分方便和安全。这样不仅缩短了农民在途时间，而且可以杜绝虚报、冒领等问题的发生。"一卡通"发放制度是今后应大力推行的国家财政支农投入资金拨付制度，但在推行过程中，要考虑其局限性，因地制宜地逐步完善。对于授权性支付应做限制性使用。它与《预算法》《国家金库条例》中的规定不相符，如"同级财政库款的支配权属于同级财政部门"，同时，极易导致国家财政支农投入资金透支使用和各种风险。加上支付清算环节较多，会造成国家财政支农投入资金清算缓慢，效率低下，因此，应适当使用授权支付方式，对其使用做出明确规定，如支出的范围、用途和金额底线等。此外，应规定监管制度，如对授权支付计划进行严格甄别，对授权性的支出用途做合规性审查，加强授权性支付的跟踪审查以及构建评价机制等。[①]

二是明确规定国家财政支农投入资金通过国库单一账户体系支付的程序，做到简明，易于操作，以提高国家财政支农投入资金支付效

---

① 参见徐章容、高绍福《国库集中支付制度存在的问题与对策》，《财会通讯》2009年第5期。

率。西方国家均对国家财政支农投入资金通过国库集中支付的程序做出了明确规定,但其构成并不复杂,如意大利对国家财政支农投入资金通过国库集中支付程序规定为:其一,申请和审核程序。国家财政支农投入预算单位在年初向国库部提交资金使用计划申请,国库部根据国家财政支农投入预算单位提交的资金使用计划申请做出审核批准,并确定使用限额。但国库集中支付执行机构在实际支付时,还要向国库部提出支付申请,国库部进行合规审核并核实国库单一账户的资金余额后,决定是否予以拨款。其二,支付资金的清算程序。作为国家财政支农投入一级预算单位的政府各部门,用款时向国库部提出付款申请,国库部审核后,通过中央银行办理支付,中央银行将资金直接划拨到国家财政支农投入资金使用者的银行账户。国家财政支农投入二级以下预算单位用款时,向国库部提出支付申请,国库部审核后,通知国库收支代理银行支付资金。国库收支代理银行通过预算单位开立的过渡性账户垫付,将资金划拨到国家财政支农投入使用者的开户银行。每三天,代理银行与中央银行进行资金结算,中央银行按市场利率支付代理银行垫付资金的利息。

  法国对国家财政支农投入资金通过国库集中支付程序规定较为简单,只有当国家财政支农投入资金实际支付给国家财政支农投入资金使用者时,才将资金从国库单一账户中划转出去。其环节为:其一,由国家财政支农投入资金使用者签订购买商品或支付劳务合同。其二,由支付部门审核供应商的发票,计算国库实际应支付的资金数额。其三,支出部门附上相关的凭证提出支付指令,由财政部派驻涉农部门的公共会计师审核签发支付令。其四,出纳署通过银行清算系统将资金由国库单一账户实际支付给供应商或劳务提供者。匈牙利对国家财政支农投入资金通过国库集中支付程序规定也较为简单,其环节为:其一,国家财政支农投入资金使用单位首先要填写一份付款申请单。其二,国库局将付款单的有关内容输入计算机系统,同时,对资金使用的合法性进行审核,再根据该时间段审核国家财政支农投入资金使用主体的资金是否充足,以及国库资金头寸情况,确定是否支付。如果同意支付,就通知中央银行从国库单一账户中支付。其三,中央银行接到国库局的付款指令后,从国库单一账户向商业银行网点划拨资金并通知执行支付。①

由此看来,中国可以借鉴这些国家对财政支农投入资金通过国库单一账户体系支付的程序规定,包括如下程序:其一,集中支付的启动程序。由国家财政支农投入预算单位按照全国人民代表大会批准的预算和用款计划,向财政部门提出支付申请。其二,集中支付的审核程序。对于国家财政支农投入预算部门提出的支付申请,必须由国库集中支付中心依法独立审核批准,其他任何机关不得干涉。其三,集中支付的支付程序。在国库集中支付中心依法审核无误后,向代理银行签发支付令,由代理银行通过国库单一账户进行清算。代理银行对国库集中支付中心的支付令进行形式审查合法之后,把国家财政支农投入资金从国库单一账户直接拨到收款人或用款人账户。其四,集中支付的终结程序。代理银行完成支付之后,必须把支付情况向委托其支付的国库集中支付中心报告和移交相关资料。②

三是正确设置国库支付执行机构,突出其监管功能。国库支付执行机构是在实行集中支付制中应运而生的。从国外的职能定位来看,它主要负责办理国家财政支农投入资金直接支付和国库现金管理的具体业务,以及相关的会计核算和监督检查工作,是财政部门审核、监督国家财政支农投入资金支付职能的延伸。可见,国库支付执行机构的核心功能是对国家财政支农投入资金拨付与使用的监管,也就是受理审核国家财政支农投入预算单位支付申请,开具支付令,进行相关会计核算,保证账目准确,及时反映支付情况。③但中国财政支农投入资金通过国库单一账户体系支付的实践中,只注重国库支付执行机构的业务操作,而忽视其应有的监管功能,这是一种不正确的认识,

---

① 参见马海涛《国库集中收付制度问题研究》,经济科学出版社 2004 年版,第 55—60 页。
② 参见周伟、许俊《国库集中支付的法律研究》,《安徽广播电视大学学报》2005 年第 3 期。
③ 参见马海涛《国库集中收付制度问题研究》,经济科学出版社 2004 年版,第 113 页。

必须对国库支付执行机构正确定位,明确其应有的职责,重点突出监管功能,使国家财政支农投入资金的拨付与使用更为安全与高效。

四是借助"金财工程",完善国库集中支付信息管理系统,建立有效的国家财政支农投入资金信息平台,提高对国家财政支农投入资金的监管水平。"金财工程"是政府财政管理信息系统(GFMIS)的简称,是为了适应电子政务要求,满足建立公共财政、提高财政管理决策水平以及规范政府部门收支行为的需要而产生的。它的建设始于2000年8月,该系统由两大部分构成:其一,预算编制、执行的核心管理系统;其二,全国各级财政管理部门和财政资金使用部门的信息网络系统。GFMIS具有综合性、复杂性和可控性,它以网络为支撑,以细化的部门预算为基础,以所有财政收支全部进入国库单一账户为基本模式,以预算指标、用款计划、采购订单以及财政政策实施效果评价和宏观经济运行态势跟踪分析为预算执行主要控制机制,以出纳环节高度集中并实现国库现金有效调度为特征,对每一个用款单位的财政资金收支明细进行记录,随时监控财政资金收支情况,实现对财政收支的全过程监管。国库集中支付信息管理系统是其核心组成部分。它包括授权支付额度管理系统、支付管理系统、总分类账系统、现金管理系统、预算单位支付申请系统等。[①] 在GFMIS的建设过程中,国库集中支付信息管理系统也得到了不断完善与扩展。

在国家财政支农投入资金拨付与使用中,无论是从国家财政支农投入预算的执行、用款计划的完成,还是对国家财政支农投入资金使用的综合评价等,充分利用"金财工程"信息技术平台进行管理,无疑对提高国家财政支农投入资金的监管效率具有十分重要的促进作用。首先,通过GFMIS逐步规范国家财政支农投入资金的台账管理,建立国家财政支农投入资金拨付与使用的追踪统计制度,落实国家财政支农投入资金拨付与使用的动态监测措施,及时更新基础数据,将各类变化情况及时反映到登记表中。其次,以国家财政支农投入建设

---

① 参见马海涛《国库集中收付制度问题研究》,经济科学出版社2004年版,第162—170页。

项目为管理基础，逐步建立项目库、项目基础数据库、财务数据库等，通过系统的信息采集、处理、上报、反馈，准确地反映国家财政支农投入建设项目现状、资金投入情况和效益状况，最终达到为所有国家财政支农投入项目的立项申报、项目选择、计划下达、工程招投标、项目实施、工程管理、监督审核、竣工验收、资金支付、后续管理、统计分析以及绩效评价等提供全方位监管的目的。

五是完善国库集中支付监管机制。国库集中支付尽管可以提高国家财政支农投入资金的效率，规范国家财政支农投入资金拨付的程序，促进国家财政支农投入预算单位财务管理水平的提升，但由于国库集中支付仍是一种行政行为，会出现权力的滥用。加之这种支付是一种高度的集中支付，产生腐败的可能性极大，造成的危害也很突出，对国库集中支付进行监管是非常必要的，有利于国家财政支农投入资金运行的安全与高效。[1]

首先，强化国库集中支付的内部监管。一是对国库单一账户体系的监管。主要是规范国库单一账户和零余额账户的开设与使用，确定其开设的条件、使用的范围，禁止乱开设和乱使用。二是对支付方式与支付程序的监管。国家财政支农投入资金通过国库集中支付涉及支付方式和支付程序的选择，必须做到在支付方式和支付程序方面的正确选择，防止错位选择或乱选择，严格限制授权支付的使用，在变更支付方式上要得到国库集中支付执行机构的批准，把按支付程序操作放到首要位置，不按照支付程序操作的视为无效。三是强化国库集中支付执行机构的监管功能。一方面，扩大国库集中支付执行机构的监管范围与权限；另一方面，明确国库集中支付执行机构的监管职责，使其对国家财政支农投入资金通过国库集中支付是否符合预算和计划，支付的数额、进度是否符合规定要求，支付的资金是否及时清算，支付申请资料是否齐全等进行把关。其次，强化国库集中支付的外部监管。尽管国库集中支付的内部监管

---

[1] 参见闫亚梅《制约国库集中支付改革的问题及对策》，《河北大学学报》（哲学社会科学版）2013年第4期。

具有直接性、快速性和高效性的特点，但其监管的不彻底性和存在"失灵"的可能，有待于外部监管的补充。在外部监管中，要充分发挥全国人民代表大会的监督功能，如要求财政部门定期向全国人民代表大会报告国家财政支农投入资金支付的情况，同时，也要求定期、不定期地把国家财政支农投入资金支付情况通过媒体向社会公布，发挥审计部门的监管功能。[1]

（二）完善政府采购监管制度

在国家财政支农投入资金支付中有相当部分是通过政府采购方式来完成的，如对农业基础设施的建设、农业科技的推广、农业综合开发等。这是绝大多数国家惯常使用的方式。政府采购时遵循公开透明原则，将国家财政支农投入预算中安排的采购项目及预算额度公开，招标信息公开，中标结果公开，采购过程公开；按照公平竞争原则的要求，通过公开招标等方式，构建政府采购运行机制；遵循公正原则，确定中标人，解决采购争议，以维护政府采购秩序。它不仅是实现国家财政支农投入资金优化配置的一种机制，[2] 而且是加强国家财政支农投入资金支出监管的重要手段，既提高了国家财政支农投入资金的使用效益，也维护了国家利益和社会公共利益，是典型的"阳光下的交易"，促进了廉政建设。随着中国政府采购制度的推行，政府采购方式在国家财政支农投入资金支出方面发挥着重要的作用，但其仍存在诸多问题。[3]

1. 中国政府采购监管制度存在的问题

其一，确定的监管范围狭窄。《政府采购法》只限于对政府采购法律法规和政策的执行情况，采购范围、采购方式和采购程序的执行情况，政府采购人员的职业素质和专业技能等内容的监管，而对政府采购之前计划的编制、政府采购合同的履行情况等未能实施监管，没

---

[1] 参见谷彦芳、刘曼《我国国库集中支付制度运行评价及完善对策》，《经济研究参考》2016年第40期。
[2] 参见尹音频《政府采购监督机制：实现公开、公平、高效采购的制度基础》，《财政监督》2011年第25期。
[3] 参见朱素明《如何完善我国政府采购的监管机制》，《经济导刊》2011年第11期。

有实现对政府采购的"立体"监管，给政府采购监管留下死角，一定程度上造成监管乏力。

其二，监管方式粗放、陈旧。首先，监管标准缺失。尽管现行的《政府采购法》规定了监管的范围及主要措施，但由于缺乏具体的监管标准，政府采购监管工作实质上无法有效进行。这是因为，政府采购监管标准是政府采购监管的准绳和尺度。如果缺少标准，政府采购监管工作的质量将无法得到保证。其次，监管形式单一。大部分监管是以运动式、突击式的专项检查完成的，并且以集中、非连续的事后检查为主，事前审核和事中跟踪检查几乎是空白。最后，监管手段落后。在政府采购监管中，并没有充分利用以网络和计算机为代表的现代信息技术，更没有建立监管信息支持系统和监管决策辅助系统，也很少运用网络监管模式。

其三，监管体制不健全。在政府采购监管制度中，形式上虽有社会组织、人民群众等多层的监管系统，实际上，除社会组织、人民群众外，大多数监管形式是贯穿政府采购活动整个过程中的"内部监管"，即采购主管机关、采购机关以及使用采购物品机关、验收采购物品机关之间的互相监督。比如：政府采购主管部门可以通过采购政策、制订预算计划以及反馈信息对采购机关予以监管；采购机关可以通过监管合同的履约情况，对使用采购物品机关予以监管；使用采购物品机关通过具体履行合同对采购机关予以监管；验收采购物品机关通过验收合同对前面系列主体均予以监管。虽然"内部监管"具有灵活性与及时性的特点，也易于在监管与效率之间求得平衡，但它是一种以纵向监管为主、横向监管为辅的模式，往往难以从宏观上实施监管。各个监管系统和系统内的不同方面，缺乏互相制约和监管的机制，有时出现"内部监管"流于形式甚至出现腐败的现象。在这种情况下，以人大为核心的"外部监管"就显得尤为重要，它能够克服"内部监管"存在的不足，实现与"内部监管"的有机结合。

2. 完善中国政府采购监管制度①

一是合理扩大监管范围。政府采购监管必须以国家财政支农投入资金运行的安全与高效为前提，这是毋庸置疑的。在这种情况下，政府采购监管应渗透到采购活动的每一个环节。从本质上看，政府采购就决定了其并非仅存在于"购买"这样一个简单的环节，必须确定采购需求，预测采购风险，选择采购方式，对供应商的资格进行审查，执行采购方式，签订采购合同，履行采购合同，验收，结算，效益评估等。诚如英国采购学者贝雷在其《采购与供应管理》一书中对采购所描述的："组织采购是这样一个过程，组织确定他们对货物与服务的需要，确认和比较现有的供应商和供应品，同供应商进行谈判或以其他方式同其达成一致的交易条件，签订合同并出定单，最后接收货物或服务并支付货款。"② 上述每一环节都离不开监管。尤其是使用国家财政支农投入资金"购买"工程与服务的政府采购活动，履行与实施更为重要。如果缺乏监管，采购合同不能按质按量地完成，尤其是大型农业基础设施建设，其造成的损失是巨大的，这也与政府采购设置的初衷相违背。由此看来，扩大政府采购监管范围是非常必要的。但应把握好两个基本条件。首先，基于规范政府采购行为，解决政府采购中突出的问题，以确保国家财政支农投入资金使用在刀刃上。其次，围绕实施乡村振兴战略大局，服务于农业发展，使国家财政支农投入资金使用有突出的成效。只有满足上述条件，才能有的放矢地将政府采购之前计划的编制、政府采购合同的履行情况、对政府采购监管人的再监督等内容纳入监管范围。

二是精细化与创新监管方式。政府采购监管方式的选择，关乎国家财政支农投入资金运行的安全与效率。应将中国政府采购监管方式由粗放型向精细化转变，摒弃陈旧的做法，不断创新，以适应政府采购在国家财政支农投入资金支出中的运用。

---

① 参见王光坤、李娟《对我国政府采购财政监管机制的思考》，《财政监督》2009 年第 11 期。

② 曹富国、何景成：《政府采购管理国际规范与实务》，企业管理出版社 1998 年版，第 8—9 页。

首先，明确政府采购监管标准。政府采购监管标准可以说是一种技术规范，它具有定型化的特点，不仅可以保证监管行为的规范化、程序化，而且可以克服因监管者缺乏经验或者主观主义等而产生的随意行为。

其次，严格事前审核，加强事中监控，强化对政府采购当事人的监管。政府采购始于采购计划的拟订、预算的编制，但按照《政府采购法》第三十三条的规定："负有编制部门预算职责的部门在编制下一财政年度部门预算时，应当将该财政年度政府采购的项目及资金预算列出，报本级财政部门汇总。部门预算的审批，按预算管理权限和程序进行。"由此可见，预算需要审批。在这种情况下，无论对采购计划还是预算编制，均予以严格审核是非常必要的，以防止乱上项目，造成国家财政支农投入资金使用的浪费。同时，政府采购还面临采购方式的选择、供应商的选择、采购合同的签订与履行，这些都是十分重要的中间环节，监管必不可少。抓住了这些环节的监管，就筑起了一道坚不可摧的防止违纪违规的屏障，确保国家财政支农投入资金的安全运行与高效使用。

再次，政府采购的监管实质上是对"人"与"机构"的监管，而不仅仅是对政府采购程序的监管。具体而言：其一，是对采购人的监管。主要检查采购人是否按规定委托集中采购机构代理采购，是否违反规定自行采购属于集中采购目录内的货物、工程和服务或者将依法必须进行招标的项目化整为零或者以其他方式规避招标；与集中采购代理机构是否按规定签订了委托代理协议；是否有通过直接或间接方式指定供应商等。其二，是对采购人员的监管。凡是政府采购人员均实行绩效考核制度，将其薪酬与是否严格执行法律法规和采购政策、履行了自己的职责、不折不扣地完成工作任务联系起来。同时，也实行聘任制，对考核不合格的人员不得续聘，加大对违法政府采购人员的处罚力度，提高其寻租行为的成本。其三，是对供应商的监管。审查供应商的准入资格、投标情况，以及采购合同履行情况。其四，是对集中采购机构的监管。主要检查集中采购机构的资格是否经过审批和认定，是否有内部监管制度，采购决策和执行程序是否规范，经办采购人员与采购合同审核、验收人员是否相互分离和相互监督，职责是否明确等。其五，是对评标委员会的监管。主要对评标委员会及其成员是否合法行使权力、承担义务和责任，是否实行回避制度和过错惩处制度，是否对入库专家综合考评等进行监管。[①]

最后，采取网络监管模式。随着网络技术的发展，政府采购监管必须利用现代信息技术，建立灵敏的政府采购监管信息支持系统和监管决策辅助系统，与"金卡工程"相衔接，尤其是网上政府采购的推行，使现行政府采购监管体系中的现场监管变得软弱无力。这是因为，网上政府采购服务的延伸，使政府采购的空间得到扩大，也让政府采购监管范围变得更广，从而削弱了现场监管的力度。同时，政府采购的电子化、无纸化操作，使现场监管的难度更大，这主要表现在通过大量无纸化操作，而且一般都设有密码，让监管当局无法有效收集到相关资料做进一步的稽核审查。因此，采取网络监管模式非常必要，以实现实时监管和跟踪监管，提高政府采购监管水平。

三是完善以人大为核心的监管制度。为了消除因"内部监管"失灵而监管效率低下，使政府采购徒有虚名、弊害丛生的现象，必须借助人大和社会的监管力量，巩固和提升监管效率。在整个政府采购监管体制中，行政机关的监管有着举足轻重的作用，一般具有严格的法律形式，具有直接的法律效力，如财政、审计、监察监管，它们侧重事中和事后的监管，起到明显的威慑和预防作用。其中，财政监管主要是通过对政府采购事务及招投标过程进行监管，以确保政府采购的公正性和有效性。对属于行政监察对象的单位负责人和有关责任人，则可充分发挥监察部门的作用，对违反政府采购制度规定的行为追究一般责任和纪律责任。如对有关单位负责人或责任人的一般性问题，发"说明通知书"要求其做出书面陈述；对有违纪行为但情节轻微的问题，发"督察通知书"或者"整改通

[①] 参见傅道忠《进一步完善政府采购监督机制的理论探讨》，《理论导刊》2008 年第 2 期。

知书"。但是，它们不是政府采购监管体制的核心主体，核心主体应是人大，因为人大的监管是主导的、最根本的。众所周知，人大是中国最高权力机关，是国家最高层次的监督，行使对政府采购的监督权，从根本上讲是人民当家做主、管理国家事务的重要表现。因此，完善以国家权力机关为核心的监督制度，[①] 有利于做到"内部监管"与"外部监管"的有机结合。

（三）建立健全对国家财政支农投入资金支出的追踪监控制度

西方国家建构了"派驻监管"制度，美国是典型的代表。这些国家将监管的关口前移，做到国家财政支农投入资金支出在哪里，其监管就跟踪到哪里，及时发现、纠正国家财政支农投入资金使用中存在的问题，确保国家财政支农投入资金用在刀刃上，最大限度地发挥国家财政支农投入资金使用的经济效率与社会效益。中国可以借鉴西方国家的做法，在结合国情的情况下构建"派驻监管"制度。

首先，在中央，由财政部派驻监管员到中央各支农涉农部门，对国家财政支农投入资金使用的决策、方向、金额等进行监控。监管员对中央各支农涉农部门关于国家财政支农投入资金支出决策的审核享有否决权、保留意见权。对于否决的国家财政支农投入资金支出决策，中央各支农涉农部门不能获得资金；对于持保留意见的国家财政支农投入资金支出决策，中央各支农涉农部门可以获得资金，但要参考监管员的意见。在国家财政支农投入资金使用过程中，监管员发现中央各支农涉农部门有违规违纪行为，可以责令国家财政支农投入资金使用者停止使用资金，经纠正后方可再次使用。对于情节严重的，监管员可以申请财政部冻结该单位资金账户，收回资金归国库。同时，在对国家财政支农投入资金支出监管的过程中，监管员至少每一个季度向财政部提交一份监管分析报告。其内容包括：一是简析国家财政支农投入资金支出规模、结构

[①] 参见刘剑文、耿颖《新形势下人大财政监督职能之建构》，《河南财经政法大学学报》2014年第1期。

和流向。二是概述国家财政支农投入资金支出监管情况,即监管的支出资金比例、工作的方式方法、取得的成效、查处结果的利用情况,以及跟踪监管情况等。① 三是剖析问题形成的原因。主要是归纳和提炼国家财政支农投入资金支出监管中发现的问题,从政策和制度、支出管理、使用效果等层面进行综合与系统分析,尝试从项目目标合理性、目标实现程度及预算执行情况、资金使用合规性等方面分析和考评。四是提出可行性对策建议。也就是在总结经验的基础上,针对存在的问题,提出强化国家财政支农投入资金支出监管、提高国家财政支农投入资金使用效率的对策。②

其次,在地方,由财政专员办将监管员派驻到国家财政支农投入资金使用主体中,就地审核该使用者申请国家财政支农投入资金的真实性。使用资金时,经监管员审核用途后,方可支出,在国家财政支农投入资金运行过程中,发现违规行为,可以冻结资金账户,上报财政部停止对该使用者的拨款。在其监管过程中,监管员至少每一季度向财政专员办提交一份监管分析报告。③

(四) 完善村民委员会对国家财政支农投入资金支出的监管制度

国家财政支农投入资金支出尽管直接面对的是农业,但实施地是广大农村,真正的收益人是农民。作为农民的自治组织——村民委员会,它既联结了农业,也联结了农民,是对国家财政支农投入资金支出进行监管的不可忽视的社会力量。村民委员会是在原生产大队的基础上构建的基层群众性自治组织。《村民委员会组织法》第二条第一款规定:"村民委员会是村民自我管理、自我教育、自我服务的基层群众性自治组织,实行民主选举、民主决策、民主管理、民主监督。"这里开宗明义地将村民委员会确定为带有普适性的、群众性的自治组织。同时,《村民委员会组织法》第二条第二款规定:"村民委员会

---

① 参见顾军、于堃、张腾、王芃《基于信息技术的财政支农项目监管方法》,《江苏农业学报》2015 年第 1 期。

② 参见张胜、万小兵、周哲郑《关于强农惠农资金监管的思考》,《中国财政》2014 年第 9 期。

③ 参见罗飞《现代财政制度下专员办职能定位探讨》,《中国财政》2014 年第 22 期。

办理本村的公共事务和公益事业,调解民间纠纷,协助维护社会治安,向人民政府反映村民的意见、要求和提出建议。"第八条第二款规定:"村民委员会依照法律规定,管理本村属于村农民集体所有的土地和其他财产,引导村民合理利用自然资源,保护和改善生态环境。"在此,村民委员会又具有管理职权。国家财政支农投入资金支出有益于农业的发展,普惠于村民,应属于村公共事务范畴,对国家财政支农投入支出进行监管是其职责范围。但村民委员会自身的民主监督没有很好地解决,严重制约了村民委员会对国家财政支农投入资金支出监管功能的发挥。[①]

从《村民委员会组织法》来看,关于民主监督的规定存在以下问题:一是被监督者权力过大。《村民委员会组织法》规定,广大村民对村里大小事务享有最终的决定权,村民委员会只是自治体的管理机关,其行为必须向广大村民负责。但在实际过程中,由于历史的原因,村民委员会成员常将自己置于"村官"的地位,习惯于自己"拍板",对手中的权力依依不舍,常采用一些非常手段维持这种状况。农村呈现组织松散、个体认识差异性较大、人际关系复杂等特点,因此,村民的民主监督在缺乏国家机关有力依托的情况下,要想行使民主监督的权利,需要付出较大的代价。这样,作为被监督者的村民委员会权力过强,而作为监督主体的普通村民又力量太弱,所以,通常不到利益矛盾比较突出的时候,民主监督一般难以发挥作用。由此看来,监督作用发挥的水平,常常取决于村民委员会成员的自律性和自觉性。[②]

二是对被监督者的信息公开没有明确规定。村民委员会成员是村里大小事务的具体执行者,对各种信息的了解比较全面、具体,但信息披露的权力却掌握在村民委员会成员手中。一些乡村干部因害怕削弱手中权力,暴露问题,引起农民上访,影响农村的稳定,不愿公开、不想公开相关信息。这样,监督者与被监督者之间的信息就不透

[①] 参见石磊《试析农村集体经济视角下的村民委员会职能》,《当代世界与社会主义》2013年第5期。

[②] 参见韦少雄《村务监督实施现状、障碍与解决对策》,《人民论坛》2014年第8期。

明。一方面，管理者难以形成村务公开的自觉性，必然会导致管理公开化的水平难以实现，提高管理透明度的热情亦难以高涨；另一方面，监督者因不直接参与管理，缺乏权威的管理信息来源而只能从间接渠道获得，使得信息具有不真实性。由于监督主体难以及时、完整地掌握信息，民主监督的有效性大打折扣，或者没有确证的监督造成干群之间的对立，或者滞后的、零碎的监督无法有效地制约滥用的权力。[①]

三是民主监督的配套制度不健全。从现状上看，民主监督渠道主要是对村民委员会成员进行直接的批评、建议和全民公决。村民委员会成员往往是民主监督的组织者和领导者，这样民主监督的效果过于依赖村民委员会成员自身的素质。如果村民委员会成员私欲严重、为人专断，他们就会相互包庇、阻塞言路，甚至压制民主。监督的渠道如不通畅，村民监督便无从谈起。尽管《村民委员会组织法》规定，如果直接的民主监督无效，村民有权向村党支部、乡镇人民政府及有关部门反映情况，有关政府机关应调查核实，依法处理，但这种办法的不可预测因素太多，难以成为一种普遍的、有效的间接监督手段，对拓宽民主监督的渠道显得力不从心。要解决好村民委员会自身民主监督的问题，为国家财政支农投入资金支出监管提供保障，必须从以下方面修改《村民委员会组织法》。[②]

其一，限制村民委员会权力。一般来看，要想限制村民委员会的权力，就必须强化普通村民的地位，增强约束村民委员会成员权力的力量。因此，在《村民委员会组织法》中应加强乡镇人民政府对村民委员会工作指导、支持和帮助的力度，切实构建完善的村民评议村干部制度，增强村民在民主选举之后对当选村干部的约束力。同时，对"本村五分之一以上有选举权的村民或者三分之一以上的村民代表联名，可以提出罢免村民委员会成员的要求"这一规定进行完善，就

---

① 参见姬超《中国村务监督机制运行评价及其制度优化路径——基于21个省846个村4625个村民的调查研究》，《农业经济问题》2017年第1期。
② 参见李亚冬《〈村民委员会组织法〉的完善与修改》，《甘肃政法学院学报》2019年第3期。

是要放宽罢免的条件，有利于普通村民行使罢免村民委员会成员的权利。只有保障普通村民在《村民委员会组织法》中的权利，才能对村民委员会进行有效的监督，从而使村民与村民委员会之间的委托代理关系在一种均衡的状况下良性运转。

其二，提高村民委员会管理的透明度。其主要是要求村民委员会的信息得到真实披露，这是实现有效监督的前提。因此，在《村民委员会组织法》中应完善村务公开制度，即可以选择在群众习惯聚集的地方设立公开墙，涉及财务的事项至少每六个月公布一次，接受村民的监督。村民委员会应当保证公布内容的真实性，并接受村民的查询。村民委员会不及时公布应当公布的事项或者公布的事项不真实的，村民有权向乡、民族乡、镇人民政府或者县级人民政府及其有关主管部门反映，有关政府机关应当负责调查核实，责令公布；经查证确有违法行为的，有关人员应当依法承担责任。[1]

其三，增加民主监督的渠道。拓宽群众监督渠道，是保障村民监督有效进行的基础。在《村民委员会组织法》中可以规定设立村级民主公开监督箱，监督箱的钥匙由乡镇党委书记直接掌管，每月安排专人到各村开箱取信，取回后由党委书记亲自审阅处理；定期召开村民代表会议，将乡镇的工作情况直接向村民代表通报，让他们把乡镇党委、政府的各项决议和工作意见带到群众中去，增加村民委员会工作的透明度；每村指定一名乡镇干部加强监察指导，保证民主公开活动的质量和效果；可以规定乡镇党委的接待日，由乡镇领导公开接访，面对面地听取群众意见，接受群众监督；定期召开评议会，乡镇统一安排村民委员会工作评议会，乡镇党委派专人进行监察，对群众所提的意见和建议答复情况等进行民主评议。[2]

---

[1] 参见杜威漾《村民自治中的监督制度：冲突、真空及耦合》，《华南农业大学学报》（社会科学版）2012年第2期。
[2] 参见梁军峰《村民监督委员会：以权力制约权力的新机制》，《科学社会主义》2012年第2期。

第三节　构建中国财政支农投入后的监管制度

国家财政支农投入后的监管是指国家财政支农投入资金支出后的成效检查,看是否实现了国家财政支农投入的目标。通常涉及国家财政支农投入预算执行情况、国家财政支农投入资金使用效率,以及对国家财政支农投入政策与法律法规贯彻、落实的重难点和热点问题进行事后检查,通过专项检查、绩效评价等监管方式,及时发现和纠正偏差,促进国家财政支农投入持续发展,使国家财政支农投入在实施乡村振兴战略中真正发挥作用。

一　建立健全中国财政支农投入决算监管制度

国家财政支农投入决算是对国家财政支农投入预算执行的一种总结,是对国家财政支农投入资金使用的最好评定,被许多国家所重视。一般来说,各国都在财政年度结束后的 1 年内向国会或议会提供国家财政支农投入决算报告。在这个报告中,均要说明国家财政支农投入预算执行情况,同时,与原预算拨款做详细的核对,说明与原预算偏离的原因。在格式上,与原预算相同,但要反映预算的调整与年内的变化,还要提供两个财政年度的信息便于比较。此外,必须提交一份国家财政支农投入以项目为主体的预算执行结果报告。在该报告中,不仅要提供预算项目的原目标与实际执行结果,并在财政年度结束 12 个月内向国会或议会报告,评估与项目原目标相比的实际执行结果,提供该项目两个财政年度的真实信息。理想的状态是这些信息能够接受独立审计部门的审计。具体而言,在美国,国家财政支农投入预算年度结束后,由财政部与总统预算办公室编制反映国家财政支农投入预算年度内预算执行情况的决算报告,经过审计部门的审核,国会批准后成为正式决策。在荷兰,国家财政支农投入决算报告必须在财政年度结束后次年的 3 月 15 日前由各涉农部门提交给财政部,然后由财政部长将国家财政支农投入决算及财政部的评述一齐送交审计署,由审计署审计,审计署将审计后的决算及审计报告反馈给财政部，财政部部长在5月中旬将国家财政支农投入决算提交议会讨论通过，成为正式的国家财政支农投入决算。①

在中国，根据《预算法》第七十七条第一款规定："国务院财政部门编制中央决算草案，经国务院审计部门审计后，报国务院审定，由国务院提请全国人民代表大会常务委员会审查和批准。"第八十三条第一款规定："全国人民代表大会及其常务委员会对中央和地方预算、决算进行监督。"由此可见，全国人民代表大会及其常务委员对国家财政支农投入决算进行监督。但在实践中，全国人民代表大会对国家财政支农投入决算报告的审批存在如下问题：其一，全国人民代表大会对国家财政支农投入决算报告的审批流于形式。长期以来，全国人民代表大会的预算监督权缺乏应有的保障，无法得到落实，使全国人民代表大会对国家财政支农投入决算报告的审批"走过场"。其二，向全国人民代表大会报送的国家财政支农投入决算草案的内容非常简单，只表示支出的大致数额，使全国人民代表大会很难审议，从而影响监督。其三，由于全国人民代表大会审批的是没有经过审计部门审计的国家财政支农投入决算报告，其审批就没有实质性的意义，更谈不上监督了。为了改变这种局面，必须完善国家财政支农投入决算监督制度。

一是保障全国人民代表大会预算监督权，使国家财政支农投入决算报告的审批落到实处。全国人民代表大会预算监督权是一项立法监督权，不同于行政机关如财政部门与监察部门对预算的监管。全国人民代表大会享有对预算的监督权，是由《宪法》《预算法》明确规定的。在监督方式上，包括听取工作报告、询问、质询、特定问题调查、撤销规范文件等。这些监督方式的规定，对保障全国人民代表大会预算监督权起到重要的作用，但忽视了更为有效的保障性措施，就是利用人事上的撤销权和罢免权做出积极的影响。人事上的撤销权和罢免权，直接影响国家财政支农投入决算编制单位主要负责人的命运，这样能够确保编制的决算符合法律法规的要求，做到支出数额准

---

① 参见蒋洪《公共财政决策与监督制度研究》，中国财政经济出版社2008年版，第245—247页。

确、内容完整、报送及时等。因此，应明确规定人事上的撤销权和罢免权对全国人民代表大会预算监督权行使的保障，对国家财政支农投入决算报告的审批大有裨益。①

二是细化国家财政支农投入决算报告，增强全国人民代表大会对国家财政支农投入决算的监督力度。全国人民代表大会对国家财政支农投入决算的监督是以国家财政支农投入决算报告为前提的，国家财政支农投入决算报告越详细、越明确，越有利于全国人民代表大会发挥监督作用。由于国家财政支农投入决算报告具有一定的专业性和复杂性，它需要全国人民代表大会代表通晓财政方面的知识。但目前中国人大代表素质参差不齐，专业背景各异，这给国家财政支农投入决算的监督带来一定的障碍。因此，应借鉴国外的做法，认真编制国家财政支农投入决算草案，详细说明国家财政支农投入预算执行情况，与原预算拨款进行细致核对，全面解释预算调整的原因，并确保相关信息是真实可靠的。条件允许的话，可以提交以项目为主体的国家财政支农投入预算执行结果报告。这样有利于全国人民代表大会代表看懂国家财政支农投入决算报告，发现问题，实施有质量的监督。②

三是确立先由审计部门对国家财政支农投入决算报告进行审计，然后提交全国人民代表大会审批的原则。审计部门是专业性的财政监管部门，对国家财政支农投入决算报告的审计，能确保国家财政支农投入决算报告的真实性，为全国人民代表大会对国家财政支农投入决算报告的审批打下坚实的基础。这也是国际通行的惯例。尽管中国的审计是行政型审计，而不是立法型审计，但对国家财政支农投入决算报告真实性的把握在一定程度上具有一致性，这一点毋庸置疑，必须吸收国际先进经验，确立先审计后审批的原则，扭转中国国家财政支农投入决算报告不经过审计部门的审计就提交全国人民代表大会审批

---

① 参见刘剑文《财政监督法治化的理论伸张与制度转型——基于财政民主原则的思考》，《中国政法大学学报》2019年第6期。

② 参见宁立成、张兰兰《论我国财政支出监督法律制度的改革》，《江西社会科学》2014年第1期。

的局面。①

二 建立健全中国财政支农投入绩效监管制度

西方国家是最早探索国家财政支农投入绩效监管的，如英国在20世纪40年代末就开始实行国家财政支农投入绩效监管。到了20世纪90年代，西方绝大多数国家实行了国家财政支农投入绩效监管，建立了较为完善的国家财政支农投入绩效监管制度。与此同时，发展中国家也开始建立国家财政支农投入绩效监管制度，如马来西亚、泰国、印度尼西亚等。所谓国家财政支农投入绩效监管，是指财政部门在对国家财政支农投入资金安全性与规范性进行监管的基础上，按照绩效管理的要求，运用科学的绩效监管标准和分析方法，对国家财政支农投入资金绩效目标和效果进行客观、公正的制约和反馈，从而不断提高国家财政支农投入资金的绩效。它所遵循的原则是"3E原则"，即经济性（economy）原则、效率性（efficiency）原则、效益性（effectiveness）原则。经济性原则是为了克服国家财政支农投入活动中资金严重浪费和分配不均等问题，以便建立更有效的国家财政支农投入资金支出决策机制和优先排序机制。效率性原则是为了优化国家财政支农投入资金支出的决策机制，使国家财政支农投入取得更好的经济效率和社会效益。效益性原则是为了通过实施国家财政支农投入资金支出绩效评价而加强对国家财政支农投入的监管。②

国家财政支农投入绩效监管的内容主要包括两个方面：其一，国家财政支农投入立项情况、预算执行情况等；其二，国家财政支农投入项目验收情况、项目的经济效率与社会效益情况等。在监管方法上，主要包括：一是查阅资料，如财务资料、统计数据、财政部门和审计部门的报告，以及被查单位的原始记录等。二是检查账目，通过查阅

---

① 参见杨翟婷、王金秀《国家审计监督、财政透明度与地方预决算偏离》，《现代经济探讨》2020年第2期。

② 参见梁素萍《财政公共支出绩效管理模式研究》，《湖南社会科学》2014年第3期。

财务报告、会计报表、会计凭证等，重点核查会计核算、财务管理是否规范。三是实地查看，通过到国家财政支农投入用款单位或国家财政支农投入项目实施现场察看，了解资金运行情况，与计划相核对。四是走访调查，通过座谈会、电话调查、问卷调查或者当面询问等方式了解国家财政支农投入资金运行情况，发现问题，听取意见等。五是分析研究，除了采取以上方法外，还采取定性和定量相结合的方法，综合运用比较法、成本收益分析法、因素分析法、最低成本法、目标评价法和公众评判法等进行国家财政支农投入绩效监管工作。[1]

在程序上，主要包括（见图7-1）：首先通过查阅相关资料、走访调查等方式，了解国家财政支农投入项目的基本情况，如立项背景、项目目标、项目运作流程、项目批准与实施时间、项目预算资金投入规模和结构以及前期的监督检查等情况。其次是选择恰当的绩效指标。通常是以国家财政支农投入项目结果为导向，挑选与国家财政支农投入项目目标密切相关的指标作为衡量国家财政支农投入项目绩效的手段，一般选择结果性绩效指标和效率性绩效指标，前者是与国家财政支农投入项目目标实现程度直接相关的指标，后者有助于实现预定目标，提高国家财政支农投入项目绩效。再次实施绩效监管。国家财政支农投入绩效监管是以结果为导向的绩效监管，它往往包括国家财政支农投入项目的设计与规划、资金的预算和拨付以及使用、项目的管理与结果等。复次做出绩效监管的结论。通常将国家财政支农投入项目关键绩效指标与实际完成情况进行比较，得出国家财政支农投入绩效监管的基本结论。最后提出绩效监管建议。在国家财政支农投入绩效监管过程结束后，监管人员应当对发现的问题提出有针对性的解决意见，并与被检查单位的人员充分沟通，使其按该意见纠正。[2]

从2003年开始，中国在中央部门进行预算支出绩效考评试点。2004年，财政部发布了《关于加强财政支出绩效监督工作的若干意

---

[1] 参见谢国财《财政支出绩效管理：内涵、问题及对策》，《中共福建省委党校学报》2012年第12期。

[2] 参见贺邦靖《国外财政监督借鉴》（财政监督丛书之一），经济科学出版社2008年版，第219—227页。

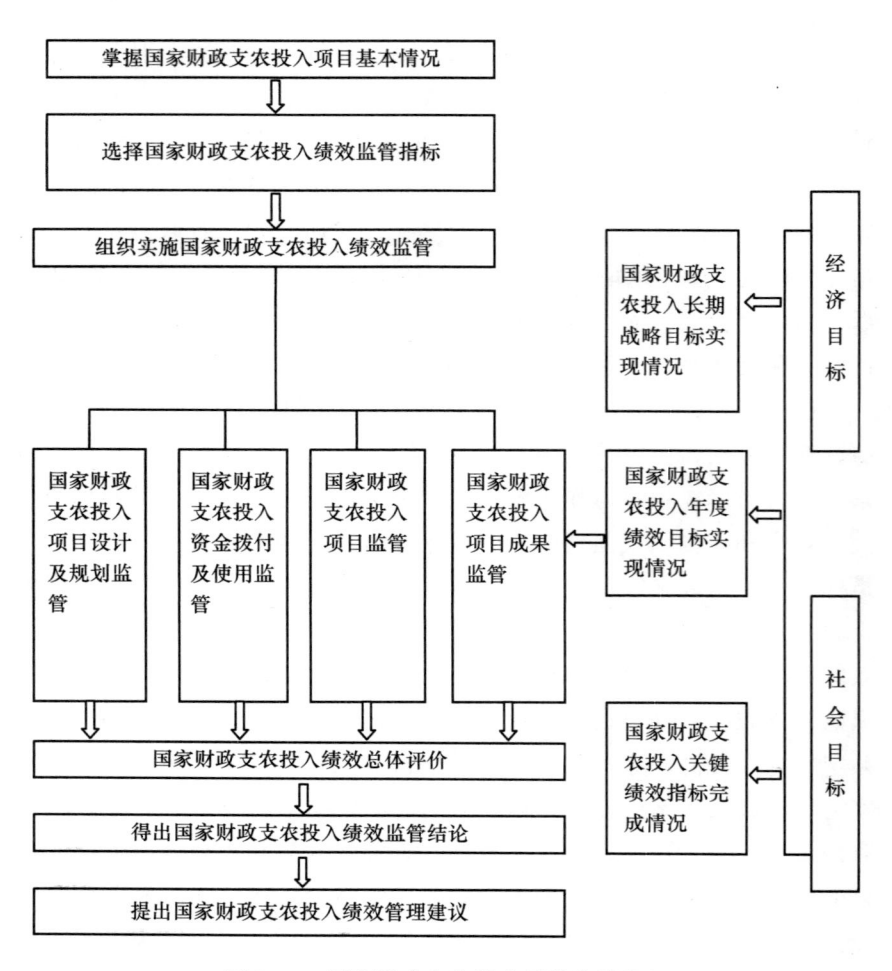

```
┌─────────────────────────────┐
│ 掌握国家财政支农投入项目基本情况 │
└─────────────┬───────────────┘
              ⇓
┌─────────────────────────────┐
│ 选择国家财政支农投入绩效监管指标 │
└─────────────┬───────────────┘
              ⇓
┌─────────────────────────────┐          ┌──────────────┐   ┌────┐
│ 组织实施国家财政支农投入绩效监管 │          │ 国家财政支农 │   │ 经 │
└─┬──────┬──────┬──────┬──────┘          │ 投入长期战略 │⇐ │ 济 │
  ⇓      ⇓      ⇓      ⇓                 │ 目标实现情况 │   │ 目 │
┌────┐┌────┐┌────┐┌────┐                 └──────────────┘   │ 标 │
│国家││国家││国家││国家│                                        └────┘
│财政││财政││财政││财政│                 ┌──────────────┐
│支农││支农││支农││支农│                 │ 国家财政支农 │
│投入││投入││投入││投入│                 │ 投入年度绩效 │⇐
│项目││资金││项目││项目│                 │ 目标实现情况 │
│设计││拨付││监管││成果│                 └──────────────┘
│及规││及使││    ││监管│
│划监││用监││    ││    │                                    ┌────┐
│管  ││管  ││    ││    │                                    │ 社 │
└──┬─┘└──┬─┘└──┬─┘└──┬─┘                                    │ 会 │
   ⇓     ⇓     ⇓     ⇓                 ┌──────────────┐    │ 目 │
┌─────────────────────────────┐        │ 国家财政支农 │    │ 标 │
│   国家财政支农投入绩效总体评价   │        │ 投入关键绩效 │⇐  └────┘
└─────────────┬───────────────┘        │ 指标完成情况 │
              ⇓                        └──────────────┘
┌─────────────────────────────┐
│ 得出国家财政支农投入绩效监管结论 │
└─────────────┬───────────────┘
              ⇓
┌─────────────────────────────┐
│ 提出国家财政支农投入绩效管理建议 │
└─────────────────────────────┘
```

图 7-1 国家财政支农投入绩效监管流程

见》，有力推动财政支出绩效监管工作。2005 年，财政部颁布了《中央部门预算支出绩效考评管理办法》，2009 年颁布了《财政支出绩效评价管理暂行办法》，使财政支出绩效监管制度得到一定的建立，但国家财政支农投入绩效监管制度仍是空白。在中国大力推行财政支出绩效监管制度化的情况下，构建国家财政支农投入绩效监管制度是非常必要的。目前，建立国家财政支农投入绩效监管制度存在以下困难：其一，法制不健全。目前《预算法》《国务院关于违反财政法规

第七章 中国财政支农投入法律监管的制度体系构建

处罚的暂行规定》中均没有规定绩效监管的条款，只是《预算法实施条例》第三十八条做出了原则性的规定，但对财政支出绩效监管主体、监管方法、监管程序、责任追究等没有规定，没有形成制度化的财政支出绩效监管机制，使整个绩效监管工作缺乏法律保障，更不用说开展国家财政支农投入绩效监管工作，构建相关制度了。其二，国家财政支农投入绩效监管标准难以建立。绩效监管标准是对国家财政支农投入绩效监管进行衡量或评价的尺度，建立在国家财政支农投入绩效评价指标的基础上。对国家财政支农投入绩效评价指标的建立绝非易事，因为国家财政支农投入所追求的目标太多，如经济的、政治的、安全的、社会的等，其中多数目标难以衡量，这也导致国家财政支农投入绩效监管标准难以建立。其三，国家财政支农投入绩效监管难以取证。主要表现在国家财政支农投入资金运行中，会计信息失真，财务管理水平不高，支出核算不清晰，难以准确、充分收集证据，导致国家财政支农投入绩效监管中责任无法落实到位，检查结果在很多时候被质疑。基于以上现状，必须从以下几个方面采取措施构建国家财政支农投入绩效监管制度。[①]

一是建立健全相关法律法规。其一，修改《预算法》《预算法实施条例》《国务院关于违反财政法规处罚的暂行规定》，增加财政支出绩效监管的有关条款，为构建国家财政支农投入绩效监管制度提供法律依据。其二，出台《国家财政支农投入绩效监管办法》，规定国家财政支农投入绩效监管的原则、主体、客体、范围、内容、方法、程序、标准等内容。其三，借鉴国外经验，根据国家财政支农投入绩效监管要求，制定国家财政支农投入绩效监管操作手册，建立国家财政支农投入绩效监管案例库、示范标准，构建一系列制度体系。同时，完善国家财政支农投入预算编制、执行、决算等相关监管制度。

二是建立健全国家财政支农投入绩效评价指标和绩效监管标准体系。科学的绩效评价指标是国家财政支农投入绩效监管工作开展的基

[①] 参见盛巧玲《我国财政资金使用监管机制存在的问题及治理对策》，《学术交流》2012年第9期。

础与依据。国家财政支农投入绩效评价指标是对国家财政支农投入资金支出的经济性、效率性、效益性进行衡量与评价的重要尺度，同时，也是对国家财政支农投入资金运行中存在问题予以揭示的量化指标。由于国家财政支农投入资金在支出目标上具有多元性，支出对象上具有层次性，支出效益上具有多样性，这就决定了对国家财政支农投入绩效的监管必须建立与之相适应的、系统的、完整的指标体系。但它应突破国家财政支农投入发展水平、技术手段、认知和主观决策的限制。建立国家财政支农投入绩效评价指标体系时，遵循以下原则：其一，科学性原则。因国家财政支农投入绩效涉及面广，在指标设计上应考虑多样性、层次性和内在逻辑性，使指标体系内在统一与协调，层次清晰。其二，相关性原则。国家财政支农投入绩效评价指标的选择应与国家财政支农投入绩效的目标密切相关，能够为国家财政支农投入资金的有效使用提供评价的依据。其三，系统性原则。对国家财政支农投入绩效评价指标体系的设计，应从大局着眼，坚持经济效益与社会效益结合，尤其要注意局部效益与整体效益的统一。同时，要考虑效率与公平的结合，全面反映国家财政支农投入发展。其四，完整性与经济性原则。国家财政支农投入绩效评价指标体系的设计应反映国家财政支农投入资金支出效率的方方面面，既不能遗漏也不能偏颇，同时，尽量避免指标之间在内容上的重叠。[①] 国家财政支农投入绩效监管标准还是对国家财政支农投入绩效监管提出意见、做出结论的依据。它的构建应以国家财政支农投入绩效评价指标体系为基础。确定国家财政支农投入绩效监管标准时，应满足以下条件：其一，可靠性。要保障国家财政支农投入绩效监管标准在相同条件和不同监管人员适用下得出同样的结论。其二，客观性。国家财政支农投入绩效监管标准应该具有现实性，不是主观臆断的东西，不随个人意志转移。其三，可理解性。国家财政支农投入绩效监管标准应该内容清晰，不存在重大歧义。其四，可操作性。国家财政支农投入绩效监

---

① 参见安百杰、张宁《新时代财政支出绩效评价实践的优化研究》，《东岳论丛》2019年第6期。

管标准必须在任何情况下都对监管人员适用，具有一定的针对性和现实性。①

三是完善政府会计制度。国家财政支农投入绩效监管制度的构建离不开政府会计制度的拓补。这是因为，政府会计制度为国家财政支农投入绩效监管奠定了良好的基础。政府会计是国家财政支农投入资金运行中的关键性工作，是对国家财政支农投入资金支出的计算、记录与考核，它对国家财政支农投入资金使用效率做出了正确反映，实现对国家财政支农投入资金监管的目的。对于国家财政支农投入绩效监管而言，为国家财政支农投入绩效监管提供了准确、可靠的会计信息，促进了国家财政支农投入绩效监管制度的落实。因此，应从以下三个方面完善政府会计制度：其一，引入权责发生制的政府会计制度，改造传统的政府会计制度，使其适应国家财政支农投入绩效监管的需要。其二，科学、合理设计政府会计报告模式，反映国家财政支农投入绩效监管成果。其三，建立完整的政府会计信息体系，提高政府会计透明度。②

三　建立健全中国财政支农投入法律责任追究制度

国家财政支农投入的法律责任追究是对国家财政支农投入监管的最后一道防线。它能够最终确保国家财政支农投入资金运行的安全与高效。国家财政支农投入主要涉及国家财政支农投入的决策、预算的编制与执行、资金的拨付与使用等环节，其法律责任的追究包括国家财政支农投入决策法律责任、国家财政支农投入预算法律责任以及国家财政支农投入资金拨付与使用法律责任等。从目前的立法来看，对国家财政支农投入决策法律责任追究的规定几乎是空白，虽然有对国家财政支农投入预算法律责任追究的规定，但很粗糙，也不够全面，对国家财政支农投入资金拨付与使用法律责任追究的规定亦很寥寥，

---

① 参见李波、费睿《财政支出的绩效审计与绩效评价》，《江汉论坛》2017年第5期。
② 参见尹启华《国家治理视域下我国政府会计制度的变迁与演进逻辑》，《四川师范大学学报》（社会科学版）2019年第1期。

存在明显的缺陷。鉴于此，必须完善上述规定。①

（一）构建完善的国家财政支农投入决策法律责任追究机制

所谓国家财政支农投入决策法律责任，从广义的角度来看，它是指国家财政支农投入决策主体在执行法律规范的国家财政支农投入决策活动中应承担的义务。从狭义的角度来看，它是指国家财政支农投入决策主体在决策过程中，违法行使决策权所承担的法律责任。国家财政支农投入决策法律责任是国家财政支农投入决策主体的责任，而不是"集体责任"。通常来说，国家财政支农投入决策主体是指依法拥有国家财政支农投入决策权力的政府机关及其行政首长。国家财政支农投入决策是行政首长的一项基本职责。中国法律明确规定实行首长负责制，这就说明国家权力机关赋予各级行政首长行政决策权，根据权责统一原则，行政首长同时要承担行政决策责任。因此，当国家财政支农投入决策出现重大失误、造成严重后果时，就应该依法追究国家财政支农投入决策者的法律责任，不能借口"集体决策"而由"集体承担法律责任"。否则，谁也不负责，从而导致"群体腐败"。②同时，国家财政支农投入决策法律责任是法律规定的责任，既不是道德责任也不是政治责任，更不能由道德责任和政治责任来替代。现代政府是责任政府，对其行为不仅要承担道德责任和政治责任，而且要承担法律责任，这才是真正有责任的政府。

因此，对国家财政支农投入决策主体而言，应该对其决策行为承担道德责任、政治责任，尤其要承担法律责任。承担国家财政支农投入决策法律责任必须具备以下条件：其一，国家财政支农投入决策者实施了违法行为，如不按法定的程序进行决策、以权谋私、玩忽职守等。其二，国家财政支农投入决策者主观上有过错。其三，国家财政支农投入决策者的违法决策造成严重的社会危害，为国家及社会公众带来不利影响。目前，中国财政支农投入决策法律责任追究存在如下

---

① 参见林鸿潮《重大行政决策重大行政决策责任追究事由的偏离和矫正——以决策中对社会稳定风险的控制为中心》，《行政法学研究》2019年第6期。

② 参见唐丽萍《论我国行政决策的法律责任追究》，《探索与争鸣》2006年第9期。

问题：其一，国家财政支农投入决策程序规定的不健全，使得违反国家财政支农投入决策程序的决策行为在理论上本应追究法律责任，但实际上却无法追究。其二，国家财政支农投入决策法律责任的形式规定不明确，致使国家财政支农投入决策法律责任追究往往避重就轻。其三，国家财政支农投入决策的法律责任保障机制还不是很健全。首先，缺乏违宪审查制度，对违反宪法的国家财政支农投入决策无法追究法律责任。其次，国家财政支农投入决策行为未被纳入《行政诉讼法》，当国家财政支农投入决策行为侵犯了农民的合法权益时，人民法院无法对它进行司法审查。最后，没有建立行政公益诉讼制度，行政责任追究赔偿制度也不完善。这些都导致国家财政支农投入决策者进行国家财政支农投入决策时随意决策。为了构建完善的国家财政支农投入决策法律责任追究机制，必须采取如下措施。[①]

一是明确规定国家财政支农投入决策程序，确保国家财政支农投入决策法律责任追究的落实。在法治的国度里，依法决策是必然的选择，它不仅要求国家财政支农投入决策在法律规定的范围内进行，而且要求国家财政支农投入决策必须遵循法定的程序，否则，就属于违法决策，追究法律责任。在中国，国家财政支农投入决策程序包括四个阶段：建议的提出、方案的拟订、方案的确定和方案的调整，但最重要的程序，如调查、方案设计、可行性论证等，都没有明确规定，导致国家财政支农投入决策随意性比较突出。因此，应对调查程序、设计方案程序、可行性论证程序进行明确规定。如果国家财政支农投入决策者不遵循这些程序，国家财政支农投入决策行为就属于违法决策，应追究决策者的法律责任。[②]

二是明确规定国家财政支农投入决策法律责任的形式，使国家财政支农投入决策法律责任追究公平、合理。国家财政支农投入决策法律责任的形式包括民事责任、行政责任和刑事责任，这些责任形式所表现出来的责任承担是不同的：民事责任是一种损害赔偿责任，行政

---

① 参见晏金平《财政管理反腐功能及其强化》，《湖湘论坛》2015年第1期。
② 参见童彬《政府重大行政决策程序法律制度研究》，《社会科学家》2017年第9期。

责任和刑事责任是行政法与刑事法律所规定的一种负担，它们都是消极责任。其制裁性是双重的，既有精神上的，也有财产上的。对于国家财政支农投入决策法律责任形式的规定，应以行政责任与刑事责任为主，民事责任为辅。这是因为，国家财政支农投入决策是一种行政决策，对其决策者违法决策行为的处罚必须以行政责任为主，如警告、记过、记大过、降级、撤职、留用察看、引咎辞职、开除等。如果情节严重，构成犯罪的，必须进行刑事处罚，如受贿罪、滥用职权罪、玩忽职守罪等。当然，在必要的情况下，还要承担民事责任，如赔偿损失、停止侵权等。目前，完善国家财政支农投入决策的行政责任是当务之急。同时，要注意的是，坚决杜绝用党纪、政纪处分代替法律责任、刑事处罚的现象。只有这样，国家财政支农投入决策者才会对自己决策行为法律风险的后果有比较确定性的预期，"治官治权"才会有期盼中的效能。①

三是完善国家财政支农投入决策法律责任追究的相应保障制度。首先，建立违宪审查制度。中国可以建立专门的违宪审查机构，如建立一个无论在性质还是地位上与全国人民代表大会专门委员会相同的宪法委员会，由宪法委员会行使宪法监督及违宪审查的职权，对全国人民代表大会及其常委会负责。它的审查和处理意见均由全国人民代表大会常委会审议通过并做出决定。同时，赋予人民法院在适用法律中直接援引宪法条文的职权。从中国人民法院的审判实践来看，已有许多案件在审理的过程中，因无明确的法律规定，直接援引宪法关于公民基本权利的规定，给予当事人以法律救济的情况。对此，最高人民法院在其司法解释中也予以确认，从而产生法律上的效力。鉴于此，我们应做的工作是，在总结经验的基础上，以立法的形式将违宪司法审查制度宪法化，使其进入司法领域，将国家财政支农投入决策的违宪行为纳入司法程序予以追究。其次，完善行政诉讼制度。一方面，建立行政公益诉讼制度，改变国家财政支农投入决策相对人只能

---

① 参见张倩《重大行政决策终身责任追究制的法律困境及其突破》，《学习与探索》2016年第11期。

就受损的个人利益而不能就受损的公共利益提起行政诉讼的状况；另一方面，完善《行政诉讼法》中关于抽象行政行为不可诉的规定。此外，建立一整套完善的国家财政支农投入决策责任追究赔偿制度，对直接的国家财政支农投入决策责任者行使追偿权，增加其不负责任决策而承担金钱赔偿后果的经济压力，促进国家财政支农投入决策向不断追求社会效益最大化方向发展。①

（二）建立健全国家财政支农投入预算法律责任追究机制

从世界范围来看，绝大多数国家对国家财政支农投入预算法律责任进行了严格的规定，有的国家甚至将其上升到宪法的高度，如巴西就在《财政责任法》中进行了专门规定。由此可见，国家财政支农投入预算更需要法律责任的制约。中国财政支农投入预算法律责任的规定主要集中在《预算法》《预算法实施条例》《财政违法行为处罚处分条例》等法律法规中。但《预算法》只规定了擅自调整变更国家财政支农投入预算支出、擅自动用或以其他方式支配国库库款和违法进行预算支出三种行为的法律责任，并且在法律责任形式上仅规定了行政责任。由于《预算法》对国家财政支农投入预算法律责任的规定过于简单、粗糙，责任也较轻，难以适应国家财政支农投入实践的需要，2004年国务院颁布了《财政违法行为处罚处分条例》，在一定程度上克服了《预算法》对国家财政支农投入预算法律责任规定过于简单的弊病。它将预算违法行为细分为十类，规定了预算执行和预算监督的法律责任。但是，对于国家财政支农投入预算法律责任的规定仍然比较简单，与实践要求相差甚远。为了解决上述问题，应采取如下措施。②

一是完善国家财政支农投入预算编制法律责任追究机制。关于国家财政支农投入预算编制法律责任，立法上的最大问题是法律责任形式单一，只规定了行政责任，也导致责任负担过轻。同时，行政责任只是一种内部责任。这将意味着公众无权通过强有力的手段对国家财

---

① 参见余德厚、蒋文玉《论行政诉讼司法审查的强度》，《西南民族大学学报》（人文社科版）2020年第6期。

② 参见蒋贵荣、薛克鹏《论划分我国各级政府财政事权与支出责任的法治路径》，《福建论坛》（人文社会科学版）2019年第9期。

政支农投入预算编制主体进行监督。显然，国家财政支农投入预算对公众的巨大影响与财政支农投入预算编制主体责任承担形式极其不匹配。因此，应在法律责任形式上引入刑事责任，以增强对国家财政支农投入预算编制主体的约束力。

二是完善国家财政支农投入预算审批法律责任追究机制。在国家财政支农投入预算审批环节，是否存在法律责任，主要问题是全国人民代表大会是否应该拥有预算调整权，以及被否决或被调整预算的编制主体是否应当承担预算法律责任。从现行《宪法》和《预算法》来看，并没有规定全国人民代表大会对国务院编制的国家财政支农投入预算草案是否具有调整权。目前，全国人民代表大会对国务院编制的国家财政支农投入预算草案的态度只有通过与不通过两种，且法律对于国家财政支农投入预算审核通过或不通过没有任何标准。这种制度设计会导致全国人民代表大会权力极端膨胀或形骸化，其原因在于忽略了全国人民代表大会与国务院的均衡关系，最后导致国家财政支农投入预算审批流于形式。因此，在制度设计上，应将对国家财政支农投入预算审批的全国人民代表大会与国家财政支农投入预算编制的国务院置于天平两端，形成均衡关系，以保障两者充分行使职权，履行职责。赋予全国人民代表大会国家财政支农投入预算调整权，有利于全国人民代表大会对国家财政支农投入预算的监督。但随之而来的问题是，国家财政支农投入预算被调整和被否决，对国家财政支农投入预算编制主体应当如何追究其法律责任？毋庸置疑的是，国家财政支农投入预算编制主体应当按照全国人民代表大会提出的要求修改，同时，对国家财政支农投入预算编制主体的主要负责人追究法律责任，这样可以起到预防和惩治的目的。在法律责任追究上，应按照追究受托责任的忠实义务和注意义务标准进行判断。[①]

三是完善国家财政支农投入预算调整法律责任追究机制。国家财政支农投入预算调整是不可避免的。但国家财政支农投入预算一经审

---

① 参见陈治《财政可持续视野下预算控制机制的失效与应对》，《法商研究》2017年第3期。

批，就具有法律上的约束力，非经法定程序不得随意变更。因此，国家财政支农投入预算调整作为一种新的或补充性的预算，必须保持合法性，除非在法定情形下，遵循法定程序才能进行，否则，就要承担预算法律责任。目前，中国财政支农投入预算调整极其频繁，权宜化色彩非常浓重，基本没有将其纳入法治轨道。因此，有必要通过完善《预算法》，将国家财政支农投入预算调整纳入法治范围。如明确规定国家财政支农投入预算调整法律责任的形式，尤其不能忽视刑事责任追究。在国家财政支农投入预算调整追究法律责任时，以行为要件为主、结果要件为辅等。①

（三）完善国家财政支农投入资金拨付与使用法律责任追究机制

国家财政支农投入资金拨付与使用是国家财政支农投入的中间环节，也是具体落实的环节。它牵扯的面广，参与的主体多，非常复杂。只有对国家财政支农投入资金拨付与使用的违法行为追究法律责任，才能确保国家财政支农投入资金运行的安全与高效。中国在《财政违法行为处罚处分条例》《中央单位财政国库管理制度改革试点资金支付管理办法》《中央对地方专项拨款管理方法》等法规中对国家财政支农投入资金拨付与使用法律责任追究做出规定，但存在如下问题。其一，只注重国家财政支农投入资金拨付行为的法律责任追究，而忽视国家财政支农投入资金使用行为的法律责任追究，如《中央单位财政国库管理制度改革试点资金支付管理办法》《中央对地方专项拨款管理方法》的规定均是针对国家财政支农投入资金拨付行为的法律责任追究，而关于国家财政支农投入资金使用行为的法律责任追究在《财政违法行为处罚处分条例》中规定不多。其二，对国家财政支农投入资金拨付与使用行为的法律责任追究形式单一，只有行政责任和刑事责任，没有民事责任。如在《财政违法行为处罚处分条例》《中央单位财政国库管理制度改革试点资金支付管理办法》《中央对地方专项拨款管理方法》中，规定的几乎是行政责任和刑事责任，而无民事责任。其三，只注重对国家财政支农投入资金拨付中的国家机

---

① 参见王婷婷《回应型预算法：原理、机制与建构》，《东岳论丛》2017年第8期。

关及其工作人员的法律责任追究,而忽视对国家财政支农投入资金使用中的企业和普通个人的法律责任追究,如《财政违法行为处罚处分条例》《中央单位财政国库管理制度改革试点资金支付管理办法》《中央对地方专项拨款管理方法》中主要是对国家财政支农投入资金拨付中的国家机关及其工作人员的法律责任追究的规定,在《财政违法行为处罚处分条例》中仅有两条对国家财政支农投入资金使用中的企业和普通个人的法律责任追究的规定。鉴于此,应该采取如下措施完善国家财政支农投入资金拨付与使用法律责任追究机制。[①]

一是制定《财政责任法》,对国家财政支农投入资金拨付与使用法律责任规定起到统摄作用。《财政责任法》是财政法律责任追究的"龙头法",在财政责任法律体系中处于核心地位,起到承上启下的作用,将所有的财政责任法规统一与协调起来。它对规定具体的国家财政支农投入资金拨付与使用法律责任起到很好的指导作用,并提供坚实的法律基础,使国家财政支农投入资金拨付与使用法律责任追究的效力层次得以提高。还可以《财政责任法》为基础,对《财政违法行为处罚处分条例》《中央单位财政国库管理制度改革试点资金支付管理办法》《中央对地方专项拨款管理方法》等法规中关于国家财政支农投入资金拨付与使用法律责任追究的规定进行完善,构建国家财政支农投入资金拨付与使用法律责任的规范体系。[②]

二是增加国家财政支农投入资金使用行为的法律责任追究规定。尽管国家财政支农投入资金拨付是国家财政支农投入资金使用的前提,但这两种行为是相互关联、贯通一致的。没有很好地使用国家财政支农投入资金,拨付行为再规范也毫无意义。只有把国家财政支农投入资金用在刀刃上,其拨付行为的价值才能呈现出来。当然,在国家财政支农投入资金拨付的过程中可能会产生更多的腐败,不过这不能作为忽视国家财政支农投入资金使用行为法律责任追究的理由。因

---

① 参见王婷婷、范卫国《财政责任视角下的地方债务治理:域外经验与中国路径》,《经济体制改革》2016年第6期。
② 参见张志华、周娅等《约束地方的财政责任法综述》《经济研究参考》2009年第43期。

此，应对国家财政支农投入资金使用行为的法律责任追究进行更多的规定。

三是增加对国家财政支农投入资金拨付与使用行为的民事责任的规定。虽然在国家财政支农投入资金拨付与使用中可能有违法行为频发，采取行政手段处理及时、效率高，但只考虑了纠错，恢复正常的程序，没有考虑到权益受到侵害的当事人的经济利益。即使由国家财政支农投入资金拨付与使用行为当事人承担了行政责任或刑事责任，也不能得到权益受到侵害的人的认同与承认。在一定的条件下，给予经济上的赔偿，也许效果更好，他们更能接受。同时，由国家财政支农投入资金拨付与使用行为人承担财产上的责任，使他们更有压力，因为这种责任直接导致财产减少，会影响生活的方方面面。况且，国家财政支农投入资金使用行为更多的是一种民事行为，追究其民事责任也是应当的。因此，在完善国家财政支农投入资金拨付与使用行为行政责任与刑事责任的同时，也要对民事责任进行规定。

四是强化国家财政支农投入资金使用中的企业和普通个人的法律责任追究。在国家财政支农投入资金使用中，企业和普通个人是非常重要的主体，尤其是农业企业与农民。因为国家财政支农投入资金完全用于农业，助推农业的快速发展，而真正发挥能量作用的是企业和普通个人，农业企业与农民是生力军。如果不依靠这些主体，国家财政支农投入资金使用就很困难，尽管国家机关及其工作人员在国家财政支农投入资金使用上能发挥一定的作用，但这种作用只是限于行政指挥和行政安排，并不能取代其他的企业和个人，尤其是农业企业和农民。因此，必须对国家财政支农投入资金使用中的企业和普通个人的法律责任追究做出明确规定，确保企业和个人，尤其是农业企业和农民，合法和高效使用国家财政支农投入资金。

主要参考文献

一 著作

《马克思恩格斯全集》(第 1 卷),人民出版社 1995 年版。
《马克思恩格斯选集》(第 2 卷),人民出版社 2012 年版。
《马克思恩格斯选集》(第 3 卷),人民出版社 2012 年版。
《马克思恩格斯选集》(第 4 卷),人民出版社 1972 年版。
《马克思恩格斯全集》(第 7 卷),人民出版社 1959 年版。
《马克思恩格斯全集》(第 19 卷),人民出版社 1963 年版。
《马克思恩格斯全集》(第 26 卷),人民出版社 1974 年版。
《列宁全集》(第 38 卷),人民出版社 2014 年版。
《列宁选集》(第 3 卷),人民出版社 2012 年版。
《邓小平文选》(第 2 卷),人民出版社 1994 年版。
蔡茂寅:《预算法之原理》,元照出版公司 2008 年版。
段治平:《财政与税收》,清华大学出版社、北京交通大学出版社 2008 年版。
方志耕:《决策理论与方法》,科学出版社 2009 年版。
葛克昌:《国家学与国家法》,台湾月旦出版社股份有限公司 1996 年版。
葛克昌:《税法基本问题》,北京大学出版社 2004 年版。
郭小东:《新比较财政导论》,广东科技出版社 2009 年版。
贺邦靖:《财政监督文集》,中国财政经济出版社 2007 年版。
贺邦靖:《国外财政监督借鉴》(财政监督丛书之三),经济科学出版

主要参考文献

社 2008 年版。

贺邦靖：《中国财政监督》（财政监督丛书之一），经济科学出版社 2008 年版。

贺邦靖：《中国财政监督制度》（财政监督丛书之二），经济科学出版社 2008 年版。

蒋洪：《公共财政决策与监督制度研究》，中国财政经济出版社 2008 年版。

蒋劲松：《议会之母》，中国民主法制出版社 1996 年版。

康小光：《权力的转移——转型时期中国权力格局的变迁》，浙江人民出版社 1999 年版。

寇铁军：《财政学教程》，东北财经大学出版社 2009 年版。

黎军：《行业组织的行政法问题研究》，北京大学出版社 2002 年版。

李娟：《中英立法机关财政监督制度比较》，硕士学位论文，中央党校，2001 年。

廖益新、李刚、周刚志：《现代财税法学要论》，科学出版社 2007 年版。

蔺翠牌：《中国财政监督的法律问题》，经济科学出版社 1999 年版。

刘剑文：《财政税收法》，法律出版社 2004 年版。

刘剑文：《民主视野下的财政法治》，北京大学出版社 2006 年版。

刘隆亨：《当代财税法基础理论及热点问题》，北京大学出版社 2004 年版。

刘明慧：《外国财政制度》，东北财经大学出版社 2008 年版。

刘萍、王炜、李红星：《行政管理学》，经济科学出版社 2008 年版。

陆建华：《财政与税收》，复旦大学出版社 2005 年版；

罗剑朝：《中国政府财政对农业投资的增长方式与监督研究》，中国农业出版社 2004 年版。

《美国 2002 年农业法专题研究》，张汉麟等编译，经济管理出版社 2005 年版。

平新乔：《财政原理与比较财政制度》，上海三联书店、上海人民出版社 1995 年版。

齐延平:《人权与法律》,山东人民出版社2003年版。

孙健波:《财税改革的理想与现实——宪政视角》,经济科学出版社2008年版。

唐朱昌:《新编公共财政学》,复旦大学出版社2004年版。

陶勇:《农村公共产品供给与农民负担》,上海财经大学出版社2005年版。

王加林:《发达国家预算管理与我国预算管理改革的实践》,中国财政经济出版社2006年版。

王淑杰:《政府预算的立法监督模式研究》,中国财政经济出版社2008年版。

肖北庚:《宪政法律秩序论》,中国人民公安大学出版社2002年版。

徐孟洲:《财税法律制度改革与完善》,法律出版社2009年版。

翟继光:《财税法原论》,立信会计出版社2008年版。

张乃根:《西方法哲学史纲》,中国政法大学出版社2002年版。

张守文:《财税法疏议》,北京大学出版社2005年版。

张文显:《法哲学范畴研究》,中国政法大学出版社2001年版。

张晓红:《财政监管理论分析与制度优化》,大连理工大学出版社2009年版。

张馨:《当代财政与财政学主流》,东北财经大学出版社2000年版。

章文光、李永瑞、王昌海等:《公共组织行为学》,北京师范大学出版社2009年版。

赵宇、李冰、王晓红:《西方财政学》,经济科学出版社2006年版。

种明钊:《社会保障法律制度研究》,法律出版社2000年版。

周刚志:《论公共财政与宪政国家》,北京大学出版社2005年版。

朱新武:《新疆财政农业投入与保障机制研究》,新疆人民出版社2009年版。

卓泽渊:《法的价值论》,法律出版社2006年版。

[澳]布伦南、[美]布坎南:《宪政经济学》,冯克利等译,中国社会科学出版社2004年版。

[澳]欧文·休斯:《公共管理导论》,张成福、马子博等译,中国人

民大学出版社 2001 年版。

［德］ 亨利希·库诺：《马克思的历史、社会和国家学说——马克思的社会学的基本要点》，袁志英译，上海世纪出版社集团 2006 年版。

［德］ 柯武刚、史漫飞：《制度经济学》，商务印书馆 2000 年版。

［德］ 威廉·冯·洪堡：《论国家的作用》，林荣远等译，中国社会科学出版社 2005 年版。

［法］ 卢梭：《社会契约论》，何兆武译，商务印书馆 1997 年版。

［法］ 孟德斯鸠：《论法的精神》，张雁深译，商务印书馆 1961 年版。

［古希腊］ 亚里士多德：《政治学》，吴寿彭译，商务印书馆 1965 年版。

［美］ 博登海默：《法理学、法律哲学与法律方法》，邓正来译，中国政法大学出版社 1999 年版。

［美］ 布坎南：《自由、市场和国家》，吴良健等译，北京经济学院出版社 1988 年版。

［美］ 布坎南、康格尔顿：《原则政治，而非利益政治》，张定淮、何志平译，社会科学文献出版社 2008 年版。

［美］ 布坎南、塔洛克：《同意的计算：立宪民主的逻辑基础》，陈光金译，中国社会科学出版 2000 年版。

［美］ 丹尼尔·史普博：《管制与市场》，余晖等译，上海三联书店 1999 年版。

［美］ 道格拉斯·诺思：《经济史中的结构与变迁》，厉以平译，上海三联书店、上海人民出版社 1994 年版。

［美］ 弗里德曼：《法律制度》，李琼英、林欣译，中国政法大学出版社 1994 年版。

［美］ 康芒斯：《制度经济学》，于树生译，商务印书馆 1962 年版。

［美］ 科斯、阿尔钦、诺斯等：《财产权利与制度变迁——产权学派与新制度学派译文集》，上海三联书店、上海人民出版社 2004 年版。

［美］ 罗伯特·登哈特：《公共组织理论》，扶松茂、丁力译，中国人

民大学出版社 2003 年版。

［美］罗尔斯：《正义论》，何怀宏等译，中国社会科学出版社 1988 年版。

［美］罗森、盖亚：《财政学》，郭庆旺、赵志耘译，中国人民大学出版社 2010 年版。

［美］尼古拉斯·施普尔伯：《国家职能的变迁》，杨俊峰等译，辽宁教育出版社 2004 年版。

［美］诺思：《经济史中的结构与变迁》，陈郁译，上海三联书店、上海人民出版社 1997 年版。

［美］庞德：《通过法律的社会控制　法律的任务》，沈宗灵、黄世忠译，商务印书馆 1984 年版。

［美］萨缪尔森、诺德豪斯：《经济学》，萧琛译，人民邮电出版社 2008 年版。

［美］施瓦茨：《美国法律史》，王军等译，中国政法大学出版社 1997 年版。

［美］斯蒂芬·罗宾斯、大卫·德森左：《管理学原理》，毛蕴诗译，东北财经大学出版社 2004 年版。

［美］约翰·克莱顿·托马斯：《公共决策中的公民参与：公共管理者的新技能和新策略》，孙柏瑛译，中国人民大学出版社 2005 年版。

［美］珍妮特·登哈特、罗伯特·登哈特：《新公共服务：服务，而不是掌舵》，丁煌译，中国人民大学出版社 2004 年版。

［日］金子宏：《日本税法》，战宪斌、郑林根等译，法律出版社 2004 年版。

［日］美浓部达吉：《宪法学原理》，欧宗枯、何作霖译，中国政法大学出版社 2003 年版。

［日］青木昌彦：《比较制度分析》，周黎安译，上海远东出版社 2001 年版。

［英］亚历山大、邓正来：《国家与社会———一种社会理论的研究路径》，中央编译出版社 2002 年版。

［英］艾伦·格里菲思、斯图尔特·沃尔：《应用经济学》，许光建译，中国经济出版社1998年版。

［英］鲍桑葵：《关于国家的哲学理论》，汪淑钧译，商务印书馆1996年版。

［英］彼得·斯坦、约翰·香德：《西方社会的法律价值》，王献平译，中国人民公安大学出版社1990年版。

［英］哈耶克：《法律、立法与自由》，邓正来等译，中国大百科全书出版社2000年版。

［英］霍布斯：《利维坦》，黎思复、黎廷弼译，商务印书馆1985年版。

［英］吉登斯：《社会的构成》，李康、李猛译，社会科学文献出版社2000年版。

［英］洛克：《政府论》，叶启芳、瞿菊农译，商务印书馆1964年版。

二 外文类

Allen, E. D., O. H. Brownlee, *Economies of Public Finance*, New Fork: Prentice-Hall Inc, 1947.

Boehm, R. T., "Tax Accounting for Agriculture", *Ohio State Law Journal*, Vol. 17, Issue 1, 1956.

Bouchard, "Balancing Public and Private Interests in the Commercialization of Publicly Funded Medical Research: Is There a Role for Compulsory Government Royalty Fees?", *Journal of Science & Technology Law*, Vol. 13. 2-Summer.

Du Gangjian, Song Gong, "Comparative Systems of Freedom of Information", *Asia Pacific Law Review*, 124, 1994.

Garrett, Elizabeth, "A Fiscal Constitution with Supermajority Voting Rules", *William and Mary Law Review*, Vol. 40, Issue 2, 1999.

Kevin T. Abikoff, "The Role of the Comptroller General in Light of Bowsher", V. Synar, 87 *Columbia Law Review*, 1987.

Martha M. Mc Carthy, "The Courts and School Finance Reform", *Theory into Practice*, Vol. 33, No. 2, 1994.

Mihaljek, Dubravko. Japan, in Ter—Minassian. Teresa, *Fiscal Federalism in Theory and Practice*, IMF, 1997.

Patricia M. Wald, "The Freedom of Information Act: A Short Case Study in the Perils and Paybacks of Legislating Democratic Values", *Emory Law Journal*, Vol. 33, Issue 3, 1984.

Paul Demko, "Power Play: Minnesota Democrats Have Scaled Back Their Plans to Challenge the Governor's Budgetary Authority", Dolan Media Newswires, *The Legal Ledger (St. Paul, MN)*, February 10, 2010.

Richard A. King, Austin D. Swanson, Scott R. Steetland, *School Finance: Achieving High Standards with Equity and Efficiency*, Allyn and acon, 2003.

Shields, Robert H., Shulman, Edward M., "Federal Price Support for Agricultural Commodities", *Iowa Law Review*, Vol. 34, Issue 2, 1949.

Steven W. Pelak, "The Severability of Legislative Veto Provisions: An Examination of the Congressional Budget and Impoundment Control Act of 1974", *17 University of Michigan Journal of Law Reform*, 1984.